수능 어원편 플러스+

한 입

VOCA

시잉글리쉬
www.seeenglish.com

한 입 VOCA 수능 어원편 플러스(+)

초판 발행: 2021년 11월 11일

지은이 · 손 창 연
펴낸이 · 손 창 연
내지 일러스트 및 교정· 수강 학생들
(규림, 민찬, 지헌, 휘민, 예담, 서연, 용현, 하은, 예진, 민표 등)
표지 디자인 · 박현정
펴낸곳 · 시잉글리쉬
서울 서초구 양재동 106-6 정오 B/D 402호(우 137-891)
Tel: [02] 573-3581
등록번호 제 22- 2733호
Homepage: www.seeenglish.com

ISBN · 979-11-975070-1-4

정 가: 8,000원

일러두기

명 , n	명사
동 , v	동사
형 , a	형용사
부 , ad	부사
전치사 , prep	전치사
명접	명사형 접미사
동접	동사형 접미사
형접	형용사형 접미사
부접	부사형 접미사
유사어	동의어
반의어 , ↔	반의어
다의어	다의어(여러가지 단어 뜻을가진 단어)
pl)	복수형

Preface 머리말

수십 년 영어를 지도하면서 체계적인 단어 학습 지도에 대해 오랫동안 고민해오다 이 책을 쓰게 되었습니다. 그동안 외국어로써 영어 학습에서 가장 중요한 어휘 학습을 상대적으로 소홀히 한 것이 사실입니다. 결코 소홀히 할 수 없는 어휘 학습을 보다 체계적이고 효과적인 학습이 되도록 하였습니다.

이 책을 통해 영어 단어 학습이 무조건 암기하는 것이 아니고, 단어 원리를 이해하는 것이 얼마나 효과적인가를 알 수 있을 것입니다. 맹목적인 단어 암기와 이해를 통한 영어 단어 학습은 많은 차이가 있습니다. 단순 암기(memorizing)는 음식을 씹지도 않고 삼키는 것(swallowing)이라면, 반면에 이해한다는 것(understanding)은 피가 되고 살이 되도록 씹고 소화하는 것(digesting)과 같습니다. 단어를 이해하는 것은 글의 이해 능력과 활용 능력을 동시에 크게 높일 수 있습니다.

제대로 된 영어 어휘 학습은 영어 학습의 본령 중 하나입니다. 단어 하나 하나는 평생 함께하는 인생에서 소중한 좋은 친구, 여행에서 만나는 추억의 멋진 여행지, 혹은 한 여름 밤 하늘에서 처음 본 반짝이는 별빛 같은 존재가 될 수도 있습니다. 학습자들의 영어 학습 과정에서 하나의 이정표나 미래의 꿈을 심는 소중한 씨앗으로 기능할 수 있을 것입니다.

실제로 필자는 중고시절 만난 inspiration(영감)이라는 단어는 깜깜한 밤하늘을 비추는 별빛처럼 다가왔던 기억이 선명합니다. 또 sympathy(공감, 동정) 등의 단어를 공부하면서는 공감한다는 의미를 되새기곤 하였고 단어 philosophy(철학), psychology(심리학)를 통해 철학, 심리학 등에 호기심을 가졌던 적도 있었습니다.

아무쪼록 이 책으로 공부하는 학생들 모두 단어 암기에 대한 거부감을 없애고 어휘 학습, 영어 학습, 나아가 인생 여정에서 밤하늘에 수 놓은 별을 함께 찾는 우정과 추억 가득한 소중한 친구 같은 책이 되길 기원합니다.

마지막으로 이 책이 나올 수 있었던 것은 제 수업을 수강한 학생들 덕분입니다. 가르친다는 것은 더 많은 것을 배울 수 있는 기회였습니다. 특히 학생들이 힘들어하는 단어 학습에 관해 많은 고민을 할 수 있었으며 좋은 아이디어, 나아가 큰 영감을 주기도 하였습니다. 특히 장기 기억을 위해 단어를 그림으로 표현해 주고 교정 등에서 도움을 준 규림, 서연, 예담, 하은, 민찬, 휘민, 지헌, 민재, 찬호, 정은, 용현, 예진, 예원, 예지, 채린, 서경, 지훈, 찬영, 종성, 재익, 서현, 상혁, 상준, 준우, 수아, 진호, 지원, 예영 등 학생들에게 큰 고마움을 전하고 싶습니다. 이 책을 집필하고 편집하는 동안 필자에게는 이 친구들이 별빛처럼 길을 밝혀주었습니다. 그들에게도 이 책이 작은 별 빛이 되기를 기원합니다.

눈에 보이지 않는 코로나바이러스와 싸워 인류가 승리하는 한 가운데에서.

2021년 11월 11일

저자 손 창 연

영어 실력, 결국 어휘 실력으로 판가름 난다!

외국어로서 영어학습에서 넘어야 할 산은 많습니다. 영어 학습의 목표는 영어 구조 원리(Grammar & Structure)를 이해해야 하고 읽고(Reading) 듣고(Listening) 말하고(Speaking) 쓸 수(Writing) 있어야 합니다. 이것들을 제대로 하기 위해서 빼놓을 수 없는 것이 바로 어휘(Vocabulary)입니다.

생각해 봅시다. 멋진 식탁이 있습니다. 고급 밥 그릇과 국 그릇, 그리고 여러 반찬 그릇들이 있습니다. 배가 몹시 고파 맛있는 밥을 생각하며 식탁에 앉았는데, 밥도 국도 반찬도 아무것도 없는 텅 빈 그릇들이라면 얼마나 실망 스러울까요? 그릇들을 영어의 구조라고 할 수 있는 문법(Grammar & Structure)에 비유할 수 있습니다. 반면 에 어휘(Vocabulary)는 맛있는 밥과 국, 여러 반찬 같은 내용물이라고 말할 수 있습니다. 어휘 없는 언어, 영어 는 존재할 수 없습니다.

결국 영어 실력은 어휘 실력으로 판가름 난다고 말할 수 있습니다.

이렇게 중요한 어휘 학습을 수박 겉 핥기식 단순 암기식으로 공부해서는 어휘를 정복할 수 없습니다. 영어를 가르치면서 가장 안타까운 것 중 하나가 많은 학생들이 맹목적이고 단순 암기식으로 어휘 학습을 하여 얼마 있 지 않아 잊어버리기를 반복합니다.

이 책은 어휘 학습에서 피상적이고 맹목적인 단순 암기를 지양하고, 단어의 원리를 이해하여 쉽고 재미있게 그 리고 오래 기억할 수 있도록 하였습니다. 따라서 오래된 골동품, 멋진 조각품 혹은 웅장한 건축물 등 예술품 감 상하듯 단어를 '어휘를 감상하고 맥락을 이해하고 추론하자'는 개념(concept)으로 집필하였습니다. 실제로 수 백 년 혹은 수천 년을 인류와 함께 견디어 온 단어 하나하나는 위대한 예술품의 하나임이 틀림없습니다.

수능 영어는 철학, 심리, 예술, 문학 등 인문, 정치, 경제, 법 등 사회, 생물, 물리, 기술 등 자연과학에 걸쳐 전 분 야의 내용이 출제되고 있습니다. 수능 영어는 EBS 지문 연계출제로 일부 지문이 부분적으로 사전에 노출되기 는 하지만, 일반적 영어 실력을 평가하기 위하여 사전 노출 없는 지문을 이해할 수 있는가가 주요한 수능시험 출제 의도이기 때문에 보통 학생들에게 노출되지 않는 논문이나 저술들을 활용하고 있습니다. 따라서 이 같은 수능 영어 독해를 위해서는 어휘의 핵심 의미를 이해하고 유추 등을 통해 활용할 수 있도록 더 깊이 있게 공부 해야 합니다. 나아가 대학에 진학하여 영어원서로 학습하는 여러 기초학문을 공부하고 TOEFL, TEPS, TOEIC 등 전문 영어공인 시험 공부에도 자연스럽게 연결되도록 집필하였습니다.

영어 실력, 결국은 영어단어 !!
〈한 입 VOCA, 수능 어원 편〉 시리즈는,
수험생들의 영어 어휘 학습을 도와 영어 성공의 길로 안내할 것입니다.

〈한 입 VOCA, 수능 어원 편 & 플러스(+)〉 구성

영어단어 암기? '감상하고 이해하고 추론하자!'

이 책은 Prestudy, Chapter 1, Chapter 2, Chapter 3으로 접미사, 접두사, 어근 등 어원별로 구성되어 있습니다.

1 Prestudy: 기본 품사 용법과 단어 뜻의 파생과 품사 활용

핵심 품사인 명사와 동사, 그리고 형용사와 부사가 문장에서 어떻게 쓰이는가를 설명하였습니다. 또 단어들이 여러 뜻이 생겨나고 두 가지 이상 품사로 사용되는 원리들을 살펴 보았습니다.

영어에서 단어별 품사 사용법은 영어 문법 중에서 기초이자 가장 중요합니다. 또 단어의 핵심 뜻을 이해하고 여러 가지 뜻으로 파생하는 원리를 이해하는 것이 어휘 학습에서 필요합니다. 나아가 하나의 단어가 한 가지 품사로만 고정하여 쓰이지 않고 두 개 이상 품사로 활용되는 단어들이 많습니다. 몇 개의 단어들의 예를 들어 설명하였습니다.

2 Chapter 1: 접미사(suffix)

Chapter 1에서는 명사, 동사, 형용사 등 품사를 결정하는 접미사(suffix)를 학습할 수 있습니다. 많은 경우 단어의 형태만으로도 핵심 품사를 구분할 수 있습니다.

ex discuss(토론하다)+ion(명사형 접미사) → discussion(명-토론)

3 Chapter 2: 접두사(prefix)

접두사(prefix)는 단어 맨 앞에 시간과 공간상에서 전후, 상하, 안과 밖, 좋은 것과 나쁜 것 등을 나타내는 것들입니다. 접두사는 단어 뜻을 추론할 수 있고 글의 큰 맥락을 이해하는데 단서를 제공할 수도 있습니다.

ex fore(먼저-접두사)+sight(보는 것) → foresight(명-선견지명)

4 Chapter 3: 어근(root)

어근(root)은 단어의 핵심 뜻을 말하는 뿌리입니다. 어근(root)을 배워 단어 핵심 뜻을 이해하고 오래도록 기억하도록 하였습니다. 어근은 상당히 많습니다. 하지만 단어학습의 효용성 측면에서 중요한 것들을 선별하였습니다. 모든 단어의 어근을 다 알 필요는 없습니다. 어원이 명확하지 않은 것도 있고 오히려 어려울 수도 있기 때문입니다.

ex e(out-밖으로)+mit(send 보내다-어근) → emit(동-발산하다)

〈한 입 VOCA, 수능 어원 편 & 플러스(+)〉 특징

01. 각 Chapter별 어원 목록을 제시하여 어원별 학습해야 할 단어들을 모아 아는 단어와 모르는 단어를 사전 점검하도록 하였다.

☞ page 21, 23 등 참고

02. 〈한 입 VOCA 수능 어원편〉 Prestudy에서 핵심 품사 사용법과 단어들의 뜻과 품사 파생을 살펴보았다.

☞ 〈한 입 VOCA 수능 어원편〉 page 15~30 참고

03. 각 어원 제시와 어원에 대한 감을 익히도록 하는 학생들이 직접 그린 그림을 제시하였다.

☞ page 15, 17 등 참고

04. 각 Day 끝에 Day 볗 공부한 어휘에 대한 테스트를 위하여 문제를 제공하였다.
또한 책 뒤쪽에 정답과 해석을 제공하였다. ☞ 177 page 참고

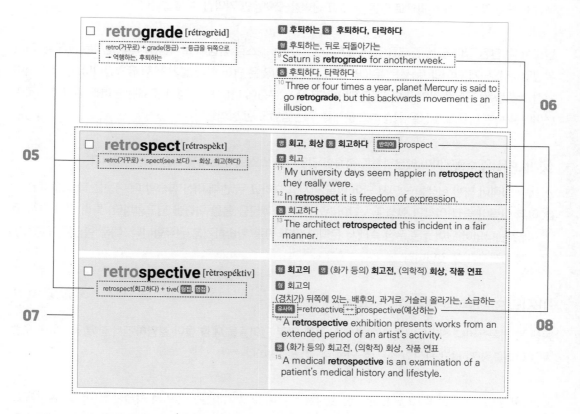

05. 각 단어에 대한 어원을 설명하여 단어를 이해하도록 하였다.

06. 실용적인 최신 문장들을 예문으로 제시하여 외운 단어를 활용하도록 하였다.

07. 파생어를 한 단어에 묶어 설명하면서도 독립시켜 각각 단어별 학습을 강조하였다.

08. 필요한 경우 유사어(synonym)와 반의어(antonym) 등을 실었다.

09. 필요한 단어를 찾아볼 수 있도록 책 맨 뒤에 색인(index)을 제공하였다. ☞ page 183 참고

10. 학생들이 어디서나 편리하게 단어 학습을 할수 있도록 미니 단어장을 제공하였다.

20일에 끝내는,
<한 입 VOCA, 수능 어원편 플러스(+)> 학습 계획

첫째, 단어 학습 전에 어원별로 모아 놓은 단어 모음에서 스스로 아는 단어와 모르는 단어를 점검해 본다. 1회 학습 후에도 다시 되돌아와 3번까지 스스로 반복 점검해 봅니다. 3회 반복하여도 쉽지 않은 어려운 단어들은 별도 노트에 정리하여 끊임없이 반복하여 완전히 자기 것으로 만들기 바랍니다.

둘째, 각 day 당 단어 30개(+,-) 구성되어 있는 매일 day 하나씩 학습하고 Lesson Test를 통해 점검합니다. 20일 계획(주말을 쉬면 5주과정)으로 Lesson 20개를 모두 학습합니다.[별 책 <한입 VOCA 수능 어원편>에 50day포함하면 70일] 어원 등 단어 기초가 약한 학생들은 최소 3회 이상 반복 학습을 권유합니다. 그래야 어원을 확실히 자기 것으로 만들 수 있고 단어를 오랫동안 기억할 수 있습니다.

반드시 각 단원 끝에 있는 문제를 풀면서 학습한 내용을 스스로 점검해 보기 바랍니다.문제는 크게 두 가지 유형입니다. 먼저 단어와 뜻 쓰는 문제와 문장 빈칸에 알맞은 단어 찾아 넣기 문제 유형입니다. 단어 실력이 약한 학생들은 먼저 단어와 단어 뜻 문제만 먼저 풀고 문장에 나온 단어 넣기 문제는 단어를 먼저 학습하여 단어에 익숙한 다음에 문장을 학습하고 문제를 푸는 방법도 한 방법입니다.

셋째, 자신의 수준에따라 예문까지를 학습할 것인가는 스스로 판단해서 학습하길 바랍니다.
△ 어휘 실력이 약한 학생들 - 먼저 단어 만을 먼저 학습하고 두 번째 이상 학습할 때 예문을 학습합니다.
△ 어휘 실력이 중급 이상인 학생들 - 단어뿐만 아니라 예문을 통한 학습을 권고합니다. 특히 여러 가지 뜻이 있는 다의어 단어들은 문장 속에서 문맥에 따라 반복 학습하기를 권유합니다. 예문 학습은 독해력을 크게 증진시켜 줄 것입니다.

마지막으로 하나 더 권유하고 자 합니다.

동생 등 가족들이나 친구들에게 어원별 핵심 뜻과 관련 단어들을 예를 들어 설명하면서 함께 공부하면 오랫동안 단어를 잊지 않고 자신의 것으로 만들 수 있을 것입니다.

또한, 어원별로 학습한 후 그 단원 어원을 혼자서 생각해 보고 기억을 더듬어서 학습한 단어들을 생각해 보고 빈 종이나 스마트폰 메모장 등에 써보는 습관을 권유합니다. 책을 보지 않은 채 학습한 단원의 어원을 기억하고 또 어원에 해당하는 몇 개의 단어라도 기억할 수 있고 쓸 수 있다면 큰 발전입니다.

기억을 더듬어 보는 것은 거리를 걸으면서도 버스나 지하철을 타고 이동 중에도 가능한 일입니다. 학습은 꼭 책상 앞에서만, 또 책을 보면서만 할 수 있는 것이 아닙니다. 농구나 축구 등 스포츠, 또 피아노 등 곡 연주 등에서 활용되는, 실제로 운동과 연주를 직접 하지 않으면서도 머릿속으로 연습하는 멘탈 프랙티스(mental practice)를 어휘 학습에서도 활용하여 좋은 성과를 얻을 수 있습니다.

한 입 VOCA 수능어원편 플러스(+)

[참고] 별 책: 한 입 VOCA 수능 어원 편

Chapter III 주요 어근

1. 단어 끝에 붙이는 주요 suffix (접미사)

A 명사형 접미사 (noun suffix)

명사형 접미사는 크게 사람을 나타내는 것 들과 상태, 특성, 동작, 결과, 수단이나 신분이나 지위 등 추상명사를 만들기 위하여 많이 쓰인다.

명사형 접미사	단어 예	의미
-ar	liar 거짓말 장이	보통 '~ 사람'을 나타낸다. 일부 사물 등을 나타낼 수 있다.
-er	admirer 숭배자	
-or	actor 배우	
-ee	examinee 수험자	
-ant	participant 참가자	
-ent	superintendent 감독	
-ist	idealist 이상가	
-ive	representative 대표자	
-ary	beneficiary 수익자	
-hood	neighborhood 이웃	신분, 지위, 상태 등 추상명사
-ship	chairmanship 의장직	
-ic, -ics	physics 물리학	학문 등 추상명사
-logy	sociology 사회학	
-ism	realism 현실주의	주의 등 추상명사
-et	pamphlet 팸플릿, 작은 책자	작은 것
-ette	cigarette 담배	작은, 여성, 집단
-ness	consciousness 의식	특성, 상태, 동작, 결과, 수단 등을 나타내는 추상 명사
-th	growth 성장	
-dom	kingdom 왕국	
-ion(-sion, -tion)	omission 생략, vacation 휴가	
-ment	punishment 벌	
-al	proposal 신청, 제안	
-ry	delivery 인도, 배달	
-ance(-ancy)	elegance (=elegancy)우아함	
-ence(-ency)	evidence 증거	
-ure	pleasure 기쁨	
-ty, -ety, -ity	liberty 자유, safety 안전 velocity 속도	
-cy	privacy 사생활	
-mony	ceremony 의식	
-age	average 평균	

B 동사형 접미사 (verb suffix)

동사형 접미사	단어 예	의미
-fy(-efy, -ify)	liquefy 녹이다, 용해시키다 clarify 분명하게 하다	~ 하게 하다
-ize	criticize 비평하다 apologize 사죄하다	
-en	moisten 축축하게 하다	
-ate	communicate 전달하다	

C 형용사형 접미사(adjective suffix)

형용사형 접미사	단어 예	의미
-able	available 이용할 수 있는	~할 수 있는(능력)
-ible	audible 들리는	
-ful	careful 주의 깊은	~ 가득 찬, ~하기 쉬운
-al	central 중심의, 중앙의	
-ant/-ent	attendant 시중드는 apparent 명백한	
-ary/-ory	necessary 필요한 auditory 청각의	
-ic/-ical	electric, electrical 전기적인	…와 같은, …성질의, …하기 쉬운, …에 관계가 있는
-ish	selfish 이기적인	
-ive	active 활동적인	
-ly/-y	bodily 신체의, dirty 더러운	
-ous	conscientious 양심적인	
-some	handsome 잘생긴	
-ern	western 서쪽의	방향
-ese	Chinese 중국의	국가이름 등을 형용사로 만든다
-less	flawless 흠 없는	~ 없는
-ing	satisfying 만족하게 하는	~ 하게 하는(감정유발)
	existing 현존하는	~한(상태지속)
-ed	satisfied 만족된	~ 되어진(수동)
-en	wooden 나무로 된	~ 로 만든

D 부사형 접미사(adverb suffix)

부사형 접미사	단어 예	의미
-ly	softly 부드럽게	
-way(s)	sideways 옆으로	방식
-wise	otherwise 그렇지 않으면	
-ward(s)	downward(s) 아래 쪽으로	방향

E 두가지 이상 품사로 사용되는 접미사(surffix)

아래 표에서 보는 것처럼 두 가지 이상 품사에서 쓰이는 접미사가 있다. 특히 -ant, -ate, -ary, -ive, -ly는 한 단어가 두 가지 이상의 품사로도 사용되기도 한다.

어미	명사	동사	형용사	부사
-al	trial 시도		equal 같은	
-ant	assistant 조수		assistant 보조의	
-ate	separate 갈라진 것	separate 분리하다	separate 분리된	
-ar	scholar 학자		regular 규칙적인	
-ary	missionary 선교사		missionary 전도(자)의	
-en	children 아이들	moisten 축축하게 하다	golden 황금으로 된	
-ent	superintendent 감독		insistent 주장하는	
-ic	rhetoric 수사학		magnetic 자석의	
-ive	relative 친척		relative 비교상의	
-y	jealousy 질투		greedy 탐욕스러운	
-ly			monthly 매월의	monthly 매월

2. 단어 앞에 붙이는 주요 접두사(prefix) - 공간과 시간 등

접두사	뜻	단어 예
pre	~ 앞에(before)	precede 앞서다
pro	~ 앞에(before)	proceed 앞으로 나아가다
fore	~ 앞에(before)	forecast 예측하다
ant(e, t)	~ 이전에(before)	anticipate 예상하다
post	~ 뒤에(behind)	postdate 실제보다 늦추다
re	다시(again), 뒤로(back)	recover 회복하다, 되찾다
after	뒤에	aftercare 치료 후 몸조리
retro	뒤로(back)	retroact 반동하다
over	위로	overcharge 과잉청구하다
super	위에	superior 우수한
up	위로	uphold 지지하다
hyper	위	hyperacid 위산과다의
hypo	아래	hypoacidity 산과소
under	아래	undercover 비밀로 한
su(b, f, g, p, s, r)	아래(under)	subconscious 잠재의식의
in^1, im^1	~ 안에	include 포함하다
inter	~ 사이에(beween)	interact 상호작용하다
e(x)	밖에(out)	elicit 이끌어내다 exaggerate 과장하다
(o)ut	밖에	outbreak 발발, 발병 utter 말하다
extra	밖의, 여분의(out)	extraneous 외래의
trans	통과하여(through)	transatlantic 대서양 건너의
dia	가로질러(across), 사이에(between)	dialogue 대화
per	완전히 통과하여(through)	perceive 인식하다
with	~ 함께(together)	withdraw 철회하다
syn, sym	~ 함께(together)	sympathy 동정, 공감
co(l,m,r)	~ 함께(together)	coexist 공존하다
in^2, il, im^2, ir	~ 없는(not)	inability 무능력
dis	~ 없는(not), 사라진(away)	disable 쓸모없게 만들다
non	~ 가 아닌(not)	nonchalance 무관심, 냉담
a(n)	~ 없는(not)	achromatic 무색의
un	~ 없는(not)	unaware 모르고 있는

접두사	뜻	단어 예
counter, contra	~ 에 받대하여(against)	counteract 대응하다
ant(i)	~ 에 반대하는(against)	antagonize 반감을 사다
tel(e, o)	멀리 떨어진, 전신	telebanking 텔레뱅킹
se	떨어져(away)	section 분할, 구역
a(b)	떨어져(away)	abduct 유괴하다
bene	좋은(good)	benefaction 은혜(를 베풂)
mal(e)	나쁜(bad)	malice 악의
ambi	양쪽의(both), 둘레의(around)	ambiance 주변의 모양, 분위기
en	만들다(make)	enable 할 수 있게 만들다
auto	스스로	autobiography 자서전
mis	잘못	misapply 잘못 적용하다
a(b, c, d, p, r, s, t)	~ 쪽으로(to)	adhere 부착하다, 고수하다
수와 관련된 접두어	mono	one (1 – 하나)	monach 군주제
	uni		unity 단결, 통일성
	bi	two (2 – 둘)	bifocal 이중 초점의
	due		duo 2인조, 2중주
	tri	three (3 – 셋)	triathlon 3종 경기
	tetra	four (4 – 넷)	tetragon 4각형
	penta	five (5 – 다섯)	pentagon 5각형
	hexa	six (6 – 여섯)	hexagon 6각형
	hepta	seven (7 – 일곱)	heptagon 7각형
	sept		septangle 7각형
	oct	eight (8 – 여덟)	octave 옥타브, 8도음정
	non(a)	nine (9 – 아홉)	nonagon 9변형
	dec(a)	ten (10 – 열)	decade 10년
	hemi	half(½, 반)	hemisphere 반구
	semi		semiarid 반건조의
	demi		demigod 반신반인
	quarter	¼(4분의 1)	quarterfinal 준준결승
	multi	여러 개	multimedia 멀티미디어

3. 많이 사용되는 주요 어근(root)

어근(root)	뜻	단어 예
prim	최초, 최고	primacy 제일, 탁월
home	같은(the same)	homology 상동관계
chron(o)	시간의 지속	chronology 연대기, 연대학
tempor	시간(time)	temporary 일시적인
man(u,i), main	손(hand)	manual 설명서
ped(i)	발(foot)	peddle 행상 다니다
corp(or)	몸(body)	corporal 육체의, 신체의
phys(ic)	물질, 신체	physics 물리학
psych(o)	마음(mind)	psychology 심리학
cor(d,e), cour	마음(heart)	concord 일치, 조화
audi	소리(sound), 듣다(sound)	audience 관객
voc, vow	목소리(voice), 부르다(call)	vocal 목소리의, 보컬
vis(e), vi(d), view, vey	보다(see)	vision 시력, 시야
aster, astro, sider	별(star)	astronomy 천문학
band, bind, bond, bund	묶다	band 밴드
bio	생명(life)	biology 생물학
cede, ceed, cess, ceas	가다(go)	access 접근
cap	우두머리(head)	capital 수도, 대문자, 자본금
car, char	마차(carriage)	carrier 운반하는 사람, 보균자
cred, creed	믿음	credit 신용, 칭찬, 학점
cur	달리다(run), 흐르다(flow)	currency 통용, 화폐
duct, duc(e)	이끌다(lead), 가져오다(bring)	conduce 이끌다
dict	말하다(say)	dictate 지시하다, 구술하다
equa(i), equi	같은, 평등한(the same)	equate 같게 하다
fac(t), fec(t), fic(t), fair	만들다(make)	fact 사실
fy		fortify 강하게 만들다
fer	나르다(carry), 가져오다(bring)	infer 추론하다
flu	흐르다(flow)	fluid 액체
fin(e)	끝(end), 경계(limit)	final 마지막의
form	형태, 구성	formal 모양의, 공식의
litter	글자(letter)	literal 글자 그대로의
gen(e)	출생(birth), 생산하다(produce)	genetic 유전의
grad, gress, gree, gred	걸어 가다(go), step(걸음, 단계)	grade 등급, 성적, 학년
graph	쓰다(write), 그리다(draw)	graph 그래프, 도표
ject	던지다(throw)	inject 주사하다
leg	법률(law)	legal 법률의

어근(root)	뜻	단어 예
lect, leg	모으다(gather), 선택하다(choose)	collect 모으다
nov, new	새로운(new)	nova 신성
log(y)	word(말) → (말이 모여) 학문	virology 바이러스학
long, leng, ling	긴	length 길이
path, pati, pass	겪다(suffer), 느끼다(feel)	pathos 페이소스, 비애감
pend, pens, pond	매달다(hang),무게를 달다(weigh)	pendulum 추
pel, peal, puls(e)	밀다(push), 몰다(drive)	propel 앞으로 나가게 하다
ple, ply, plic, ploit,	접다(fold), weave(짜다)	complex 복잡한
lateral	옆쪽(side)	bilateral 양측의
press	누르다(press)	depression 우울, 경기침체
rupt	깨다(break)	bankrupt 부도난
clos(e), clude	닫다(shut)	enclose 동봉하다
onym	이름(name), 단어(word)	synonym 동의어
pos(e), pon(e)	놓다(put), 두다(place)	compose 구성하다, 작곡하다
vert, vers	돌아서 향하다(turn)	adversity 역경
tend, tent(e), tens(e)	늘리다(stretch), 당기다(pull)	tension 긴장
terr(i)	두렵게 하다(frighten)	terrible 무서운
	땅(earth)	territory 지역, 영토
vit, viv(e), vig	생명(life), 살다(live)	vitality 생명력
ven(t)	오다(come)	advent 출현
volv, volu, volt	말다, 돌다(roll)	revolve 돌리다, 회전하다
val(u), vail	가치(value), 가치 있는(worth)	valuable 가치 있는
geo	땅(earth, land)	geology 지질학
tract	당기다(draw), 끌다(pull)	attract 끌어 당기다
ward, wa, war, warn	주의하다(watch)	ward 보호, 감시
medi(o), mid	중간(middle)	median 중간(의), 평균(의)
tone, tune	음질, 색조	monotone 단조로운
mov, mo(e), mot	움직이다(move)	motive 동기, 자극
ment, men, mon, min(d)	마음(mind)	mental 마음의
spir	숨쉬다(breathe)	perspire 땀을 흘리다
scrib	쓰다(write)	inscribe 새기다
sens, sent	느낌(feeling)	sensitive 민감한
mit, miss, mess, mise	보내다(send), 가다(go)	mission 임무
spec(t), spic, specul	보다(look)	spectacle 경관, 미관
tain, ten(t), tin	붙들다(hold)	obtain 획득하다
tort, tors	비틀다(twist)	torture 고문하다

Shall we take a rest?

If you tame me, then we shall need each other.
To me, you will be unique in all the world. To you,
I shall be unique in all the world.

네가 나를 길들인다면 그때엔 우리는 서로가 필요하게 될거야. 넌 나에게 이 세상에
단 하나뿐인 존재가 되고, 난 너에게 둘도 없는 친구가 될테니까.

- 〈Little Prince 어린왕자 by 생텍쥐페리〉 중에서.

graph : **write** 쓰다, **draw** 그리다

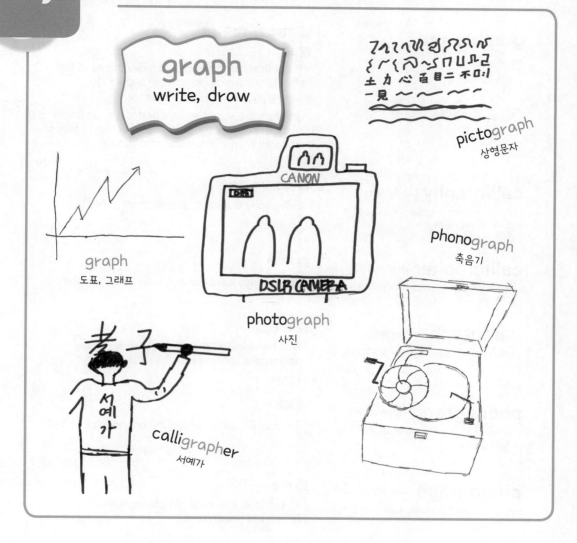

graph
write, draw

pictograph
상형문자

graph
도표, 그래프

phonograph
축음기

photograph
사진

calligrapher
서예가

이 단원에서 학습할 단어모음입니다. ☐☐☐에 각각 모르는 단어를 3회에 걸쳐 ☑(체크표시)해 보세요.
모르는 단어는 끝까지 학습하세요.

Preview Words

☐☐☐ **graph** [græf] n. 그래프, 도표
☐☐☐ **graphic** [grǽfik] a. 그림의 n. 설명도, 삽화
☐☐☐ **calligraphy** [kəlígrəfi] n. 서예
☐☐☐ **calligrapher** [kəlígrəfər] n. 서예가

☐☐☐ **paragraph** [pǽrəgræf] n. 단락
☐☐☐ **phonograph** [fóunəgræf] n. 축음기
☐☐☐ **photograph** [fóutəgræf] n. 사진
☐☐☐ **pictograph** [píktəgræf] n. 상형문자

graph [græf]

명 그래프, 도표

[1] **Graphs** and charts are great because they communicate information visually.

graphic [grǽfik]

graph + ic(형접)

형 그림의 **명** 설명도, 삽화

형 그림의

[2] The article contains **graphic** descriptions of the effects of poverty on a whole population.

명 설명도, 삽화

[3] **Graphics** are visual images or designs on some surface, such as a wall, canvas, screen, paper, or stone to inform, illustrate, or entertain.

calligraphy [kəlígrəfi]

calli(beauty 아름다움) + graph(write 쓰다) + y(명접)
→ 멋지게 쓰는 글씨 → 서예

명 서예, 글씨 예술

[4] **Calligraphy** is a visual art related to writing.

calligrapher [kəlígrəfər]

calligraph(서예) + er(~하는 사람) → 서예하는 사람 → 서예가

명 서예가

[5] He was also a prolific writer and a **calligrapher**.

paragraph [pǽrəgræf]

para(beside 옆) + graph(write 쓰다) → 옆에(모여 있는 글)
→ 단락

명 단락

[6] This handout will help you understand how **paragraphs** are formed.

phonograph [fóunəgræf]

phono(sound 소리) + graph(write 쓰다) → 소리로 쓴 것
→ 레코드 플레이어

명 축음기

[7] Thomas Edison invented the **phonograph** in 1877.

photograph [fóutəgræf]

photo(picture 그림) + graph(write 쓰다) → 사진

명 사진

[8] The eternal appeal of old **photographs** is not difficult to understand.

pictograph [píktəgræf]

picto(picture 그림) + graph(write 쓰다) → 그림문자
→ 상형문자

명 상형문자

[9] A **pictograph** is a way of showing data using images.

---

1. 그래프나 차트는 정보를 시각적으로 소통하기 때문에 대단하다.
2. 그 기사는 전체 인구에 관한 빈곤의 효과에 관한 그래픽 묘사를 포함한다.
3. 그래픽(Graphic)은 정보를 주고 설명하고 즐거움을 주기 위해 벽, 캔버스. 스크린, 종이 혹은 돌과 같은 표면에 표현되는 시각적 이미지, 즉 디자인이다.
4. 서예는 글씨와 관련된 예술이다.
5. 그는 또한 다작의 작가이자 서예가였다.
6. 이 인쇄물은 네가 어떻게 단락들이 형성되는가를 이해하도록 도와줄 것이다.
7. 토마스 에디슨이 1877년에 축음기를 발명했다.
8. 오래된 사진들의 영원한 호소는 이해하기에 어렵지 않다.
9. 상형문자(pictograph)는 이미지를 사용하여 데이터를 보여주는 방식이다.

ject: throw 던지다

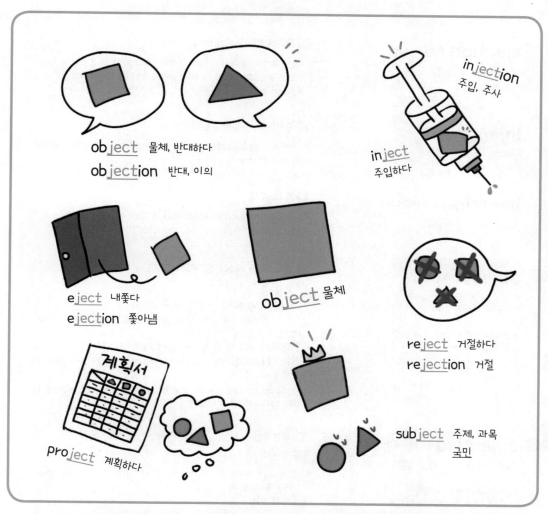

이 단원에서 학습할 단어모음입니다. □□□에 각각 모르는 단어를 3회에 걸쳐 ☑(체크표시)해 보세요.
모르는 단어는 끝까지 학습하세요.

□□□ **eject** [idʒékt] v. 내쫓다, 몰아내다
□□□ **ejection** [idʒékʃən] n. 쫓아냄
□□□ **inject** [indʒékt] v. 주사하다, 주입하다
□□□ **injection** [indʒékʃən] n. 주입, 주사
□□□ **object** [əbdʒékt] v. 반대하다 n. [ábdʒikt] 물체, 목적, 대상
□□□ **objection** [əbdʒékʃən] n. 반대
□□□ **objective** [əbdʒékʃən] a.객관적인 n. 목표

□□□ **project** [prədʒékt] v. 계획하다 n. [prádʒekt] 프로젝트
□□□ **projection** [prədʒékʃən] n. 투사, 발사, 투영, 영사(映寫), 계획
□□□ **reject** [ridʒékt] v. 거절하다
□□□ **rejection** [ridʒékʃən] n. 거절, 기각, 부결
□□□ **subject** [sʌ́bdʒikt] n. 주제, 과목, 피실험자, 국민
　　　　　　　　　a. 지배받기 쉬운 v. [səbdʒékt] 지배하다
□□□ **subjection** [səbdʒékʃən] n. 정복, 복종, 종속
□□□ **subjective** [səbdʒéktiv] a. 주관적인, 내성적인

☐ **eject** [idʒékt]

e(out 밖으로) + ject(throw 던지다) → 밖으로 내던지다
→ 내쫓다

동 **내쫓다** 유사어 expel, evict, throw out, cast out, oust, dislodge

[1] Andrew was **ejected** from his apartment for not paying the rent.

☐ **ejection** [idʒékʃən]

eject(내쫓다) + tion(명접)

명 **쫓아냄** 유사어 expulsion

[2] In sports, an **ejection** is the removal of a participant from a contest due to a violation of the sport's rules.

☐ **inject** [indʒékt]

in(안으로) + ject(throw 던지다) → 안으로 던지다 → 주입하다

동 **주사하다, 주입하다** 유사어 insert

[3] The nurse **injected** a painkilling drug into the veins of my forearm.

☐ **injection** [indʒékʃən]

inject(주입하다) + tion(명접)

명 **주입, 주사**

[4] An intramuscular **injection** is that medication is injected deep into the muscles.

다의어 **object** [əbdʒékt]

ob(against ~에 대항하여) + ject(throw 던지다)
→ 반대하여 (물건을) 던지다

┌ 물체, 물건, 대상 → objective 객관적인
└ 반대하다 → objection 반대

명 **물체, 목적, 대상**　동 **반대하다**　명 objection 반대

명 **물체, 목적, 대상**

[5] Distant **objects** look blurry to me.
[6] The policeman was dragging a large **object** in the dark.
[7] Their **object** is to investigate the matter thoroughly.
[8] The **object** of the game is to score the most points.

동 **반대하다**

[9] Several members of the board strongly **objected** to the proposed merger.

다의어 **objective** [əbdʒéktiv]

object (물건, 대상) + ive (형접, 명접)

┌ 던져진 상태로 보는 → 객관적인
└ 앞에 던져진 이루고자 하는 것 → 목표

형 **객관적인** ↔ subjective 주관적인　명 **목적, 목표**

형 **객관적인**

[10] Sven games are not enough to make an **objective** assessment.

명 **목적, 목표**

[11] An **objective** is the set of goals, behaviors and assessments the teachers want students to accomplish.

☐ **objection** [əbdʒékʃən]

object(반대하다) + tion(명접) → 반대

명 **반대, 이의** 유사어 opposition

[12] Does anyone have any **objections**?
[13] Her **objection** to the plan is based on incorrect facts.

---

1. 앤드류는 임대료를 내지 않아 그의 아파트에서 쫓겨 났다.
2. 스포츠에서 방출은 규칙 위반 때문에 경기 참가를 못하게 되는 것이다.
3. 간호사는 진통제를 나의 팔 정맥 속에 주사했다.
4. 근육 주사는 약이 근육 속으로 깊게 주사되는 것이다.
5. 멀리 있는 물체가 나에게 흐릿하게 보인다.
6. 그 경찰관은 어둠 속에서 큰 물체를 끌고 있는 중이다.
7. 그들의 목적은 그 물체를 철저히 조사하는 것이다.
8. 그 게임의 목표는 가장 많은 점수를 득점하는 것이다.
9. 그 이사회의 여러 회원들은 강력하게 제안된 합병에 반대했다.
10. 일곱 번의 게임으로는 객관적인 평가를 하기에 충분하지 않다.
11. 목표는 선생님들이 학생들이 성취하기를 원하는 일련의 득점, 행동, 평가이다.
12. 이의 있습니까?
13. 그 계획에 그녀의 반대는 잘못된 사실들에 기초한다.

☐ **project** [prədʒékt]

pro(forward 앞으로) + ject(throw 던지다)
→ 앞으로 내던져진 것 → 계획

동 **계획하다, 발사하다** 명 [prádʒekt] **프로젝트, 계획**

[14] Thousands of people in South Sudan have received relief from a food security **project**.

☐ **projection** [prədʒékʃən]

project(계획하다, 발사하다) + ion(명접)

명 **투사, 발사, 사영(射影), 투영, 영사(映寫), 돌기(부), 계획**

[15] The **projection** of a film or picture is the act of projecting it onto a screen or wall.

☐ **reject** [ridʒékt]

re(again or back 다시 or 뒤로) + ject(throw 던지다)
→ 뒤로 던지다 → 거절하다

동 **거절하다** 유사어 deny, disapprove, refuse

[16] The appeal was **rejected** by the court.

☐ **rejection** [ridʒékʃən]

reject(거절하다) + tion(거절하다)(명접)

명 **거절, 기각, 부결** 유사어 refusal, declining

[17] **Rejection** hurts because it creates an emotional wound.

다의어 **subject** [sʌbdʒikt]

sub(under 아래로) + ject(throw 던지다)
→ (토론, 연구, 학습, 글 등) 아래로 던져진 것
→ 주제, 과목, 피실험자, 국민
── 지배받는, ~ 하기 쉬운
── 주제
── 과목
── 피실험자
── 국민, 주관, 주체, 주어
── 복종시키다

형 **지배를 받는** 명 **주제, 과목, 피실험자, 국민** 동 **복종시키다**

형 **지배를 받는, ~ 하기 쉬운**

[18] The young children are **subject** to temptation.

명 **주제, 과목, 피실험자, 국민, 주관, 주체, 주어**

[19] Sports is a **subject** of almost universal interest.

[20] He studied four **subjects** in his first year at college.

[21] They must be not the Korean but the Japanese **subjects**.

동 [səbdʒékt] **복종시키다, 지배하다** 명 subjection 정복, 복종

[22] The dictator didn't **subject** the mind of the people.

[23] The invaders quickly **subjected** the local tribes.

☐ **subjective** [səbdʒéktiv]

subject(주관, 주체) + ive(형접)

형 **주관적인** ↔ objective 객관적인

[24] Love is, and will always be, **subjective**.

☐ **subjection** [səbdʒékʃən]

subject(지배를 받는) + tion(명접)

명 **정복, 복종, 종속**

[25] **Subjection** is when a person, group, or government forces another person to submit.

---

14. 남수단에서 수천명의 사람들이 식량구호 프로젝트로부터 구제를 받고 있다.
15. 영화와 사진의 영사(projection)는 스크린이나 벽에 투영하는 것이다.
16. 그 항소는 법원에 의해 기각(거절)되었다.
17. 거절은 감정적인 상처를 주기 때문에 상처를 입는다.
18. 어린 아이들은 유혹에 지배받는다.
19. 스포츠는 거의 전 세계적인 관심이다.

20. 그는 대학 1학년에 4개 과목을 공부했다.
21. 그들은 한국인이 아니라 일본 국민임에 틀림없다.
22. 그 독재자는 사람들의 마음을 지배하지 못했다.
23. 그 침입자들은 지역 부족들을 지배하였다.
24. 사랑은 주관적이며 앞으로도 항상 주관적일 것이다.
25. 정복(subjection)은 어떤 사람이나 그룹, 혹은 정부가 어떤 사람이 복종하라고 강요할 때이다.

leg: law 법

이 단원에서 학습할 단어모음입니다. ☐☐☐에 각각 모르는 단어를 3회에 걸쳐 ☑(체크표시)해 보세요.
모르는 단어는 끝까지 학습하세요.

legal [líːgəl]

leg(law 법) + al(형접) → 법적으로 타당한 → 합법적인

형 법률의

[1] The organization offers free **legal** advice to people.

legacy [légəsi]

leg(law 법) + acy(명접 상태)
→ 법적인 효력이 있는 상태 → 유산

명 유산, 유증

[2] She left us a **legacy** of a million dollars.

legislate [lédʒislèit]

leg(law 법) + isl(propose 제안하다) + ate(동접)
→ 법으로 만들자고 제안하다 → 법률로 제정하다

동 법률을 제정하다

[3] The government must **legislate** for the preservation of nature.

legislation [lèdʒisléiʃən]

legislate(법률을 제정하다) + ion(명접)

명 입법, 법률제정, 법률

[4] New **legislation** offers a tax break for young families.

legislative [lédʒislèitiv]

legislate(법률을 제정하다) + ive(형접)

형 입법(상)의, 입법권이 있는, 입법부의

[5] The members of the National Assembly oppose most **legislative** reform.

delegate [déligit]

de(away ~ 떨어져) + leg(law 법) + ate(명접 , 동접)
→ 법적 권한을 가지도록 선출되어 멀리 보내진 사람 → 대표자

명 대표자   동 [déligèit] 대표로 임명하여 파견하다
명 대표자

[6] A **delegate** is a person who is chosen to vote or make decisions on behalf of a group of other people, especially at a conference or a meeting.
동 대표로 임명하여 파견하다
[7] Each state **delegates** to the national convention.

delegation [dèligéiʃən]

delegate(대표로 보내다) + ion(명접)

명 대표단, 대표 파견

[8] The **delegation** from Korea has just arrived.

privilege [prívəlidʒ]

privi(private 개인적인) + lege(law 법) → 개인이 보호받는 법
→ 특권

명 특권

[9] There are no special **privileges** for the managers.

---

1. 그 조직은 사람들에게 무료 법적 조언을 제공한다.
2. 그녀는 우리에게 백만 달러의 유산을 남겼다.
3. 정부는 자연보호에 관한 법률을 제정해야 한다.
4. 새 법률은 젊은 가족들에게 세금 우대 조치를 제공한다.
5. 국회의원들은 대부분의 입법부의 개혁에 반대한다.

6. 대표자(delegate)는 다른 사람들을 대표하여 특히 회의에 참석하여 투표하고 결정을 하도록 선출된 사람이다.
7. 각각의 주들은 전국회의 대표자들을 파견한다.
8. 한국 대표단이 방금 도착했다.
9. 매니저들에게는 어떠한 특권도 없다.

※ 아래에서 우리말은 영어로 영어는 우리말로 각각 뜻을 쓰시오.

1. 특권	_____	14. object	_____
2. 대표자, 대표로 임명하여 파견하다	_____	15. objection	_____
3. 그림의, 설명도, 삽화	_____	16. projection	_____
4. 서예	_____	17. reject	_____
5. 서예가	_____	18. rejection	_____
6. 단락	_____	19. subjection	_____
7. 축음기	_____	20. legal	_____
8. 사진	_____	21. legacy	_____
9. 상형문자	_____	22. legislate	_____
10. 내쫓다, 몰아내다	_____	23. legislation	_____
11. 쫓아냄	_____	24. legislative	_____
12. 주사하다, 주입하다	_____	25. delegation	_____
13. 주입, 주사	_____	26. subject	_____

※ 다음 문장에서 사용된 단어 object와 subject의 뜻에 유의하여 해석하세요.

27. Distant objects look blurry to me.

28. The policeman was dragging a large object in the dark.

29. Their object is to investigate the matter thoroughly.

30. The object of the game is to score the most points.

31. Several members of the board strongly objected to the proposed merger.

32. The young children are subject to temptation.

33. Sports is a subject of almost universal interest.

34. He studied four subjects in his first year at college.

35. They must be not the Korean but the Japanese subjects.

36. The dictator didn't subject the mind of the people.

※ 다음 문장의 빈칸에 알맞은 단어를 보기에서 찾아 넣으시오. 필요 시 대문자, 수, 시제, 태 등 문법적 요소를 고려하여 쓰세요.(다만 본문 예문 학습을 유도하기 위하여 예문에서 사용한 단어를 정답으로 하였다.)

보기   privilege, legal, delegation, legislation, calligraphy, calligrapher

37. _____ is a visual art related to writing.

38. He was also a prolific writer and a _____.

39. The _____ from Korea has just arrived.

40. There are no special _____ for the managers.

41. The organization offers free _____ advice to people.

42. New _____ offers a tax break for young families.

lect, leg: gather 모으다, choose 선택하다, read 읽다

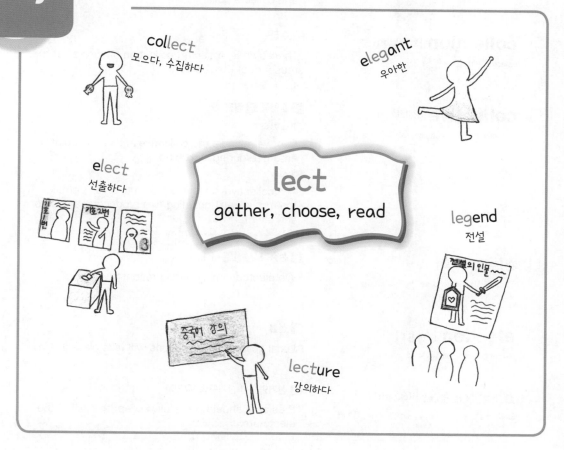

이 단원에서 학습할 단어모음입니다. □□□에 각각 모르는 단어를 3회에 걸쳐 ☑(체크표시)해 보세요.
모르는 단어는 끝까지 학습하세요.

Preview Words

□□□**collect** [kəlékt] v. 모으다, 수집하다
□□□**collection** [kəlékʃən] n. 수집
□□□**collective** [kəléktiv] a. 집합적 n. 집단
□□□**elect** [ilékt] v. 선출하다
□□□**election** [ilékʃən] n. 선출
□□□**electorate** [iléktərit] n. 선거민, (한 선거구의) 유권자
□□□**elegant** [éləgənt] a. 우아한
□□□**elegance, -cy** [éligəns], [-i] n. 우아, 고상, 기품
□□□**intellect** [íntəlèkt] n. 지성
□□□**intellectual** [ìntəléktʃuəl] a. 지적인
□□□**intelligence** [intélədʒəns] n. 지성, 이해력
□□□**lecture** [léktʃər] n. 강의 v. 강의하다

□□□**lecturer** [léktʃərər] n. 강연자
□□□**dialect** [dáiəlèkt] n. 방언, 지방 사투리
□□□**legend** [lédʒənd] n. 전설
□□□**legendary** [lédʒəndèri] a. 전설(상)의, 전설적인
□□□**neglect** [niglékt] v. 소홀히 하다
□□□**negligence** [néglidʒəns] n. 태만, 부주의
□□□**recollect** [rèkəlékt] v. 회상하다, 다시 모으다
□□□**recollection** [rèkəlékʃən] n. 회상, 상기
□□□**select** [silékt] v. 선택하다, 고르다
□□□**selection** [silékʃən] n. 선발, 선택
□□□**selective** [siléktiv] a. 선택(성)의, 선택력 있는

☐ **collect** [kəlékt]

col(together 함께) + lect(gather 모으다) → 함께 모으다

图 모으다, 수집하다

유사어 gather, accumulate, assemble, amass

[1] She **collects** dolls.

☐ **collection** [kəlékʃən]

collect(모으다) + tion(명접)

명 수집

[2] There's an Egyptian art **collection** on display at the museum at the moment.

☐ **collective** [kəléktiv]

col(together 함께) + lect(gather 모으다) + ive(형접)

형 집합적 명 집단

형 집합적

[3] Can we rekindle the **collective** and caring spirit that emerged during lockdown?

명 집단

[4] The **collective** has since grown to an all-female team of seven, including two producers, a director and a writer.

☐ **elect** [ilékt]

e(out 밖으로) + lect(choose 선택하다)
→ 선택하여 밖으로 가져오다 → 선출하다

图 선출하다 유사어 pick, select

[5] We **elected** him as our representative.

☐ **election** [ilékʃən]

elect(선출하다) + tion(명접)

명 선출

[6] Local government **elections** will take place in May.

☐ **electorate** [iléktərit]

e(out 밖으로) + lect(choose 선택하다) + ate(명접)

명 선거민, (한 선거구의) 유권자

[7] President should gracefully accept the will of the **electorate**.

☐ **elegant** [éləgənt]

e(out 밖으로) + leg(choose 선택하다) + ant(형접)
→ 선택하여 밖으로 뽑아놓은 → 우아하게 보이는

형 우아한 유사어 graceful, tasteful, refined, dignified

[8] The natural woods make the room feel **elegant**.

☐ **elegance, -cy** [éligəns], [-i]

e(out 밖으로) + leg(choose 선택하다) + ance, -cy(명접)

명 우아, 고상, 기품

[9] **Elegance** is refined grace or dignified propriety.

---

1. 그녀는 인형을 모은다.
2. 지금 순간 박물관에 이집트 미술 수집품 전시 중에 있다.
3. 우리는 폐쇄 중에 나타난 공동체적이고 서로 보살피는 정신을 되살릴 수 있을까?
4. 이 단체는 두 명의 프로듀서, 감독, 작가를 포함하여 총 7명의 여성 팀으로 성장했다.
5. 우리는 그를 우리 대표로 선출했다.
6. 지방정부 선거가 5월에 실시될 것이다.
7. 대통령은 유권자의 뜻을 정중하게 받아들여야 한다.
8. 천연 목재들은 방을 우아하게 만든다.
9. 우아함(Elegance)은 세련된 품위나 위엄있는 교양이다.

□ **intellect** [íntəlèkt]

intel(inter~사이에) + lect(choose 선택하다)
→ 사이에서 골라내는 힘 → 지성

명 지성
[10] The heart is wiser than the **intellect**.
[11] He was a man of action rather than of **intellect**.
[12] If you would persuade, you must appeal to interest rather than **intellect**.

□ **intellectual** [ìntəléktʃuəl]

intellect(지성) + ual(형접) → 지적인

형 지적인
[13] The movie wasn't very **intellectual**, but it caught the mood of the times.

□ **intelligence** [intélədʒəns]

inte(inter~ 사이에) + lig(gather 모으다, choose 선택하다) + ence(명접) → 모아진 것들 중에서 적절한 것을 선택해 쓸 수 있는 능력 → 지성, 이해력

명 지성, 이해력 형 intelligent 지적인 형 intelligible 알기 쉬운
[14] Artificial **intelligence** is the technology that will have the greatest impact on ecommerce in the years to come.

□ **dialect** [dáiəlèkt]

dia(away 떨어져) + lect(choose 선택하다)
→ 떨어져 나가 지방에서 선택된 → 방언, 사투리

명 방언, 지방 사투리
[15] The Jeju **dialect** is very unique.
[16] A **dialect** is a form of the language that is spoken in a particular part of the country or by a particular group of people.

□ **lecture** [léktʃər]

lect(choose and read 선택하여 읽다) + ure(명접)
→ 골라서 읽어주는 상태 → 강의

명 강의 동 강의하다
명 강의
[17] The writer's **lecture** on children's literature is very impressive.
동 강의하다
[18] He spent the year **lecturing** to various student groups.

□ **lecturer** [léktʃərər]

lecture(강의하다) + er(명접 –사람)

명 강연자, (대학의) 강사
[19] The man is a **lecturer** in psychology in University.

---

10. 감성이 지성보다 더 현명하다.
11. 그는 지성적이라기보다 행동하는 사람이다.
12. 네가 설득하고자 한다면 너는 지성보다는 오히려 관심에 호소하여야 한다.
13. 그 영화는 매우 지성적이지는 않았지만 시대 양식을 반영했다.
14. 인공지능은 앞으로 몇 년 동안 전자 상거래에 가장 큰 영향을 미칠 기술이다.

15. 제주도 방언은 매우 독특하다.
16. 방언(dialect)은 나라의 특정 지역이나 특정 그룹 사람들에 의해 말되어지는 언어 형식이다.
17. 아동문학에 관한 그 작가의 강연은 매우 인상적이다.
18. 그는 여러 학생 그룹에게 강의하면서 그 해를 보냈다.
19. 그 남자는 대학에서 심리학 강사다.

legend [lédʒənd]

leg(choose 선택하다) + end(끝) → 끝까지 선택된 것 → 전설

명 전설 유사어 myth

[20] In the case of King Arthur, **legend** and truth are often inextricable.

legendary [lédʒəndèri]

legend(전설) + ary(형접)

형 전설(상)의, 전설적인

[21] Babe Ruth was a **legendary** pro baseball player.

neglect [niglékt]

neg(not) + lect(choose 선택하다) → 선택하지 않다 → 소홀히 하다

동 소홀히 하다

[22] '**Neglect**' means to pass over without giving due attention.

[23] This was a catastrophe that was a result of years and years of **neglect**.

negligence [néglidʒəns]

neglig(neglect 소홀히 하다) + ence(명접)

명 태만, 부주의

[24] Who decides whether someone is liable because of **negligence**?

recollect [rèkəlékt]

re(again 다시) + collect(모으다) → 다시 (과거의 것을) 모으다 → 회상하다

동 회상하다, 다시 모으다

[25] If you **recollect** something, you remember it.

recollection [rèkəlékʃən]

recollect(회상하다) + tion(명접)

명 회상, 상기

[26] Her **recollection** of the accident is very different from mine.

select [silékt]

se(away 따로) + lect(choose 고르다) → 뽑아서 따로 하다 → 선택하다

동 선택하다, 고르다

[27] There was a choice of four prizes, and the winner could **select** one of them.

selection [silékʃən]

select(선택하다) + tion(명접)

명 선발, 선택

[28] The people decided the **selection** of candidates.

selective [siléktiv]

select(선택하다) + ive(형접)

형 선택(성)의, 선택력 있는

[29] **Selective** school entry exams will move online in their biggest overhaul in decades.

---

20. 아서왕의 경우, 전설과 진실이 가끔 뒤얽혀 있다.
21. 베이브 루스(Babe Ruth)는 전설적인 프로야구 선수였다.
22. 소홀히 하다(neglect)는 적절한 관심을 주지 않고 지나치는 것을 의미한다.
23. 이것은 수년간 반복된 소홀함의 결과인 큰 재난이다.
24. 부주의 때문이라면 어떤 사람이 책임 있는가를 누가 결정하는가?

25. 네가 무엇인가를 회상한다면, 네가 그것을 기억한다.
26. 그 사고에 대한 회상은 나의 것과는 완전히 다르다.
27. 네 개의 상 중에서 승자는 하나를 선택할 수 있었다.
28. 국민들은 후보자들에 대한 선택을 결정했다.
29. 선택적 학교 입학 시험은 수십년 만에 최대 규모의 철저한 감독하에 온라인으로 전환될 것이다.

nov, new : new 새로운

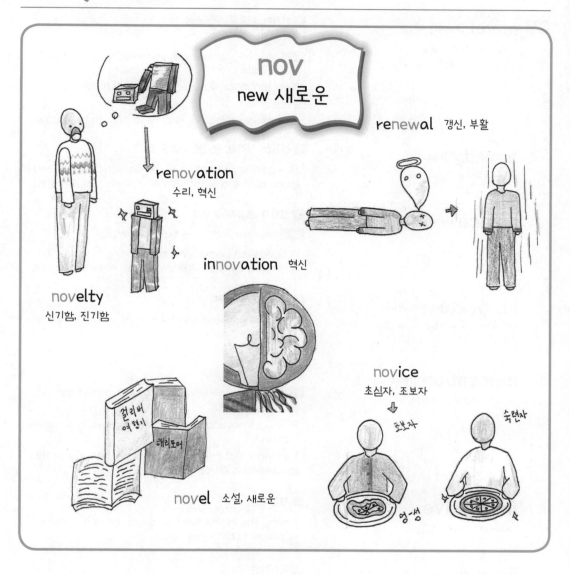

nov
new 새로운

renewal 갱신, 부활

renovation
수리, 혁신

innovation 혁신

novelty
신기함, 진기함

novice
초심자, 조보자

조보자

숙련자

novel 소설, 새로운

걸리버 여행기

해리포터

이 단원에서 학습할 단어모음입니다. ☐☐☐에 각각 모르는 단어를 3회에 걸쳐 ☑(체크표시)해 보세요.
모르는 단어는 끝까지 학습하세요.

Preview Words

☐☐☐ **novel** [návəl] a. 신기한, 새로운 n. 소설
☐☐☐ **novelty** [návəlti] n. 신기함, 진기함, 새로운 것
☐☐☐ **novice** [návis] n. 신참자, 초심자, 초보자
☐☐☐ **innovate** [ínouvèit] v. 쇄신하다, 혁신하다
☐☐☐ **innovation** [ínouvèiʃən] n. 혁신
☐☐☐ **innovative** [ínouvèitiv] a. 혁신적인
☐☐☐ **innovatory** [ínouvətɔ̀ːri] a. 혁신적인

☐☐☐ **innovator** [ínouvèitər] n. 혁신가
☐☐☐ **nova** [nóuvə] n. 신성
☐☐☐ **supernova** [súːpərnóuvə] n. 초신성(超新星)
☐☐☐ **renew** [rinjúː] v. 갱신하다, 재개하다
☐☐☐ **renewal** [rinjúəl] n. 새롭게 하기, 갱신, 부활
☐☐☐ **renovate** [rénəvèit] v. 개조하다
☐☐☐ **renovation** [rénəvèiʃən] n. 수리, 혁신

어근 nov는 'new 새로운' 뜻이다.

다의어 **novel** [návəl] ┌ (사실로부터 벗어난) 새로운 └ (사실이 아닌) 소설	**형** 신기한, 새로운 **명** 소설 **형** 새로운 **유사어** new, original, unusual, unfamiliar, unconventional, strange [1] New technologies are posing **novel** problems. **명** 소설 [2] A **novel** is a relatively long work of narrative fiction.
☐ **novelty** [návəlti] novel(새로운) + ty(명접)	**명** 신기함, 진기함, 새로움, 새로운 것 [3] She gave onlookers a full-on fashion moment and a glimpse of this summer's most essential **novelty**.
☐ **novice** [návis]	**명** 신참자, 초심자, 초보자 **유사어** beginner, learner ↔ expert, veteran [4] A **novice** is a person who is beginning to learn a job or an activity and has little or no experience or skill in it.
☐ **innovate** [ínouvèit] in(안에서) + nov(new 새로운) + ate(동접) → 안에서부터 새롭게 만들다 → 혁신하다	**동** 쇄신하다, 혁신하다 [5] The company **innovated** a new operating system.
☐ **innovation** [ínouvèiʃən] innovate(혁신하다) + tion(명접)	**명** 혁신 **유사어** change, alteration, reorganization, revolution, restructuring [6] Product **innovations** lead to an increase in effective demand. [7] I strongly feel the best marketers often realize that **innovation** is crucial.
☐ **innovative** [ínouvèitiv] innovate(혁신하다) + ive(형접)	**형** 혁신적인 [8] Finally, the **innovative** foundation benefits from a significant cost reduction.
☐ **innovatory** [ínouvətɔ̀ːri] innovate(혁신하다) + ory(형접)	**형** 혁신적인 [9] The **innovatory** revised edition is a great success.
☐ **innovator** [ínouvèitər] innovate(혁신하다) + or(명접 -사람)	**명** 혁신가 [10] Successful entrepreneurs and **innovators** everywhere face the **innovator**'s paradox.

1. 새로운 기술들이 새로운 문제들을 일으킨다.
2. 소설은 상대적으로 긴 이야기 형식의 허구 작품이다.
3. 그녀는 구경꾼들에게 완벽한 패션 순간과 이번 여름의 가장 중요한 진기함을 보여준다.
4. 초심자(a novice)는 일이나 활동을 배우기 시작한, 그래서 그것에 대해 거의 경험이나 기술이 없는 사람이다.
5. 그 회사는 새 작동 시스템을 혁신하였다.

6. 제품 혁신은 효과적인 수요 증가로 이끈다.
7. 최고의 마케팅 담당자는 혁신이 결정적이라는 것을 종종 깨닫는 것 이라고 나는 강력하게 느낀다.
8. 마지막으로 혁신적인 기초는 상당한 비용 감소의 이익을 얻는다.
9. 혁신적인 개정판은 대성공이다.
10. 성공적인 기업가와 혁신가는 어디에서나 혁신가의 역설에 직면한다.

□ **nova** [nóuvə]	명 신성
	[11] This is a super **nova**.

□ **super**nova [sú:pərnóuvə] super(위에) + nova(신성)	초신성(超新星)
	[12] The calcium produced in a **supernova** explosion is the same calcium found in our bones and teeth.

□ **re**new [rinjú:] re(again or back 다시 or 뒤로) + new(새로운) → 새롭게 하다	동 갱신하다, 재개하다
	유사어 rejuvenate, freshen, recharge, recreate, refresh, refreshen, regenerate, repair
	[13] The parents **renewed** their campaign to save the school.

□ **re**new**al** [rinjú:əl] renew(갱신하다) + al(명접)	명 새롭게 하기, 갱신, 부활
	유사어 rejuvenation, renovation, restoration, regeneration
	[14] The lease calls for yearly **renewals**.

□ **re**nov**ate** [rénəvèit] re(again 다시 or back 되돌아가다) + nov(새로운) + ate(동접) → 다시 새롭게 하다	동 개조하다 유사어 repair, restore, revamp, update
	[15] He **renovates** old houses and sells them at a profit.

□ **re**nov**ation** [rénəvèiʃən] renovate(개조하다) +ation(명접)	명 수리, 혁신
	유사어 restoration, repair, overhaul, renewal
	[16] This property is in need of complete **renovation**.

11. 이것은 초신성이다.
12. 초신성 폭발에서 생성된 칼슘은 뼈와 치아에서 발견되는 것과 동일한 칼슘이다.
13. 부모님은 그 학교를 살리기 위하여 그들의 캠페인을 재개하였다.

14. 그 임대차는 매년 갱신을 요구한다.
15. 그는 오래된 집을 개조하여 이익을 내고 판다.
16. 이 특성은 완전한 혁신의 요구이다.

※ 아래에서 우리말은 영어로 영어는 우리말로 각각 뜻을 쓰시오.

1. 수집 _____	14. recollection _____
2. 집합적, 집단 _____	15. elegance, -gancy _____
3. 선출 _____	16. selection _____
4. 선거민, (한 선거구의) 유권자 _____	17. selective _____
5. 우아한 _____	18. novel _____
6. 지성 _____	19. novelty _____
7. 지적인 _____	20. novice _____
8. 지성, 이해력 _____	21. innovate _____
9. 강의, 강의하다 _____	22. innovation _____
10. 방언, 지방 사투리 _____	23. supernova _____
11. 전설(상)의, 전설적인 _____	24. renewal _____
12. 태만, 부주의 _____	25. renovate _____
13. 회상하다, 다시 모으다 _____	26. renovation _____

※ 다음 문장의 빈칸에 알맞은 단어를 보기에서 찾아 넣으시오. 필요 시 대문자, 수, 시제, 태 등 문법적 요소를 고려하여 쓰세요.(다만 본문 예문 학습을 유도하기 위하여 예문에서 사용한 단어를 정답으로 하였다.)

보 기

> legendary, dialect, lecturer, novel, negligence, recollection, selection, elegant, elegance, renovate, renovation, renewal, election, select, intelligence, novice

27. The Jeju _____ is very unique.

28. The man is a _____ in psychology in University.

29. New technologies are posing _____ problems.

30. The lease calls for yearly _____.

31. Local government _____ will take place in May.

32. The natural woods make the room feel _____.

33. _____ is refined grace or dignified propriety.

34. He _____ old houses and sells them at a profit.

35. This property is in need of complete _____.

36. Babe Ruth was a _____ pro baseball player.

37. Who decides whether someone is liable because of _____ ?

38. Her _____ of the accident is very different from mine.

39. The people decided the _____ of candidates.

40. There was a choice of four prizes, and the winner could _____ one of them.

41. Artificial _____ is the technology that will have the greatest impact on ecommerce in the years to come.

42. A _____ is a person who is beginning to learn a job or an activity and has little or no experience or skill in it.

53 day

log(y): **word** 말 → 학문

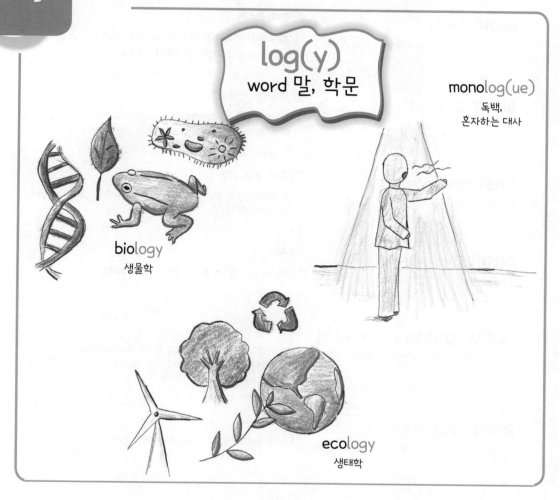

이 단원에서 학습할 단어모음입니다. □□□에 각각 모르는 단어를 3회에 걸쳐 ☑(체크표시)해 보세요. 모르는 단어는 끝까지 학습하세요.

Preview Words

□□□ **log**ic [ládʒik] n. 논리, 논리학
□□□ **ana**log [ǽnəlɔ̀ːg] n. 아날로그
□□□ **analo**gy [ənǽlədʒi] n. 유사, 유추
□□□ **apo**logy [əpálədʒi] n. 사과
□□□ **anthropo**logy [æ̀nθrəpálədʒi] n. 인류학
□□□ **astro**logy [əstrálədʒi] n. 점성학
□□□ **archaeo**logy [ɑ̀ːrkiálədʒi] n. 고고학
□□□ **bacterio**logy [bæktìəriálədʒi] n. 세균학
□□□ **bio**logy [baiálədʒi] n. 생물학

□□□ **eco**logy [iːkálədʒi] n. 생태학
□□□ **ethno**logy [eθnálədʒi] n. 민족학, 인종학
□□□ **eu**logy [júːlədʒi] n. 칭송, 찬사
□□□ **geo**logy [dʒiːálədʒi] n. 지질학
□□□ **homo**logy [həmálədʒi] n. 상동 관계, 상사, 이체 동형
□□□ **mono**log(ue) [mánəlɔ̀ːg, mɔnəlɔ̀g] n. 독백
□□□ **psycho**logy [saikálədʒi] n. 심리학
□□□ **physio**logy [fìziálədʒi] n. 생리학, 생리 기능
□□□ **pro**logue [próulɔːg] n. 머리말

log(y)는 '**word 말**'의 뜻이다. 말들은 '**논리**'가 있어야 하며 그 논리로 이루어진 것이 바로 '학문'이다.

☐ **logic** [ládʒik]

log(speech 말) + ic(명접 학문) → 말의 학문 → 논리학

명 논리, 논리학
[1] **Logic** is the study of correct reasoning.
[2] There's some **logic** to what he says.

☐ **analog** [ǽnəlɔ̀ːg]

ana(비슷한) + log(명접 word 말)
→ 연속적으로 비슷하게 표현한 것 → 아날로그

명 연속(형), 아날로그
[3] An example of **analog** is a watch where the big hand is on the 12 and the little hand on the 2.

☐ **analogy** [ənǽlədʒi]

ana(비슷한) + logy(명접 word 말) → 비슷한 말 → 유사

명 유사, 닮음, 유추
[4] An **analogy** is a comparison of two things to show their similarities.

☐ **apology** [əpálədʒi]

apo(away 떨어져) + logy(명접 speech 말)
→ 어떤 말을 없애고 방어하는 말 → 사과

명 사과
[5] I think you should owe me an **apology**.

☐ **anthropology** [æ̀nθrəpálədʒi]

anthropo(사람) + logy(명-학문) → 사람 관련 학문 → 인류학

명 인류학
[6] International conference on **anthropology**, archaeology, philosophy and history will be held in Beijing, China on October.

☐ **astrology** [əstrálədʒi]

astro(별) + logy(명접 –학문) → 별을 보고 행운을 점치는 학문
→ 점성술

명 점성학
[7] Does **astrology** influence the science?

☐ **archaeology** [áːrkiálədʒi]

archaeo(ancient 고대의) + logy(명접 –학문) → 고고학

명 고고학
[8] Why does diversity matter in **archaeology**?

☐ **bacteriology** [bæktìəriálədʒi]

bacterio(박테리아) + logy(명접 –학문)

명 세균학
[9] The veterinary laboratories are segmented into clinical pathology, **bacteriology**, virology, parasitology and toxicology.

---

1. 논리학은 올바른 추론에 관한 연구다.
2. 그가 말하는 것에 얼마간의 논리가 있다.
3. 아날로그(연속)의 예는 큰 바늘이 12시에 있고 작은 바늘이 2분에 있는 시계이다.
4. 유추는 두 가지 것의 유사함을 보여주기 위하여 비교하는 것이다.
5. 나는 네가 나에게 사과해야 한다고 생각한다.

6. 인류학, 고고학, 철학 및 역사에 관한 국제 회의가 10월 중국 베이징에서 개최될 예정이다.
7. 점성술이 과학에 영향을 미칩니까?
8. 왜 고고학에서 다양성이 중요한가?
9. 수의학 실험실은 임상 병리학, 세균학, 바이러스학, 기생충학, 그리고 독성학으로 분류된다.

□ **biology** [baiɑ́lədʒi]

bio(life 생명) + logy(명접 학문) → 생명에 관한 학문 → 생물학

명 생물학

[10] **Biology** is the natural science that studies life and living organisms.

□ **geology** [dʒiːɑ́lədʒi]

geo(earth 땅) + logy(명접 학문) → 땅과 관련한 학문 → 지질학

명 지질학

[11] **Geology** is the study of the Earth, the materials of which it is made, the structure of those materials, and the processes acting upon them.

□ **ecology** [iːkɑ́lədʒi]

eco(house 거주지) + logy(명접 학문) → 생태학

명 생태학

[12] **Ecology** is the study of how organisms interact with one another and with their physical environment.

□ **ethnology** [eθnɑ́lədʒi]

ethno(nation민족) + logy(명접 학문) → 민족학문 → 민족학

명 민족학, 인종학

[13] **Ethnology** is a branch of anthropology that analyzes cultures.

□ **eulogy** [júːlədʒi]

eu(praise칭찬) + logy(명접 speech 말) → 칭찬하는 말 → 칭송, 찬사

명 칭송, 찬사

[14] The song was a **eulogy** to the joys of travelling.

□ **homology** [həmɑ́lədʒi]

homo(같은 종류) + logy(명접 speech 말)

명 상동관계, 상사, 이체 동형

[15] **Homology** in biology is similarity of the structure and physiology from a common evolutionary ancestor.

□ **psychology** [saikɑ́lədʒi]

psycho(mind 정신) + logy(명접 학문) → 마음학문 → 심리학

명 심리학

[16] **Psychology** is the scientific study of the mind and behavior.

□ **physiology** [fiziɑ́lədʒi]

physio(신체, 생리) + logy(명접 –학문)

명 생리학, 생리 기능

[17] Laughter can actually change a medical patient's **physiology**, and provide effective pain management.

□ **prologue** [próulɔːg]

pro(before 앞에) + logue(명접 speech 말) → 앞에 오는 말 → 머리말

명 머리말

[18] A **prologue** is used to give readers extra information that advances the plot.

---

10. 생물학은 생명과 살아있는 유기체를 연구하는 자연과학이다.
11. 지질학은 지구, 지구를 구성하고 있는 물질, 그 물질들의 구조, 그 물질들에 작용하는 과정들에 관한 학문이다.
12. 생태학은 유기체가 서로 그리고 그들의 물리적인 환경과 어떻게 상호작용하는가에 대한 연구다.
13. 민족학은 문화를 분석하는 인류학의 한 분야이다.
14. 그 노래는 여행의 즐거움에 관한 찬사다.

15. 생물학에서 상동관계(homology)는 공통의 진화론적 조상으로부터 오는 구조나 생리기능의 유사성이다.
16. 심리학은 마음과 행동에 관한 과학이다.
17. 웃음은 실제로 환자의 생리를 변화시키고 효과적인 통증 관리를 제공한다.
18. 머리말(prologue)은 독자들에게 구성(plot)에 앞서서 추가 정보를 주기 위하여 사용된다.

long, leng, ling : long 긴, want 간절히 원하다

이 단원에서 학습할 단어모음입니다. ☐☐☐에 각각 모르는 단어를 3회에 걸쳐 ☑(체크표시)해 보세요.
모르는 단어는 끝까지 학습하세요.

Preview Words

☐☐☐ **long** [lɔːŋ] a. 긴 v. 간절히 바라다　　☐☐☐ **prolong** [proulɔ́ːŋ] v. 연장하다

☐☐☐ **belong** [bilɔ́(ː)ŋ] v. ~에 속하다　　☐☐☐ **prolongation** [pròulɔːŋɡéiʃən] n. 연장, 연기

☐☐☐ **length** [leŋkθ] n. 길이, 기간　　☐☐☐ **longevity** [lɑndʒévəti] n. 장수, 수명

☐☐☐ **linger** [líŋɡər] v. 오래 머무르다　　☐☐☐ **longitude** [lɑ́ndʒətjùːd] n. 경도

long, leng, ling은 'long 긴'의 뜻이다. 목을 길게 늘어 뜨리며 기다리다는 의미로 '간절히 바라다, 즉 want'의 뜻으로 쓰이기도 한다.

다의어 **long** [lɔːŋ]

─긴
└(목을 길게 내밀고) 간절히 바라다

형 긴 동 간절히 바라다

형 긴
[1] She has **long** straight blonde hair, which she usually wears in a ponytail.

동 간절히 바라다
[2] She has **longed** to meet David since she was a schoolgirl.

☐ **belong** [bilɔ́(ː)ŋ]

be(있다) + long(긴) → 길게 앞에 놓여 있다
→ (자기 앞에 있어서) ~에 속하다

동 ~에 속하다
[3] The house they lived in **belonged** to a German lady.

☐ **length** [leŋkθ]

leng(긴) + th(명접) → 길이

명 길이, 기간
[4] The stick reaches over two feet in **length**.

☐ **linger** [líŋgər]

ling(long 오래) + er(dwell 머물다) → 오래 머물다

동 오래 머무르다
[5] We **lingered** for a while in the concert hall hoping to catch sight of the actors.

☐ **prolong** [proulɔ́ːŋ]

pro(forward 앞으로) + long(긴) → 앞으로 길게 하다
→ 연장하다

동 연장하다 유사어 lengthen, extend
[6] I don't want to **prolong** this definition, so I'll keep it short.

☐ **prolongation** [pròulɔːŋɡéiʃən]

prolong(연장하다) + ation(명접)

명 연장, 연기
[7] This position is guaranteed for two years, but **prolongation** is possible.

☐ **longevity** [lɑndʒévəti]

longev(긴 나이) + ity(명접)

명 장수, 수명
[8] **Longevity** is sometimes used as a synonym for life expectancy in demography.

☐ **longitude** [lɑndʒətjùːd]

longitude(length 길이+ height 높이)
→ 지도에서 동서의 길이와 높이 → 세로로 긴 선 → 경도

명 경도 cf. latitude [lǽtətjùːd] 명 위도
[9] The regions are on roughly the same **longitude**.

---

1. 그녀는 보통 포니테일로 묶는 긴 직모의 금발 머리를 가지고 있다.
2. 그녀는 여학생이었을 때 이후로 데이비드를 만나는 것을 간절히 원해왔다.
3. 그들이 살았던 그 집은 독일 여자의 소유다.
4. 그 막대기는 길이가 2피트 이상이다.
5. 우리는 배우들을 보기를 희망하면서 콘서트 홀에서 얼마간 오래 머물렀다.

6. 나는 이 기한을 연장하기를 원치 않는다. 그래서 나는 기한을 짧게 유지할 것이다.
7. 직위는 2년 동안 보장되지만 연장이 가능하다.
8. 수명은 인구 통계학에서 기대 수명의 동의어로 사용되기도 한다.
9. 그 지역들은 대략 똑같은 경도다.

path, pati, pass: suffer (고통을)겪다, feel 느끼다

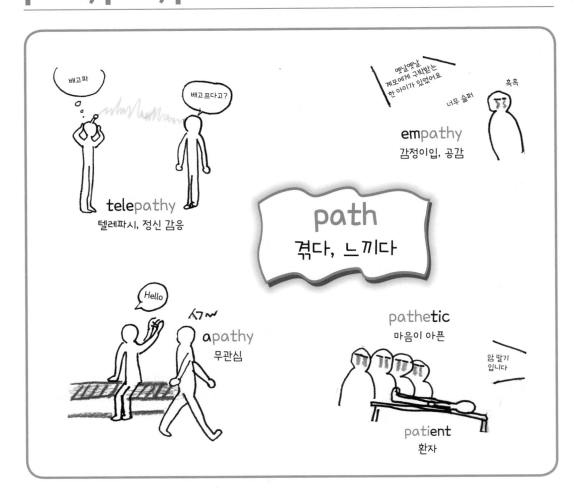

이 단원에서 학습할 단어모음입니다. □□□에 각각 모르는 단어를 3회에 걸쳐 ☑(체크표시)해 보세요.
모르는 단어는 끝까지 학습하세요.

Preview Words

- □□□ **pathetic** [pəθétik] a. 마음이 아픈, 애처로운
- □□□ **patient** [péiʃənt] a. 인내심 있는 n. 환자
- □□□ **passion** [pǽʃən] n. 열정
- □□□ **pathos** [péiθas] n. 페이소스, 비애감, 연민을 일으키는 감정
- □□□ **pathology** [pəθáləʤi] n. 병리학
- □□□ **antipathy** [æntípəθi] n. 반감
- □□□ **antipathetic** [æntipəθétik] a. 나면서부터 싫은, 공연히 싫은
- □□□ **apathy** [ǽpəθi] n. 무관심

- □□□ **apathetic, -ical** [æpəθétik], [-əl] a. 냉담한, 무관심한
- □□□ **compassion** [kəmpǽʃən] n. 동정
- □□□ **empathy** [émpəθi] n. 감정이입, 공감
- □□□ **sympathy** [símpəθi] n. 동정, 동감
- □□□ **sympathize** [símpəθàiz] v. 공감하다
- □□□ **sympathic** [sìmpəθétik] a. 동정적인, 공감을 나타내는
- □□□ **telepathy** [təlépəθi] n. 텔레파시

어근 **path, pati, pass**는 'suffer + feel'으로 '고통이나 어려움을 느끼고 겪다'의 뜻이다.

☐ **pathetic** [pəθétik]

pathe(suffer 고생하다) + tic(형접) → 마음이 고생하고 있는 → 애처로운

형 마음이 아픈, 애처로운 유사어 pitiful, pitiable, piteous
[1] The movie's special effects are absolutely **pathetic**.

다의어 **patient** [péiʃənt]

pati(suffer 고생하다) + ent(명접, 형접) → 고생을 겪고 있는
— 참을성 있는
— (아프지만 참는) 환자

형 인내심 있는, 끈기 있는   명 환자
형 인내심 있는, 끈기 있는
[2] Our goal is to answer your **patient** questions quickly.
명 환자
[3] A **patient** is any recipient of health care services.

☐ **passion** [pǽʃən]

pass(suffer 고생하다) + ion(명접) → 고생을 감당하는 상태 → 열정

명 열정
유사어 ardency, ardor, enthusiasm, fervency, fervor
[4] Her writing is full of **passion** and energy.

☐ **pathos** [péiθɑs]

명 페이소스, 비애감, 연민을 일으키는 감정
[5] **Pathos** is a quality of an experience in life, or a work of art, that stirs up emotions of pity, sympathy, and sorrow.
[6] **Pathos** is a communication technique used most often in rhetoric.

☐ **pathology** [pəθálədʒi]

patho(suffer 고생하다) + logy(명접 학문)
→ 아픔을 겪고 있는 것과 관련된 학문 → 병리학

명 병리학
[7] **Pathology** is about understanding disease.
[8] Clinical **pathology** is a medical specialty that is concerned with the diagnosis of disease based on the laboratory analysis of bodily fluids such as blood and urine, as well as tissues.

☐ **antipathy** [æntípəθi]

anti(against ~에 반대하는) + pathy(feeling 느낌)
→ 반대로 느끼는 감정 → 반감

명 반감 ↔ sympathy [símpəθi] 동정, 공감
[9] **Antipathy** is a voluntary or involuntary dislike for something or somebody, the opposite of sympathy.

☐ **antipathetic** [æntipəθétik]

antipathy(반감, 혐오) + et+ic(형접)

형 태어나면서부터 싫은, 공연히 싫은
[10] Many people are **antipathetic** to wearing masks.

1. 그 영화의 특수 효과가 절대적으로 연민을 자아낸다.
2. 우리의 목표는 너의 끈기 있는 질문에 신속히 대답하는 것이다.
3. 환자는 건강관리 서비스의 어떤 수혜자이다.
4. 그녀의 글은 열정과 에너지로 가득하다.
5. 페이소스는 불쌍하게 여김, 공감, 슬픔을 자극하는 인생에서의 경험이나 예술 작품의 특성이다.
6. 비애감(pathos)은 수사학에서 가장 자주 사용되는 커뮤니케이션 기술이다.

7. 병리학은 병을 이해하는 것에 관한 학문이다.
8. 임상 병리학은 조직뿐만 아니라 혈액, 소변과 같은 체액에 대한 실험실 분석에 기초한 질병의 진단과 관련된 의학적인 전문 영역이다.
9. 반감(antipathy)은 어떤 사물이나 어떤 사람에 대한 자발적 혹은 비자발적 혐오로, 동감(sympathy)의 반대말이다.
10. 많은 사람들이 마스크 착용에 반대한다.

☐ **apathy** [ǽpəθi]

a(without 없는) + pathy(feeling 느낌) → 느낌이 없는 상태
→ 무관심

명 무관심

[11] **Apathy** is a state of indifference, or the suppression of emotions such as concern, excitement, motivation, or passion.

☐ **apathetic,-ical** [æ̀pəθétik], [-əl]

apathy(무관심) + et+ic, -ical(형접)

형 냉담한, 무관심한

[12] The cowardly conservatives remain silent and **apathetic**.

☐ **compassion** [kəmpǽʃən]

com(together 함께) + passion(열정)
→ 고통을 함께 느끼는 감정 → 동정

명 동정

[13] **Compassion** literally means 'to suffer together.'

☐ **empathy** [émpəθi]

em(in 안에) + pathy(feeling 느낌) → 느낌을 안에 넣은 상태
→ 공감

명 감정이입, 공감

[14] **Empathy** means 'the ability to understand and share the feelings of another.'

☐ **sympathy** [símpəθi]

sym(together 함께) + pathy(feeling 느낌)
→ 함께 느끼는 감정

명 동정, 동감

[15] **Sympathy** is a feeling of pity or sense of compassion.

☐ **sympathize** [símpəθàiz]

sympathy(동정, 공감) + ize(동접) → 공감하다

동 공감하다

[16] I **sympathize** with the general aims of the organization.

☐ **sympathic** [sìmpəθétik]

sympathy(동정, 공감) + ic(형접)

형 동정적인, 인정 있는, 공감을 나타내는

[17] The **sympathetic** nervous system(SNS) is one of the two main divisions of the autonomic nervous system, the other being the parasympathetic nervous system.

☐ **telepathy** [təlépəθi]

tele(far 먼) + pathy(feeling 느낌) → 멀리서 느끼는 감정
→ 텔레파시

명 텔레파시, 정신 감응

[18] **Telepathy** is defined as communication between minds.

---

11. 무관심(apathy)은 관심없는 상태, 즉 관심, 흥분, 자극 열정 같은 감정의 억압 상태다.

12. 비겁한 보수주의자들은 침묵하고 냉담한 상태로 남아있다.

13. 동정(compassion)은 문자 그대로 "함께 고통을 겪는 것"을 의미한다.

14. 감정이입(empathy)은 다른 사람의 느낌을 이해하고 공유할 수 있는 능력을 의미한다.

15. 동감(sympathy)은 연민 혹은 동정의 감정이다.

16. 나는 그 조직의 일반적인 목표와 공감한다.

17. 교감신경계(SNS)는 자율 신경계의 두 가지 주요 부분 중 하나이며 다른 하나는 부교감 신경계이다.

18. 텔레파시(telepathy)는 마음 사이의 의사소통으로 정의된다.

※ 아래에서 우리말은 영어로 영어는 우리말로 각각 뜻을 쓰시오.

1. 마음이 아픈, 애처로운 _____
2. 인내심 있는, 환자 _____
3. 비애감 _____
4. 병리학 _____
5. 반감 _____
6. 공연히 싫은 _____
7. 무관심 _____
8. 동정 _____
9. 감정이입, 공감 _____
10. 동정적인, 공감을 나타내는 _____
11. 긴, 간절히 바라다 _____
12. ~에 속하다 _____
13. 오래 머무르다 _____

14. prolong _____
15. prolongation _____
16. longevity _____
17. longitude _____
18. analogy _____
19. anthropology _____
20. archaeology _____
21. ecology _____
22. ethnology _____
23. eulogy _____
24. geology _____
25. homology _____
26. physiology _____

※ 다음 문장의 빈칸에 알맞은 단어를 보기에서 찾아 넣으시오. 필요 시 대문자, 수, 시제, 태 등 문법적 요소를 고려하여 쓰세요.(다만 본문 예문 학습을 유도하기 위하여 예문에서 사용한 단어를 정답으로 하였다.)

보기

analogy, eulogy, homology, pathology, pathos, ethnology, logic, apology,
linger, prologue, longevity, antipathy, analog, ecology, patient, prolongation

27. _____ is the study of correct reasoning.

28. I think you should owe me an _____ .

29. An _____ is a comparison of two things to show their similarities.

30. The song was a _____ to the joys of travelling.

31. _____ is a branch of anthropology that analyzes cultures.

32. _____ is about understanding disease.

33. _____ is a communication technique used most often in rhetoric.

34. This position is guaranteed for two years, but _____ is possible.

35. We _____ed for a while in the concert hall hoping to catch sight of the actors.

36. A _____ is used to give readers extra information that advances the plot.

37. '_____' is sometimes used as a synonym for 'life expectancy' in demography.

38. _____ is a voluntary or involuntary dislike for something or somebody, the opposite of sympathy.

39. An example of _____ is a watch where the big hand is on the 12 and the little hand on the 2.

40. _____ is the study of how organisms interact with one another and with their physical environment.

41. Laughter can actually change a medical _____ 's physiology, and provide effective pain management.

42. _____ in biology is similarity of the structure and physiology from a common evolutionary ancestor.

54 day

pend, pens, pond: hang 매달다, weigh 무게를 달다

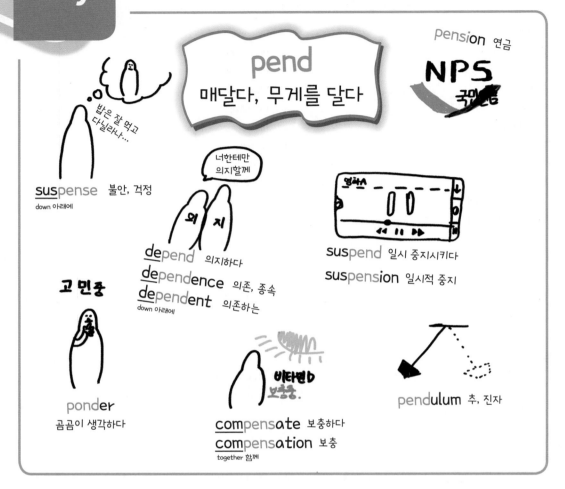

pension 연금

pend
매달다, 무게를 달다

밥은 잘 먹고 다닐라나...

suspense 불안, 걱정
down 아래에

너한테만 의지할께

depend 의지하다
dependence 의존, 종속
dependent 의존하는
down 아래에

고민중

ponder
곰곰이 생각하다

비타민D 보충중.

compensate 보충하다
compensation 보충
together 함께

suspend 일시 중지시키다
suspension 일시적 중지

pendulum 추, 진자

이 단원에서 학습할 단어모음입니다. □□□에 각각 모르는 단어를 3회에 걸쳐 ☑(체크표시)해 보세요.
모르는 단어는 끝까지 학습하세요.

Preview Words

□□□ **pens**ion [pénʃən] n. 연금, 펜션
□□□ **pend**ant [péndənt] n. 펜던트, (목걸이 등) 늘어뜨린 장식
□□□ **pend**ulum [péndʒələm] n. 추, 진자
□□□ **pend**ing [péndiŋ] a. 미결정인
□□□ **pond**er [pándər] v. 곰곰이 생각하다
□□□ **ap**pend [əpénd] v. 달아매다, 붙이다, 첨부하다
□□□ **ap**pendix [əpéndiks] n. 부속물, 추가, 맹장
□□□ **de**pend [dipénd] v. 의지하다
□□□ **de**pendence [dipéndəns] n. 의존, 종속

□□□ **de**pendent [dipéndənt] a. 의존하는
□□□ **com**pensate [kámpənsèit] v. 보상하다, 보충하다
□□□ **com**pensation [kàmpənséiʃən] n. 보충, 보상
□□□ **sus**pend [səspénd] v. 일시 중지시키다
□□□ **sus**pension [səspénʃən] n. 일시적 중지
□□□ **sus**pense [səspéns] n. 미결정, 불안, 걱정
□□□ **im**pend [impénd] v. 임박하다
□□□ **im**pending [impéndiŋ] a. 절박한
□□□ **im**pendent [impéndənt] a. 절박한

다의어 **pension** [pénʃən]

pen(hang or weigh 매달아 무게를 재다) + sion(명접)
→ (매달아 기록해 놓았다가 나중에)지불하는 것 → 연금
cf) 프랑스에서 유래한 별장 비슷한 '숙박시설' 뜻도 pension 이지만 유래는 다르다.

명 연금, 숙박 시설　유사어 annuity
[1] They receive the basic state **pension**.
[2] A **pension** is a type of guest house or boarding house.

☐ **pendant** [péndənt]

pend(hang 매달다) + ant(명접) → 매달아 놓은 것 → 펜던트

명 펜던트, (목걸이 등) 늘어뜨린 장식
[3] Among the presents was a diamond heart **pendant**.

☐ **pendulum** [péndʒələm]

pend(hang 매달다) + ulum(라틴어 명사형)

명 추, 진자
[4] **Pendulums** are used to regulate the movement of clocks.
[5] A **pendulum** is a weight suspended from a pivot so that it can swing freely.

☐ **pending** [péndiŋ]

pend(hang 매달다) + ing(형접) → 걸어 놓은 상태
→ 결정하지 않은 상태의

형 미결정인　유사어 unresolved, undecided, unsettled
[6] A decision on meeting agenda is **pending** at the present time.

☐ **ponder** [pándər]

pond(hang or weigh 매달아 무게를 재다)
+ er(동접 – 반복적으로 행하다) → 걸어놓고 무게를 달다
→ 곰곰이 생각하다

동 곰곰이 생각하다
유사어 consider, dwell, contemplate, deliberate
[7] If you **ponder** something, you think about it carefully.

☐ **append** [əpénd]

ap(to 쪽으로) + pend(hang 매달다)

동 달아매다, 붙이다, 첨부하다
[8] These extensions allow advertisers to **append** lead forms to ads.

☐ **appendix** [əpéndiks]

append(달아매다, 붙이다) + ix(section 영역)

명 부속물, 부가물, 부록, 추가, 맹장
[9] Additional details are presented in **appendix** 1.

☐ **depend** [dipénd]

de(down 아래로) + pend(hang 걸다) → 아래에 매달리다
→ 의존하다

동 의지하다
[10] You can **depend** on your most loyal friend.

☐ **dependence** [dipéndəns]

depend(의지하다) + ence(명접)

명 의존, 종속
[11] The company is reducing its **dependence** on foreign markets.

☐ **dependent** [dipéndənt]

depend(의지하다) + ent(형접)

형 의존하는
[12] Many people are **dependent** on coffee in the morning.

---

1. 그들은 기초 연금을 받는다.
2. 펜션은 게스트하우스 또는 하숙집의 일종이다.
3. 다이아몬드 하트 펜던트가 선물들 사이에 있었다.
4. 진자는 시계의 움직임을 조정하기 위하여 사용된다.
5. 진자(pendulum)는 자유롭게 왔다 갔다 하도록 축으로부터 매달린 추이다.
6. 회의 안건에 대한 결정이 현재 미정이다.

7. 네가 어떤 것에 대해 곰곰이 생각한다면 너는 그것에 관해 주의 깊게 생각한다.
8. 이러한 확장은 광고주가 광고에 리드 양식을 추가하도록 허락한다.
9. 추가 세부 사항은 부록1에 나와 있다.
10. 너는 대부분의 충성스러운 친구에 의존할 수 있다.
11. 그 회사는 해외 시장에 대한 의존을 줄이고 있는 중이다.
12. 많은 사람들은 아침 커피에 의존한다.

compensate [kámpənsèit]

com(together 함께) + pens(hang or weigh 매달아 무게를 재다) + ate(동접) → 함께 매달아서 (서로 비교하여) 보충하다

통 보상하다, 보충하다

유사어 recompense, repay, recompense

[13] The firm will **compensate** workers for their loss of earnings.

compensation
[kámpənséiʃən]

compensate(보상하다) + sion(명접)

명 보충, 보상

[14] She received **compensation** from the government.

suspend [səspénd]

sus(down 아래로) + pend(hang 걸다) → 아래에 매달다 → 정지시키다

통 일시 중지시키다, 결정을 보류하다

[15] The city **suspended** bus service because of heavy snow.

suspension [səspénʃən]

suspend(일시 중지시키다) + sion(명접)

명 일시적 중지

[16] The **suspension** of fighting is to take effect at 6 a.m. on Monday.

suspense [səspéns]

sus(down 아래로) + pense(hang 걸다) → 아래에 걸어 놓아서 불안한 상태 → 불안

명 미결정, 불안, 걱정 **유사어** anxiety, apprehension, insecurity

[17] **Suspense** is a state of mental uncertainty, anxiety, of being undecided, or of being doubtful.

impend [impénd]

im(in 안에) + pend(hang 매달다) → (현재) 매달려 있는 상태 → 절박하다

통 임박하다

[18] None of the fires **impend** on any of the plant's vessels.

impending [impéndiŋ]

impend(임박하다) + -ing(형접)

형 절박한

[19] The US rapper has revealed his intention of moving to Africa over the **impending** war between Iran and US.

impendent [-ənt]

impend(임박하다) + -ent(형접)

형 절박한

[20] An **impendent** candidate was elected president for the firest time in the university.

---

13. 그 회사는 노동자들의 수입 상실에 대하여 노동자들에게 보상할 것이다.
14. 그녀는 정부로부터 보상금을 받았다.
15. 그 도시는 폭설 때문에 버스운행을 일시 중단시켰다.
16. 일시적인 싸움의 중단은 월요일 6시에 발효한다.
17. 서스펜스(suspense)는 정해지지 않는 것에 대한, 의심스러운 것에 대한 정신적인 불확실, 걱정스러운 상태이다.

18. 발전소 어떤 선박에도 화재가 임박하지 않았다.
19. 미국 랩가수는 임박한 이란과 미국 간의 전쟁에 대해 아프리카로 이주할 의사를 밝혔다.
20. 임박한 후보가 그 대학에서 가장 불길한 시간에 총장으로 선출되었다.

pel, peal, puls(e): **push 밀다, drive 몰다**

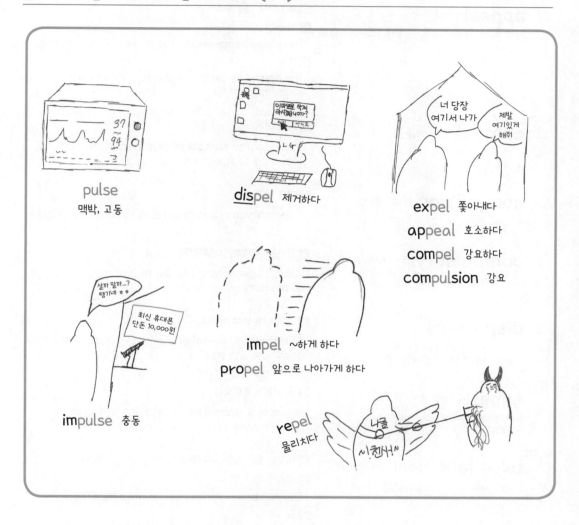

이 단원에서 학습할 단어모음입니다. □□□에 각각 모르는 단어를 3회에 걸쳐 ☑(체크표시)해 보세요.
모르는 단어는 끝까지 학습하세요.

Preview Words

□□□ **appeal** [əpíːl] v. 호소하다 n. 호소
□□□ **compel** [kəmpél] v. 강요하다
□□□ **compulsion** [kəmpʌ́lʃən] n. 강요, 충동
□□□ **compulsory** [kəmpʌ́lsəri] a. 강제적인, 의무적인, 필수의
□□□ **dispel** [dispél] v. 제거하다, 쫓아 버리다
□□□ **expel** [ikspél] v. 쫓아내다, 추방하다
□□□ **expellant, -lent** [ikspélənt] a. 내쫓는 힘이 있는,
　　　　　　　　구제력(驅除力) 있는 n. 구제약
□□□ **expulsion** [ikspʌ́lʃən] n. 추방, 배제, 제명

□□□ **impel** [impél] v. ~하게 하다, 강제(하여 …하게)하다
□□□ **impuls** [ímpʌls] n. 추진(력), 충격
□□□ **impulsion** [impʌ́lʃən] n. 충동, 자극, 원동력
□□□ **pulse** [pʌls] n. 맥박, 고동, 약동
□□□ **propel** [prəpél] v. 앞으로 나아가게 하다, 추진하다
□□□ **propellant** [prəpélənt] n. 추진시키는 것[사람], 발사 화약,
　　　　　　　　장약, (로켓 등의) 추진제
□□□ **repel** [ripél] v. 물리치다, 쫓아 버리다
□□□ **repellent, -ant** [ripélənt] a. (사람에게) 혐오감을 주는,
　　　　　　　　되물리치는 n. 구충제

어근 pel, puls(e)는 'push 밀어서' '하도록 drive 몰다'의 뜻이다.

☐ **appeal** [əpíːl]
ap(to ~쪽으로) + peal(drive 힘) → ~쪽으로 몰다 → 호소(하다)

동 호소하다 **명** 호소

동 호소하다
[1] The players **appealed** to the referee for a free kick.
명 호소
[2] The **appeal** for people to donate blood was very successful.

☐ **compel** [kəmpél]
com(together 함께) + pel(drive 힘) → 함께 힘을 쓰다 → 강요하다

동 강요하다
[3] Public opinion **compelled** members of the National Assembly to sign the bill.

☐ **compulsion** [kəmpʌ́lʃən]
compel(강요하다) + sion(명접)

명 강요, 충동
[4] A **compulsion** is a strong desire to do something.

☐ **compulsory** [kəmpʌ́lsəri]
compel(강제하다) + sory(형접)

형 강제된, 강제적인, 의무적인, 필수의
[5] Public places where the use of face masks is **compulsory** are as follow.

☐ **dispel** [dispél]
dis(not or away 사라진) + pel(drive 힘) → 몰아서 사라지게 하다 → 제거하다

동 제거하다, 쫓아 버리다
[6] To **dispel** is to get rid of something that's bothering or threatening you.

☐ **expel** [ikspél]
ex(out 밖으로) + pel(drive 힘) → 밖으로 몰아내다 → 추방하다

동 쫓아내다, 추방하다
[7] To **expel** is defined as to force something or someone out.

☐ **expellant, -lent** [ikspélənt]
expel(쫓아내다, 추방하다) + ant, ent(명접, 형접)

형 내쫓는 힘이 있는, 구제력(驅除力) 있는 **명** 구제약
형 내쫓는 힘이 있는
[8] The children in Africa need an **expellant** medicine.
명 구제약
[9] Lemon rind is a good worm **expellant**.

☐ **expulsion** [ikspʌ́lʃən]
expel(추방하다) + sion(명접)

명 추방, 배제, 제명
[10] The illegal immigrants face **expulsion** in the country.

---

1. 선수들은 심판에게 프리킥을 호소했다.
2. 사람들에게 헌혈해 달라는 호소는 매우 성공적이었다.
3. 여론은 국회의원들이 그 법안에 서명하라고 강요했다.
4. 충동(compulsion)은 무엇인가 하고자하는 강한 욕망이다.
5. 앞면 마스크 착용이 의무적인 공공장소는 다음과 같다.
6. 쫓아버리는 것(to dispel)은 너를 괴롭히고 위협하는 무엇인가를 제거하는 것이다.
7. 추방하는 것(to expel)은 사람이나 사물을 강제로 밖으로 내보내는 것으로서 정의된다.
8. 아프리카 아이들은 구충제가 필요하다.
9. 레몬 껍질은 좋은 구충제이다.
10. 불법 이민자들이 그 나라에서 추방에 직면해 있다.

☐ **impel** [impél]	통 ~하게 하다, 강제하다	
im(in 안으로) + pel(drive 힘) → 안으로 몰다	[11] Inequality **impelled** the oppressed to fight for independence.	
☐ **impulse** [ímpʌls]	명 추진, 충동	
im(in 안에서) + pulse(drive 힘) → 안에서 일어나는 충동	[12] He has to learn to control his **impulses**.	
☐ **impulsion** [impʌ́lʃən]	명 충동, 충격, 자극, 원동력	
impel(강제하다) + sion(명접)	[13] **Impulsion** has an inner force that incites our creativity and imagination.	
☐ **pulse** [pʌls]	명 맥박, 고동, 약동	
pulse(drive 힘) → 힘의 충동 → 맥박, 파동	[14] Your **pulse** is the regular beating of blood through your body.	
☐ **propel** [prəpél]	동 앞으로 나아가게 하다, 추진하다	
pro(forward ~를 향해) + pel(drive 힘) → 앞으로 몰다 → 나아가게 하다	[15] The steam train was **propelled** by steam.	
☐ **propellant** [prəpélənt]	명 추진시키는 것[사람], 발사 화약, 장약, (로켓 등의) 추진제	
propel(추진하다) + ant(명접)	[16] Rocket **propellant** is the reaction mass of a rocket.	
☐ **repel** [ripél]	동 물리치다, 쫓아 버리다	
re(again 다시 or back 뒤로) + pel(drive 힘) → 힘을 써서 뒤로 몰다 → 물리치다	[17] Government units sought to **repel** the rebels.	
☐ **repellent, -ant** [ripélənt]	형 (사람에게) 혐오감을 주는, 되물리치는 명 구충제	
repel(물리치다, 쫓아 버리다) + ent, ant(형접 , 명접)	형 되물리치는, (사람에게) 혐오감을 주는, 불쾌한 [18] The candle has a **repellent** effect on insects. [19] Everything about him was **repellent** to her. 명 구충제 [20] Insect **repellent** is a product containing chemicals.	

11. 불평등(inequality)은 억압받는 사람들이 독립을 위하여 싸우도록 했다.
12. 그는 충동을 통제하는 것을 배워야만 한다.
13. 충동은 우리의 창의성과 상상력을 자극하는 내면의 힘을 가지고 있다.
14. 너의 맥박은 너의 몸을 통하여 흐른 피의 규칙적인 박동이다.

15. 증기 열차는 증기로 추진된다.
16. 로켓 추진체는 로켓의 반응물이다.
17. 정부군은 반란군들을 추방하려고 노력했다.
18. 촛불은 곤충을 쫓는 효과가 있다.
19. 그녀는 그의 일이라면 무엇이건 싫었다.
20. 곤충 구충제는 화학 물질을 포함한 상품이다.

※ 아래에서 우리말은 영어로 영어는 우리말로 각각 뜻을 쓰시오.

1. 연금 _____
2. (목걸이 등) 늘어뜨린 장식 _____
3. 추, 진자 _____
4. 미결정인 _____
5. 달아매다, 붙이다, 첨부하다 _____
6. 부속물, 추가, 맹장 _____
7. 강요, 충동 _____
8. 강제적인, 의무적인, 필수의 _____
9. 제거하다, 쫓아 버리다 _____
10. 쫓아내다, 추방하다 _____
11. 추방, 배제, 제명 _____
12. ~하게 하다, 강제하다 _____
13. 추진(력), 충격 _____

14. impulsion _____
15. propellant _____
16. repel _____
17. expellant, –lent _____
18. repellent, –ant _____
19. dependent _____
20. compensate _____
21. compensation _____
22. suspend _____
23. suspension _____
24. suspense _____
25. impend _____
26. impending _____

※ 다음 문장의 빈칸에 알맞은 단어를 보기에서 찾아 넣으시오. 필요 시 대문자, 수, 시제, 태 등 문법적 요소를 고려하여 쓰세요.(다만 본문 예문 학습을 유도하기 위하여 예문에서 사용한 단어를 정답으로 하였다.)

보기

repellent, expulsion, pulse, pending, ponder, append, dependence, compensate, impend, suspend, pendulum, compulsion, repel, dispel, Impulsion, appendix

27. Government units sought to _____ the rebels.

28. The candle has a _____ effect on insects.

29. The illegal immigrants face _____ in the country.

30. A _____ is a strong desire to do something.

31. To _____ is to get rid of something that's bothering or threatening you.

32. _____ has an inner force that incites our creativity and imagination.

33. Your _____ is the regular beating of blood through your body.

34. A decision on meeting agenda is _____ at the present time.

35. If you _____ something, you think about it carefully.

36. These extensions allow advertisers to _____ lead forms to ads.

37. Additional details are presented in _____ 1.

38. The company is reducing its _____ on foreign markets.

39. The firm will _____ workers for their loss of earnings.

40. None of the fires _____ on any of the plant's vessels.

41. The city _____ ed bus service because of heavy snow.

42. A _____ is a weight suspended from a pivot so that it can swing freely.

55 day

ple, ply, plic, ploit, ploy : **fold** 접다, **weave** 짜다

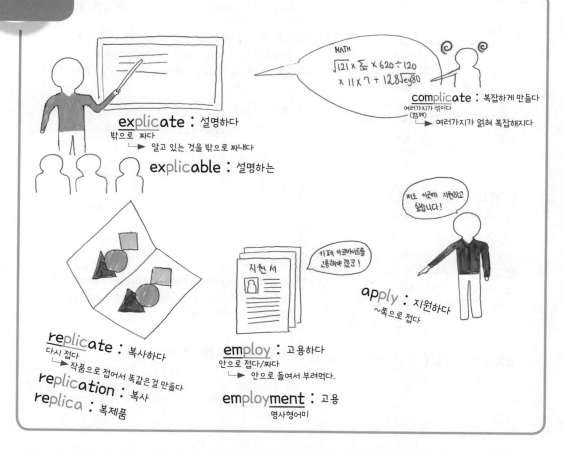

이 단원에서 학습할 단어모음입니다. □□□에 각각 모르는 단어를 3회에 걸쳐 ☑(체크표시)해 보세요.
모르는 단어는 끝까지 학습하세요.

Preview Words

□□□**complex** [kəmpléks] a. 복잡한 [kάmpleks]
　　　　　　n. (조직·부분·활동) 복합, 복합건물

□□□**complicate** [kάmplikèit] v. 복잡하게 만들다

□□□**complication** [kάmplikèiʃən] n. 복잡함

□□□**exploit** [éksplɔit] v. 이용하다

□□□**exploitation** [èksplɔitéiʃən] n. 이용, 개척, 채굴, 벌채,
　　　　　　불법이용, 착취

□□□**employ** [emplɔ́i] v. 고용하다

□□□**employment** [emplɔ́imənt] n. 사용, 고용

□□□**apply** [əplái] v. 적용하다, 지원하다

□□□**application** [æplikéiʃən] n. 적용, 신청, 응용, 지원

□□□**comply** [kəmplái] v. 순응하다, 동의하다

□□□**compliance,-cy** [kəmpláiəns], [-i] n. 승낙, 굴종

□□□**duplicate** [djú:pləkit] a. 이중의 n. 등본 v. 복사하다

□□□**explicate** [ékspləkèit] v. 설명하다

□□□**explicable** [iksplíkəbəl] a. 설명하는

□□□**explicit** [iksplísit] a. 명시적인, 분명한

□□□**implicate** [ímpləkèit] v. 연루시키다, 암시하다

□□□**implication** [impləkéiʃən] n. 내포, 연루, 연좌

□□□**implicit** [implísit] a. 은연중의, 함축적인, 암시적인

□□□**imply** [implái] v. 내포하다

□□□**perplex** [pərpléks] v. 당황하게 하다

□□□**replicate** [repləkèit] v. 복사하다

□□□**replication** [repləkéiʃən] n. 복사

□□□**replica** [réplikə] n. 복제품

□□□**simplify** [símpləfài] v. 간단하게 하다

□□□**simplicity** [simplísəti] n. 단순, 간단함

다의어 complex [kəmpléks]

com(together 함께) + plex(fold 접다) → 여러 겹을 함께 접는

- 복잡한
- 복합건물
- (복잡한 심리상태) 컴플렉스

형 복잡한   명 (조직·부분·활동) 복합, 복합건물, 컴플렉스

형 복잡한
[1] They have **complex** identities, interests, and causes they believe in.

명 (관련된 조직·부분·활동 등의) 복합, 복합건물, 컴플렉스
[2] They live in a large apartment **complex**.

[3] She overcame as a **complex** about her appearance.

☐ **complicate** [kámplikèit]

com(together 함께) + plic(fold 접다) + ate(동접)
→ 접어서 함께 (쑤셔) 넣다 → 복잡하게 만들다

동 복잡하게 만들다
[4] His ideals are **complicated** with[by] selfish interest.

☐ **complication** [kámplikèiʃən]

complicate(복잡하게 만들다) + tion(명접)

명 복잡함
[5] The president insisted such a **complication** had been expected.

☐ **exploit** [éksplɔit]

ex(out 밖으로) + ploit(fold 접다)
→ (접혀 있는 것을) 밖으로 펼쳐서 이용하다

동 이용하다
[6] We **exploit** our resources as fully as possible.
[7] The two companies joined forces to **exploit** the potential of the Internet.

☐ **exploitation** [èksplɔitéiʃən]

exploit (이용하다) + ation(명접)

명 이용, 개척, 채굴, 벌채, 불법이용, 착취
[8] **Exploitation** is the illegal use of money, property or other assets of a protected person who is physically or mentally unable to make decisions or care for themselves.

☐ **employ** [emplɔ́i]

em(in 안으로) + ploy(fold 접다) → 안으로 접어 가져오다
→ 고용하다

동 고용하다, 사용하다
[9] The factory **employs** 97 workers.

☐ **employment** [emplɔ́imənt]

employ(고용하다) + ment(명접)

명 사용, 고용
[10] The new factory will provide **employment** for about hundreds of local people.

---

1. 그들은 복잡한 정체성과 관심사, 그리고 그들이 믿고 있는 대의를 가지고 있다.
2. 그들은 대형 아파트 복합 건물에서 산다.
3. 그녀는 외모에 대한 컴플렉스(열등감)를 극복했다.
4. 그의 이상에는 이기적인 이해관계가 얽혀 있다.
5. 대통령은 그와 같은 복잡함이 예상되었다고 주장했다.
6. 우리는 가능한 충분히 우리의 자원을 이용한다.
7. 두 회사는 인터넷의 잠재력을 이용하기 위하여 힘을 합쳤다.
8. 착취는 신체적이거나 정신적으로 스스로 돌볼 수 없는 보호받는 사람들의 돈, 재산이나 혹은 다른 자산을 불법적으로 사용하는 것이다.
9. 그 공장은 97명의 노동자들을 고용한다.
10. 새로운 공장은 대략 수백명의 지역인들에게 고용을 제공할 것이다.

☐ **apply** [əplái]

ap(to ~쪽으로) + ply(fold 접다) → ~쪽으로 포개 접다
→ 적용하다, 지원하다

동 적용하다, 지원하다
[11] The law doesn't **apply** to the case.

☐ **application** [æplikéiʃən]

apply(적용하다) + cation(명접)

명 적용, 신청, 응용, 지원
[12] What should you do for a successful disability benefits **application**?

☐ **comply** [kəmplái]

com(together 함께) + ply(fold 접다)
→ 함께 (마음을) 접어두다 → 마음을 함께 하다 → 동의하다

동 순응하다, 동의하다
[13] The workers won't **comply** with safety measures.

☐ **compliance,-cy** [kəmpláiəns], [-i]

comply(순응하다) + ance,-cy(명접)

명 승낙, 응낙, 굴종, 고분고분함
[14] All operators of funds must have a **compliance** management system.

☐ **duplicate** [djúːpləkit]

du(two 둘) + pli(fold) + ate(형접, 명접, 동접)

형 이중의, 복사의   명 등본, 사본   동 복사하다
형 이중의, 복사의
[15] Apply for a **duplicate** copy.
명 등본 사본
[16] They sent me a **duplicate**.
동 복사하다
[17] The documents have been **duplicated** by the police.

☐ **explicate** [ékspləkèit]

ex(out 밖으로) + plic(fold 접다) + ate(동접)
→복잡하게 접은 것을 밖으로 펼쳐 보이다 → 설명하다

동 설명하다
[18] The instructor **explicated** the theory of relativity.

☐ **explicable** [iksplíkəbəl]

explicate(설명하다) + able(형접)

형 설명하는
[19] The terrible situation isn't **explicable** in human terms.

☐ **explicit** [iksplísit]

ex(out 밖으로) + plic(fold 접다) + it(형접)
→ 접은 것을 밖으로 보여주는 → 명시적인

형 명시적인, 분명한 ↔ implicit [implísit] 형 암시적인
[20] His visual performance was slightly **explicit** for the young viewers.

---

11. 그 법은 그 사건에 적용되지 않는다.
12. 성공적인 장애수당 신청을 위해서 무엇을 해야 하는가요?
13. 그 노동자들은 안전 조치를 준수하지 않을 것이다.
14. 자금의 모든 운영자는 준수 관리 시스템을 갖추어야 한다.
15. 복사본을 신청하세요.
16. 그들은 나에게 복사본을 보냈다.

17. 그 자료들이 경찰에 의해 복제되었다.
18. 그 강사는 상대성이론을 설명했다.
19. 그 끔찍한 상황은 인간의 용어로 설명할 수 없다.
20. 그의 시각적인 퍼포먼스가 약간 어린 시청자들에게는 노골적이었다.

□ **implicate** [ímpləkèit]	동 연루시키다, 암시하다
im(in 안으로) + plic(fold 접다) + ate(동접) → 연루시키다	[21] The rules **implicate** all forms of discrimination.

□ **implication** [impləkéiʃən]	명 내포, 연루, 연좌
implicate(연루시키다) + tion(명접)	[22] Their **implication** of the crime was obvious.

□ **implicit** [implísit]	형 은연중의, 함축적인, 암시적인 ↔ explicit 명백한
im(in 안으로) + plic(fold 접다) + it(형접) → 안으로 접어 넣는 → 함축적인	[23] The **implicit** meaning of her diagnosis was that Peggy was seriously ill.

□ **imply** [implái]	동 내포하다 유사어 mean, signify, indicate
im(in 안으로) + ply(fold 접다) → 안에 접어서 넣다 → 내포하다	[24] Silence often **implies** consent.

□ **perplex** [pərpléks]	동 당황하게 하다
per(through ~를 통과하여) + plex(fold 접다) → 내내 (마음을 감추어) 접도록 하다 → 당황하게 하다	유사어 puzzle, baffle, mystify, bewilder, confound [25] His strange silence **perplexes** me.

□ **replicate** [repləkèit]	동 복사하다 유사어 copy, reproduce, duplicate
re(again 다시) + plic(fold 접다) + ate(동접) → 복사하다	[26] Can the United States **replicate** Finland's educational success?

□ **replication** [repləkéiʃən] .	명 복사
replicate(복사하다) + tion(명접)	[27] DNA **replication** is a complex process.

□ **replica** [réplikə]	명 복제품
	[28] There is a **replica** of the storybook prince's asteroid.

□ **simplify** [símpləfài]	동 간단하게 하다
sim(one 하나로) + pli(fold 접다) + fy(make 만들다) → 접어서 하나로 만들다 → 간단하게 하다	[29] The new process is expected to **simplify** the visa application for international students as well.

□ **simplicity** [simplísəti]	명 단순, 간단함
sim(one 하나로) + plic(fold 접다) + ity(명접)	[30] Gandhi's message was one of beauty, **simplicity**, honesty and truth.

21. 그 규칙은 모든 형태의 차별과 연관되어 있다.
22. 그들의 범죄 연루가 명백했다.
23. 그녀의 진단 관련 암시적인 의미는 Peggy가 심각하게 아프다는 것이다.
24. 침묵은 때때로 동의를 의미한다.
25. 그의 기묘한 침묵이 나를 당혹하게 한다.

26. 미국은 핀란드의 교육 성공을 따라할 수 있을까?
27. DNA 복제는 복잡한 과정이다.
28. 동화책 어린왕자의 소행성 복사본이 있다.
29. 그 새로운 절차는 국제적인 학생들을 위한 비자 신청을 간소화 할 것으로 기대된다.
30. 간디의 메세지는 미, 단순함, 정직, 진실을 담고 있다.

lateral: **side 옆쪽**

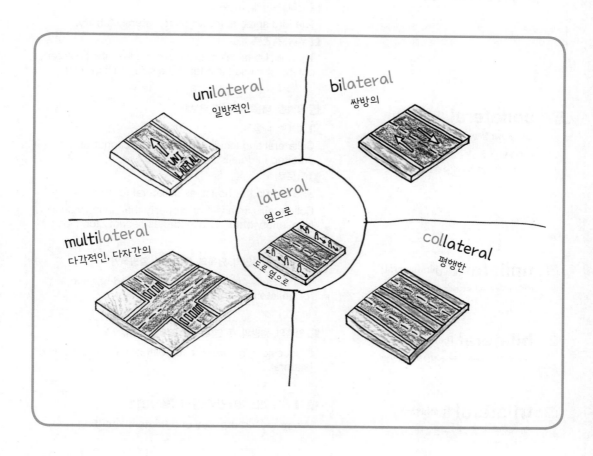

이 단원에서 학습할 단어모음입니다. ☐☐☐에 각각 모르는 단어를 3회에 걸쳐 ☑(체크표시)해 보세요.
모르는 단어는 끝까지 학습하세요.

Preview Words

☐☐☐**lateral** [lǽtərəl] a. 옆의, 측면의, 바깥쪽의 n. 옆쪽, 측면부

☐☐☐**collateral** [kəlǽtərəl] a. 평행한, 대응하는 n. 담보물

☐☐☐**unilateral** [jú:nilǽtərəl] a. 한쪽의, 한쪽만의, 일방적인

☐☐☐**bilateral** [bailǽtərəl] a. 양측의, 쌍방의, 두 면이 있는

☐☐☐**trilateral** [trailǽtərəl] a. 세 변이 있는, 3자 간의 n. 삼각형

☐☐☐**quadrilateral** [kwádrəlǽtərəl] a. 4변의 n. 4변

☐☐☐**multilateral** [mʌ́ltilǽtərəl] a. 다각적인, 다자간의

어근 lateral은 'side 옆쪽'이라는 뜻이다.

☐ **lateral** [lǽtərəl]
- 형 옆의, 측면의, 바깥쪽의 명 옆쪽, 측면부
- 형 옆의, 측면의, 바깥쪽의
[1] The bird spreads its wings for **lateral** stability.
- 명 옆쪽, 측면부
[2] Typically, **lateral** refers to the outer side of the body part, but it is also used to refer to the side of a body part.

다의어 **collateral** [kəlǽtərəl]
col(together 함께) + lateral(옆의) → 옆으로 함께하는
- 평행하는
- (대등한 가치를 제공하는) 담보물
- 형 평행한, 대응하는 명 담보물
- 형 평행한, 대응하는
[3] **Collateral** and incidental questions cannot be pursued in details.
- 명 담보물
[4] She put up her house as **collateral** for the loan.
[5] **Collateral** is an asset or property that an individual or legal entity offers to a lender as security for a loan.

☐ **unilateral** [júːnilǽtərəl]
uni(one 하나의) + lateral(side 옆의) → 한쪽의
- 형 한쪽의, 한쪽만의, 단독의, 단독적인, 일방적인
[6] The party leader has actually declared her support for **unilateral** nuclear disarmament.

☐ **bilateral** [bailǽtərəl]
bi(two) + lateral(옆의) → 두 방향의 → 쌍방향의
- 형 양측의, 쌍방의, 두 면이 있는, 좌우 동형의
[7] Discussions between two political parties are called **bilateral**.

☐ **trilateral** [trailǽtərəl]
tri(three) + lateral(옆의) → 옆에 세 변이 있는 → 3자 간의, 삼각형
- 형 세 변이 있는, 3자 간의 명 삼각형, 삼변형
[8] We proposed the idea of a **trilateral** meeting.

☐ **quadrilateral** [kwɑ́drəlǽtərəl]
quadri(four) + lateral(옆의) → 옆으로 4개가 있는 → 4변형(의)
- 형 사변의 명 사변 사변형 요새지
[9] **Quadrilaterals** all have four sides, but they all look a little different.

☐ **multilateral** [mʌltilǽtərəl]
multi(많은) + lateral(옆의) → 여러 면의 → 다각적인
- 형 다각적인, 다자간의
[10] **Multilateral** treaties are treaties between 3 or more countries, and bilateral treaties are treaties between two countries.

1. 새는 측면의 안정을 위하여 날개를 편다.
2. 전형적으로 측면부(lateral)은 신체의 바깥쪽을 언급한다. 그러나 또한 몸 부분의 측면을 언급하기 위하여 사용되기도 한다.
3. 대응하는 그리고 부차적인 의문들이 상세하게 추구될 수 없다.
4. 그녀는 대출금에 대한 담보물로서 그녀의 집을 제공하였다.
5. 담보물은 개인이나 법인이 대출금에 대한 담보로서 돈을 빌려준 사람에게 제공하는 자산이나 소유물이다.
6. 그 당 지도자는 실제로 일방적인 핵무장 해제를 선언했다.
7. 두 정당 사이의 토론은 쌍방향이라고 불린다.
8. 우리는 3자 회담에 관한 아이디어를 제안했다.
9. 사변형은 4개의 변을 가지고 있다. 그러나 그들은 모두 다르게 보인다.
10. 다자간 협정(multilateral treaties)은 3개 이상의 국가 사이의 조약이다. 그리고 양자간 협정(bilateral treaties)은 2개 국가 사이의 조약이다.

※ 아래에서 우리말은 영어로 영어는 우리말로 각각 뜻을 쓰시오.

1. 복잡한, 복합, 복합건물 _____
2. 복잡하게 만들다 _____
3. 복잡함 _____
4. 이용, 개척, 채굴, 착취 _____
5. 사용, 고용 _____
6. 적용, 신청, 응용, 지원 _____
7. 승낙, 굴종 _____
8. 이중의, 등본, 복사하다 _____
9. 설명하다 _____
10. 설명하는 _____
11. 명시적인, 분명한 _____
12. 연루시키다, 암시하다 _____
13. 내포, 연루, 연좌 _____

14. implicit _____
15. perplex _____
16. replicate _____
17. replication _____
18. replica _____
19. simplicity _____
20. lateral _____
21. collateral _____
22. unilateral _____
23. bilateral _____
24. trilateral _____
25. quadrilateral _____
26. multilateral _____

※ 다음 문장의 빈칸에 알맞은 단어를 보기에서 찾아 넣으시오. 필요 시 대문자, 수, 시제, 태 등 문법적 요소를 고려하여 쓰세요.(다만 본문 예문 학습을 유도하기 위하여 예문에서 사용한 단어를 정답으로 하였다.)

보기

complex, complex, exploit, exploit, implicit, explicit, employment, exploitation, imply, perplex, lateral, trilateral, collateral, bilateral, implicate, implication

27. Silence often _____ consent.

28. His strange silence _____ me.

29. The bird spreads its wings for _____ stability.

30. We proposed the idea of a _____ meeting.

31. _____ and incidental questions cannot be pursued in details.

32. Discussions between two political parties are called _____ .

33. The rules _____ all forms of discrimination.

34. Their _____ of the crime was obvious.

35. They live in a large apartment _____ .

36. We _____ our resources as fully as possible.

37. They have _____ identities, interests, and causes they believe in.

38. The _____ meaning of her diagnosis was that Peggy was seriously ill.

39. The two companies joined forces to _____ the potential of the Internet.

40. His visual performance was slightly _____ for the young viewers.

41. The new factory will provide _____ for about hundreds of local people.

42. _____ is the illegal use of money, property or other assets of a protected person.

press: press 누르다

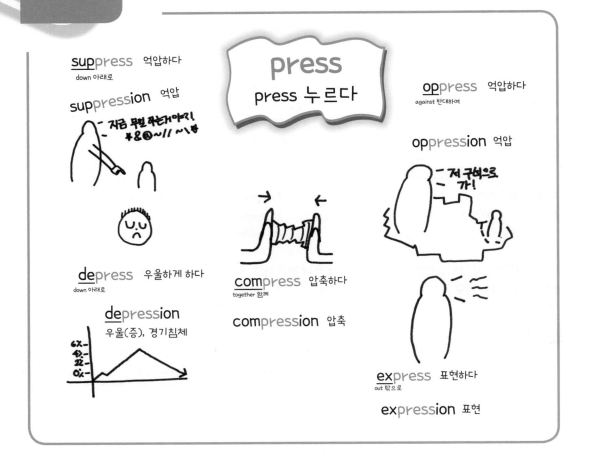

이 단원에서 학습할 단어모음입니다. □□□에 각각 모르는 단어를 3회에 걸쳐 ☑(체크표시)해 보세요. 모르는 단어는 끝까지 학습하세요.

Preview Words

□□□ **press** [pres] v. 누르다 n. 압박, the ~ 언론
□□□ **depress** [diprés] v. 아래로 누르다(낮추다), 우울하게 하다
□□□ **depression** [dipréʃən] n. 우울(증), 경기침체
□□□ **pressing** [présin] a. 긴박한
□□□ **compress** [kəmprés] v. 압축하다, 압박하다
□□□ **compression** [kəmpréʃən] n. 압축, 압착
□□□ **express** [iksprés] v. 표현하다
□□□ **expression** [ikspréʃən] n. 표현

□□□ **impress** [imprés] v. (도장을) 찍다, 깊은 인상을 주다
□□□ **impression** [impréʃən] n. 인상, 자국
□□□ **oppress** [əprés] v. 억압하다
□□□ **oppression** [əpréʃən] n. 억압
□□□ **repress** [riprés] v. 억누르다, 진압하다
□□□ **repression** [ripréʃən] n. 억압
□□□ **suppress** [səprés] v. 억압하다, 진압하다
□□□ **suppression** [səpréʃən] n. 진압

어원 press는 'push 누르다'의 뜻이다.

다의어 press [pres]

- 누르다, 압박
- (눌러서 찍는 신문 등) 언론

동 누르다 **명** 압박, the ~ 언론

[1] **Press** the button to start the machine.

명 압박, (the ~): (신문을 눌러서 찍다에서) 언론

[2] A long **press** displays the menu options.

[3] The incident has been widely reported in the **press**.

다의어 depress [diprés]

de(down 아래로) + press(누르다) → 아래로 누르다

- 우울하게 하다
- 경기를 침체하게 하다

동 아래로 누르다(낮추다), 우울하게 하다

유사어 dampen, discourage, dismay, dispirit

[4] The state of the country **depresses** me.

다의어 depression [dipréʃən]

depress(우울하게 하다) + tion(**명접**)

- 우울
- 경기침체

명 우울(증), 경기침체

[5] **Depression** is a mood disorder that causes a persistent feeling of sadness and loss of interest.

☐ **pressing** [présiŋ]

press(누르다) + ing (**형접**) → 누르는(압박하는) 상태의 → 긴박한

형 긴박한

유사어 urgent, critical, crucial, acute, desperate

[6] He left town on some **pressing** business.

☐ **compress** [kəmprés]

com(together 함께) + press(누르다) → 함께 누르다 → 압축하다

동 압축하다, 압박하다

유사어 flatten, squeeze, press, squash, crush

[7] A good government will not **compress** the people.

☐ **compression** [kəmpréʃən]

compress(압축하다, 압박하다) +tion(**명접**)

명 압축, 압착

[8] When a pile of material is squished together and made smaller and more dense, this is an example of **compression**.

☐ **express** [iksprés]

ex(out 밖으로) + press(누르다) → 밖으로 누르다 → 표현하다

동 표현하다

[9] The painting **expresses** the rage of war victims.

☐ **expression** [ikspréʃən]

express(표현하다) + tion(**명접**)

명 표현

유사어 utterance, uttering, voicing, pronouncement, declaration, statement, proclamation, assertion, announcement

[10] The people released their free **expression** of opinions.

---

1. 기계를 작동하기 위하여 옵션 버튼을 누르세요.
2. 길게 누르면 메뉴 선택이 나타날 것이다.
3. 그 사건은 언론에서 널리 보도되었다.
4. 나라의 상태가 나를 우울하게 한다.
5. 우울증은 지속적인 슬픈 감정, 흥미의 상실을 일으키는 정서 장애다.
6. 그는 급한 일로 마을을 떠났다.
7. 훌륭한 정부는 국민을 억압하지 않을 것이다.
8. 물질 더미가 함께 넣어서 보다 작고 빽빽하게 만들 때, 이것은 압축의 예이다.
9. 그 그림은 전쟁 희생자들의 분노를 표현한다.
10. 국민들은 그들의 의견을 자유롭게 표현 했다.

☐ **im**press [imprés]

im(in 안으로) + press(누르다) → 안으로 누르다
→ (도장) 찍다, 인상 깊게 하다

동 (도장을) 찍다, 깊은 인상을 주다

유사어 influence, affect, move, stir

[11] The speech of president **impressed** the audience.

☐ **im**pre**ssion** [impréʃən]

impress(인상을 주다) + tion(명접)

명 인상, 자국

[12] His **impression** of her was favorable.

[13] I wanted to create an **impression** of success.

☐ **op**press [əprés]

op(against ~ 반대하여) + press(누르다)
→ ~에 대항하여 누르다 → 억압하다

동 억압하다

유사어 tyrannize, crush, repress, suppress, subjugate

[14] The government **oppresses** political activists.

☐ **op**pre**ssion** [əpréʃən]

oppress(억압하다) + tion(명접)

명 억압 유사어 persecution, abuse, maltreatment, tyranny, repression, suppression, subjection

[15] Thus he freed his country from this terrible **oppression**.

☐ **re**press [riprés]

re(again 다시 or back 뒤로) + press → 다시 반복하여 누르다
→ 억누르다, 진압하다

동 억누르다, 진압하다 유사어 suppress, subdue

[16] Individuals tend to **repress** their feelings.

☐ **re**pre**ssion** [ripréʃən]

repress(억누르다) + tion(명접)

명 억압 유사어 suppression

[17] There was no **repression** in her glance or gesture.

☐ **sup**press [səprés]

sup(down 아래로) + press(누르다) → 아래로 누르다
→ 억압하다

동 억압하다, 진압하다

[18] The government **suppressed** dissident groups.

☐ **sup**pre**ssion** [səpréʃən]

suppress(억압하다) +tion(명접)

명 진압

[19] The citizens were imprisoned after the violent **suppression** of the pro-democracy movement protests.

---

11. 대통령의 연설은 청중에게 깊은 감명을 주었다.
12. 그녀에 대한 그의 인상은 호의적이었다.
13. 나는 성공적인 인상을 주기를 원했다.
14. 정부는 정치 활동가를 억압한다.
15. 이렇게 그는 이처럼 끔찍한 억압으로부터 그의 나라를 자유롭게
    했다.

16. 개인들은 그들의 느낌을 억압하는 경향이 있다.
17. 그녀의 눈짓이나 표정에 어떠한 억압도 없었다.
18. 정부는 반체제 일당을 진압했다.
19. 시민들은 민주화운동 시위에 대한 폭력적인 억압 후 수감 되었다.

rupt: **break** 깨다, 부수다

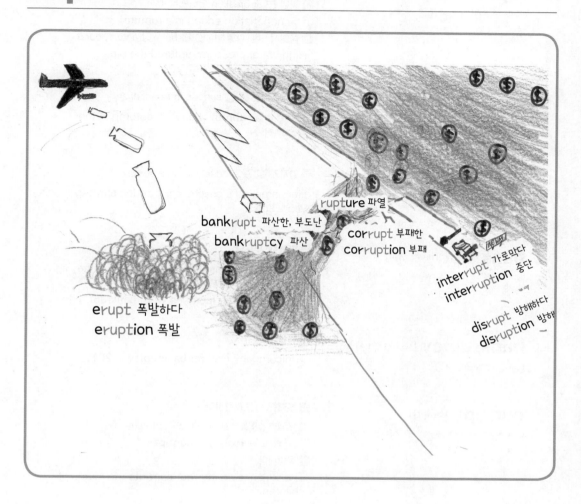

rupture 파열

bankrupt 파산한, 부도난
bankruptcy 파산

corrupt 부패한
corruption 부패

interrupt 가로막다
interruption 중단

disrupt 방해하다
disruption 방해

erupt 폭발하다
eruption 폭발

이 단원에서 학습할 단어모음입니다. □□□에 각각 모르는 단어를 3회에 걸쳐 ☑(체크표시)해 보세요.
모르는 단어는 끝까지 학습하세요.

Preview Words

□□□ **rupture** [rʌ́ptʃər] n. 파열 v. 파열하다
□□□ **abrupt** [əbrʌ́pt] a. 갑작스러운
□□□ **abruptly** [əbrʌ́ptli] a. 갑작스럽게
□□□ **bankrupt** [bǽŋkrʌpt] a. 파산한, 부도난
□□□ **bankruptcy** [bǽŋkrʌptsi] n. 파산
□□□ **corrupt** [kərʌ́pt] a. 부패한
□□□ **corruption** [kərʌ́pʃən] n. 부패
□□□ **disrupt** [disrʌ́pt] v. 부수다, 방해하다

□□□ **disruption** [disrʌ́pʃən] n. 방해
□□□ **disruptive** [disrʌ́ptiv] a. 분열(붕괴)시키는, 파괴적인
□□□ **erupt** [irʌ́pt] v. 폭발하다
□□□ **eruption** [irʌ́pʃən] n. 폭발
□□□ **eruptive** [irʌ́ptiv] a. 분출하는, 폭발하는
□□□ **interrupt** [ìntərʌ́pt] v. 방해하다
□□□ **interruption** [ìntərʌ́pʃən] n. 중단, 방해

□ **rupture** [rʌ́ptʃər] rupt(break 부서지다) + ure(명접) → 파열	명 파열 동 파열하다, 폭발시키다 명 파열 유사어 breakup, breach, split [1] The negotiation ended in a **rupture**. 동 폭발시키다, 파열하다 유사어 break, fracture, burst [2] High water pressure **ruptured** the pipe.

□ **abrupt** [əbrʌ́pt] ab(to ~쪽으로) + rupt(break 부서지다) → (기존의 것이) 부서지는 쪽으로 → 갑작스러운	형 갑작스러운 유사어 sudden, hurried, hasty [3] There is an **abrupt** change in autumn in the weather.
□ **abruptly** [əbrʌ́ptli] abrupt(갑작스러운) + ly(부접)	부 갑자기 유사어 suddenly, all of a sudden [4] Her career as a psychologist ended **abruptly** several years ago.

□ **bankrupt** [bǽŋkrʌpt] bank(둑, 은행) + rupt(break 부서지다) → 둑이 무너지는 → 부도가 난	형 파산한, 부도난 [5] The company was declared **bankrupt** in the High Court. [6] Many banks and factories went **bankrupt**.
□ **bankruptcy** [bǽŋkrʌptsi] bankrupt (부도난) + cy(명접)	명 파산 [7] The company filed for **bankruptcy** in 2013.

□ **corrupt** [kərʌ́pt] cor(together 함께) + rupt(break 부서지다) → 부패한	형 부패한 동 타락하다 형 부패한 유사어 dishonest, dishonorable [8] The whole society is **corrupt**. 동 타락하다 [9] The violence on internet **corrupts** the minds of children.
□ **corruption** [kərʌ́pʃən] corrupt(타락하다) + tion(명접)	명 부패 [10] President must sweep away the **corruption** of government officials.

1. 교섭은 결렬로 끝났다.
2. 높은 수압은 파이프를 파열시켰다.
3. 가을에 날씨가 갑작스럽게 바뀐다.
4. 심리학자로서 그의 직업은 몇 년전 갑작스럽게 바뀌었다.
5. 그 회사는 고등법원에서 파산선고를 받았다.

6. 많은 은행과 공장들이 파산했다.
7. 그 회사는 2013년에 파산신청을 했다.
8. 사회 전체가 부패했다.
9. 인터넷에서의 폭력은 아이들의 마음을 병들게 한다.
10. 대통령은 정부 공무원들의 부패를 일소해야 한다.

□ **disrupt** [disrʌ́pt]

dis(not) + rupt(break 부서지다) → 부수어서 못하게 하다
→ 방해하다

통 부수다, 방해하다

유사어 interrupt, intrude, obstruct, break up,

[11] The weather **disrupted** our travel plans.

□ **disruption** [disrʌ́pʃən]

disrupt(방해하다) + tion(명접)

명 방해

유사어 disturbance, interference, disarray

[12] The strike caused serious **disruptions**.

□ **disruptive** [disrʌ́ptiv]

disrupt(부수다) + ive(형접)

형 분열[붕괴]시키는, 파괴적인

[13] A **disruptive** social enterprise should advance a cause. For example, Tesla accelerates sustainable energy.

□ **erupt** [irʌ́pt]

e(out 밖으로) + rupt(break 부서지다) → 부서져서 밖으로
→ 폭발하다

통 폭발하다

유사어 blow up, break out, burst, detonate, explode

[14] The unrest **erupted** into revolution.

□ **eruption** [irʌ́pʃən]

erupt(폭발하다) + tion(명접)

통 폭발 유사어 explosion, outburst, outbreak

[15] The **eruption** of the volcano was one of the most violent in global history.

□ **eruptive** [irʌ́ptiv]

erupt(폭발하다) + ive(형접)

형 분출하는, 폭발하는

[16] This long-term consistency in a volcano's **eruptive** behavior informs hazard planning by local authorities.

□ **interrupt** [ìntərʌ́pt]

inter(사이에서) + rupt(break 부서지다) → 중간에서 폭발하다
→ 가로막다, 방해하다

통 방해하다

유사어 intrude, disturb, intervene, interfere (with), break in

[17] Rain **interrupted** our baseball game.
[18] The traffic was **interrupted** by the flood.

□ **interruption** [ìntərʌ́pʃən]

interrupt(방해하다) + tion(명접)

명 중단, 방해

유사어 hinderance, stop, obstruction, obstacle, impediment

[19] His failure to complete the job was due to their constant **interruption**.

---

11. 날씨가 우리 여행 계획을 망쳤다.
12. 그 파업으로 심한 지장이 초래되었다.
13. 혁신적인 사회적 기업은 대의를 발전시켜야한다. 예를 들어, Tesla는 지속 가능한 에너지를 가속화한다.
14. 불안이 혁명으로 분출되었다.
15. 그 화산폭발은 지구 역사상 가장 폭력적인 것 중 하나다.

16. 화산 분출 작용에서 장기적인 일관성은 지역 당국의 위험 대비에 정보를 제공한다.
17. 비는 우리의 야구게임을 방해했다.
18. 홍수 때문에 교통이 두절 되었다.
19. 그의 일을 완성하지 못한 것은 그들의 끊임없는 방해 때문이다.

※ 아래에서 우리말은 영어로 영어는 우리말로 각각 뜻을 쓰시오.

1. 부수다, 방해하다 _____
2. 방해 _____
3. 분열(붕괴)시키는, 파괴적인 _____
4. 폭발하다 _____
5. 폭발 _____
6. 분출하는, 폭발하는 _____
7. 방해하다 _____
8. 중단, 방해 _____
9. 아래로 누르다, 우울하게 하다 _____
10. 부패 _____
11. 우울(증), 경기침체 _____
12. 긴박한 _____
13. 압축하다, 압박하다 _____

14. compression _____
15. expression _____
16. impress _____
17. impression _____
18. oppress _____
19. oppression _____
20. repress _____
21. repression _____
22. suppress _____
23. suppression _____
24. rupture _____
25. bankrupt _____
26. bankruptcy _____

※ 다음 문장의 빈칸에 알맞은 단어를 보기에서 찾아 넣으시오. 필요 시 대문자, 수, 시제, 태 등 문법적 요소를 고려하여 쓰세요.(다만 본문 예문 학습을 유도하기 위하여 예문에서 사용한 단어를 정답으로 하였다.)

보기

> disrupt, corruption, bankrupt, impression, repress, oppress, bankrupt, corrupt,
> erupt, interrupt, corrupt, compress, interruption, pressing, disruption, rupture

27. The weather _____ed our travel plans.

28. The strike caused serious _____.

29. The unrest _____ed into revolution.

30. Rain _____ed our baseball game.

31. The whole society is _____.

32. The negotiation ended in a _____.

33. Many banks and factories went _____.

34. His _____ of her was favorable.

35. Individuals tend to _____ their feelings.

36. The government _____ political activists.

37. The company was declared _____ in the High Court.

38. The violence on internet _____ the minds of children.

39. He left town on some _____ business.

40. A good government will not _____ the people.

41. President must sweep away the _____ of government officials.

42. His failure to complete the job was due to their constant _____.

57 day

clos(e), clude: shut 닫다

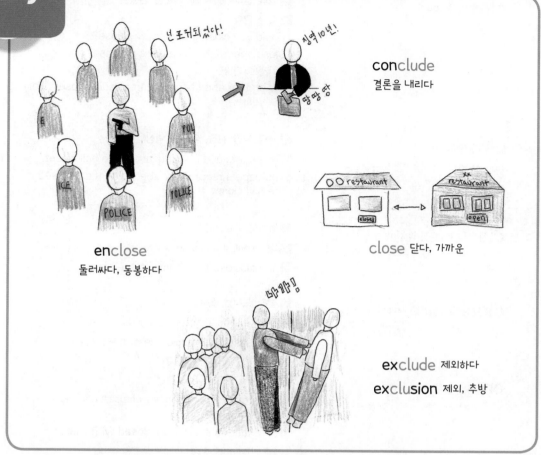

conclude
결론을 내리다

enclose
둘러싸다, 동봉하다

close 닫다, 가까운

exclude 제외하다
exclusion 제외, 추방

이 단원에서 학습할 단어모음입니다. □□□에 각각 모르는 단어를 3회에 걸쳐 ☑(체크표시)해 보세요.
모르는 단어는 끝까지 학습하세요.

Preview Words

□□□ **close** [klouz] v. 닫다 [klous] a. 가까운
□□□ **close**t [klázit] n. 옷장, 벽장, 찬장, 작은 방
□□□ **dis**close [disklóuz] v. 밝히다, 폭로하다
□□□ **dis**closure [disklóuʒər] n. 발각, 드러남, 폭로
□□□ **en**close [enklóuz] v. 둘러싸다, 동봉하다
□□□ **en**closure [enklóuʒər] n. 동봉한 것, 구내, 울타리
□□□ **pre**clude [priklú:d] v. 사전 배제하다
□□□ **ex**clude [iksklú:d] v. 제외하다
□□□ **ex**clusion [iksklú:ʒən] n. 제외, 추방
□□□ **ex**clusive [iksklú:siv] a. 배타적인 n. 특종
□□□ **ex**cluding [iksklú:diŋ] prep. ~를 제외하고

□□□ **con**clude [kənklú:d] v. 결론을 내리다
□□□ **con**clusion [kənklú:ʒən] n. 결론
□□□ **con**clusive [kənklú:siv] a. 결정적인, 확실한, 단호한
□□□ **se**clude [siklú:d] v. 격리 시키다, 은둔하다
□□□ **se**clusion [siklú:ʒən] n. 격리, 은퇴, 은둔
□□□ **se**clusive [siklú:siv] a. 들어박혀 있기를 좋아하는, 은둔적인
□□□ **in**clude [inklú:d] v. 포함하다
□□□ **in**clusion [inklú:ʒən] n. 포함
□□□ **in**clusive [inklú:siv] a. 포함하여, 포괄적인
□□□ **in**cluding [inklú:diŋ] prep. …을 포함하여

어근 clos(e), clude는 'shut 닫다'의 뜻이다.

☐ **close** [klouz]

동 감다, 닫다 형 [klous] 가까운, 친밀한

동 감다, 닫다
1 Could you **close** the window please?
2 **Close** your eyes – I've got a surprise for you.

형 가까운, 친밀한
3 My brother and I have become much **closer** over the years.

☐ **closet** [klɑ́zit]

clos(close 닫다) + et(명접 –작은 것) → 닫힌 작은 것

명 옷장, 벽장, 찬장, 작은 방, 벽장
4 The sheets and blankets are in the hall **closet**.
5 The papers reported on the incident are stored in the hall **closet**.

☐ **disclose** [disklóuz]

dis(not–반대) + close(덮다) → 덮은 것을 없애다
→ 밝히다, 폭로하다

동 밝히다, 폭로하다

유사어 reveal, divulge, unfold, release, publish, unveil
6 They **disclosed** her name to the press.

☐ **disclosure** [disklóuʒər]

disclose(밝히다, 폭로하다) + ure(명접)

명 발각, 드러남, 폭로

유사어 revelation, declaration, announcement
7 We demand full **disclosure** of the facts.

☐ **enclose** [enklóuz]

en(in–안에) + close(덮다) → 안에 넣고 덮다
→ 둘러싸다, 동봉하다

동 둘러싸다, 동봉하다

유사어 surround, circle, ring, encompass, encircle, circumscribe
8 The entire estate was **enclosed** with walls.
9 She **enclosed** a photo with the card.

☐ **enclosure** [enklóuʒər]

enclose(둘러싸다, 동봉하다) + ure(명접)

명 봉입(물), 동봉한 것, 구내, 경내, 울, 담, 울타리
10 The dogs are in a fenced **enclosure** in the backyard.

☐ **preclude** [priklú:d]

pre(before 이전에) + clude(close 덮다) → 먼저 덮다
→ 사전에 배제하다

동 사전 배제하다
11 His physical disability **precludes** an athletic career for him.
12 A constitutional amendment **precludes** any president from serving more than two terms.

---

1. 문 좀 닫아 주세요.
2. 눈을 감아 봐! 나는 네게 놀라운 것을 가지고 준비했어.
3. 나의 형과 나는 수년 동안에 걸쳐 훨씬 친하게 지낸다.
4. 시트와 담요들이 홀 벽장에 있다.
5. 그 사건에 대해 보도된 그 신문은 복도 벽장 안에 보관되어 있어요.
6. 그들은 언론에 그녀의 이름을 밝혔다.
7. 우리는 그 사실 관련 모든 것을 밝힐 것을 요구했다.
8. 전체 부동산이 벽으로 둘러 쌓여 있다.
9. 그녀는 카드에 사진을 동봉했다.
10. 개들이 뒤뜰에 둘러 쌓인 울타리 안에 있었다.
11. 그의 신체장애는 그에게 운동 직업을 사전 배제한다.
12. 헌법 개정안은 어떤 대통령도 연임 이상 하는 것을 사전에 배제한다.

☐ **exclude** [iksklú:d]

ex(out 밖으로) + clude(close or shut 닫다) → 밖에 놓고 덮다
→ 배제하다, 제외하다

동 제외하다 ↔ include

[13] The advertised price **excludes** the sales tax.

☐ **exclusion** [iksklú:ʒən]

exclude(제외하다) + sion(명접)

명 제외, 배제, 추방

[14] Many insurance policies are full of **exclusions**, meaning insurers can legitimately turn claims down.

다의어 ☐ **exclusive** [iksklú:siv]

exclude(제외하다) + sive(형접, 명접)

┌ 배타적인
└ (독점적으로 보도하는) 특종

형 독점적인, 배타적인 **명** 특종

형 배타적인

[15] This room is for the **exclusive** use of guests.

명 특종

[16] The newspaper published an **exclusive** about the earthquake.

☐ **excluding** [iksklú:diŋ]

exclude(제외하다) + ing(형접 – 상태지속)
→ 상태지속을 뜻하는 형용사로 봐도 무방 → 전치사로 발전

전치사 …을 제외하고 ↔ including

[17] There are 11,000 Americans killed by gun violence every year, **excluding** suicides.

☐ **conclude** [kənklú:d]

con(together) + clude(close or shut 닫다)
→ 함께 마무리하여 덮다 → 결론 내리다

동 결론을 내리다 유사어 finish, end, terminate, close

[18] We **concluded** that we could not afford to buy a new car.

☐ **conclusion** [kənklú:ʒən]

conclude(끝내다, 결론을 내리다) + sion(명접)

명 결론

[19] The novel's **conclusion** is disappointing.

[20] In **conclusion**, I would like to thank our guest speaker.

☐ **conclusive** [kənklú:siv]

conclude(끝내다, 결론을 내리다) + sive(형접)

형 결정적인, 확실한, 단호한

유사어 decisive, final, convincing, definite

[21] The detective found **conclusive** evidence of his guilt.

---

13. 광고된 가격은 판매 세금을 뺀 것이다.
14. 많은 보험 정관은 보험 회사가 합법적으로 보상을 거부할 수 있는 보상 거절 조항들로 가득 차 있다.
15. 이 방은 손님들의 독점적인 사용을 위한 것이다.
16. 그 신문은 지진에 관하여 특종을 실었다.

17. 자살을 포함하여 매년 총기 폭력으로 미국인 11,000명이 죽는다.
18. 우리는 우리가 새 차를 살 여유가 없다고 결론 내렸다.
19. 그 소설의 결론이 실망적이다.
20. 결론적으로 나는 우리의 손님으로 모신 연사에게 감사하고 싶다.
21. 탐정은 그의 죄와 관련된 결정적인 증거를 찾았다.

☐ **seclude** [siklú:d]	동 격리 시키다, 은둔하다 유사어 isolate, quarantine

se(apart-떨어진) + clude(close 닫다)
→ 자신을 세상으로부터 멀리 떨어져서 닫다 → 은둔하다

[22] The patients will be **secluded** until they are no longer contagious.
[23] He **secluded** himself in his room to study for the exam.

☐ **seclusion** [siklú:ʒən]	명 격리, 은퇴, 은둔

seclude(격리 시키다, 은둔하다) + sion(명접)

유사어 isolation, solitude, retreat, retirement

[24] If you are living in **seclusion**, you are in a quiet place away from other people.

☐ **seclusive** [siklú:siv]	형 들어박혀 있기를 좋아하는, 은둔적인

seclude(격리 시키다, 은둔하다) + sive(형접)

[25] The natives have been living a **seclusive** existence for thousands of years with little contact with the outside world.

☐ **include** [inklú:d]	동 포함하다

in(안에) + clude(close or shut 닫다) → 안에 넣다
→ 포함하다

유사어 incorporate, comprise, encompass, cover, embrace, involve, contain

[26] The bill **includes** tax and service charge.
[27] Mozart's musical compositions **include** symphonies and operas.

☐ **inclusive** [inklú:siv]	형 포함하여, 포괄적인

include(포함하다) + sive(형접)

[28] South Africa looks toward **inclusive** recovery to stabilize debt and boost growth.

☐ **inclusion** [inklú:ʒən]	명 포함 유사어 involvement

include(포함하다) + sion(명접)

[29] The book's value stems from its **inclusion** of multiple viewpoints.

☐ **including** [inklú:diŋ]	전치사 …을 포함하여 ↔ excluding

include(포함하다) + ing(형접 – 상태지속)
→ 상태지속을 뜻하는 형용사로 봐도 무방 → 전치사로 발전

[30] He has admitted committing several crimes, **including** two murders.

---

22. 그 환자들은 더 이상 전염시키지 않도록 격리될 것이다.
23. 그는 시험 공부를 위하여 자신을 그의 방안에 은둔하였다.
24. 네가 은둔 상태로 살고 있다면 너는 다른 사람들로부터 떨어져서 조용한 장소에 있다.
25. 그 원주민들은 외부세계와 거의 접촉없이 수천년 동안 은둔적인 존재로 살아오고 있다.
26. 그 청구서는 세금과 서비스료를 포함한다.

27. 모짜르트가 작곡한 곡들은 교향곡과 오페라를 포함한다.
28. 남아공은 부채를 안정시키고 성장을 촉진하기 위해 포괄적인 회복을 추구하다.
29. 이 책의 가치는 다양한 관점을 포함한 것에서 나온다.
30. 그는 두 번의 살인사건을 포함하여 여러 번의 범행을 저질렀다는 것을 인정했다.

(o)nym: **name** 이름, **word** 단어

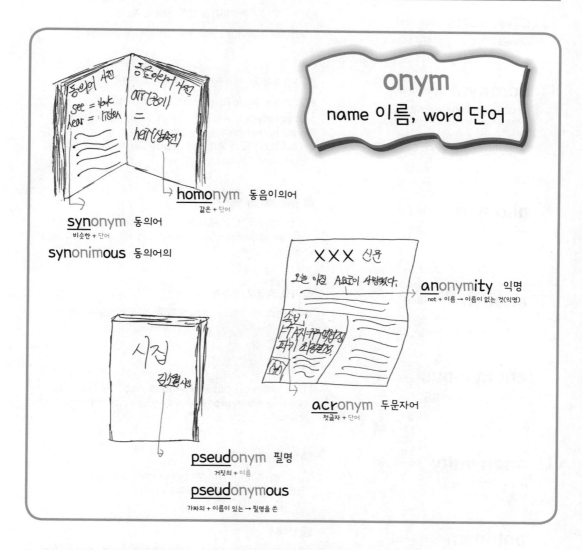

이 단원에서 학습할 단어모음입니다. ☐☐☐에 각각 모르는 단어를 3회에 걸쳐 ☑(체크표시)해 보세요.
모르는 단어는 끝까지 학습하세요.

Preview Words

☐☐☐ **onymous** [ánəməs] a. (책·기사 따위에) 이름을 밝힌
☐☐☐ **acronym** [ǽkrənim] n. 두문자어(단어 머리글자로 이루어진 말)
☐☐☐ **allonym** [ǽlənim] n. 필명, 저자의 가명
☐☐☐ **anonym** [ǽnənim] n. 가명, 익명자, 무명씨
☐☐☐ **anonymous** [ənánəməs] a. 익명의
☐☐☐ **anonymity** [ænəníməti] n. 익명(이름이 없는 것)
☐☐☐ **antonym** [ǽntənim] n. 반의어
☐☐☐ **eponym** [épounìm] n. 이름의 시조

☐☐☐ **heteronym** [hétərənìm] n. 철자는 같으나 음과 뜻이 다른 말
☐☐☐ **homonym** [hámənìm] n. 동음이의어
☐☐☐ **metonym** [mítənəmi] n. 환유
☐☐☐ **pseudonym** [súːdənìm] n. 아호, 필명
☐☐☐ **pseudonymous** [suːdánəməs] a. 익명의, 아호를 쓴
☐☐☐ **synonym** [sínənim] n. 동의어, 유의어, 비슷한 말
☐☐☐ **synonymous** [sínənimiəs] a. 동의어의

어근 onym은 'name 이름' 혹은 '단어 word'의 뜻이다.

☐ **onymous** [ánəməs]

onym(name 이름) + ous(형접) → 이름이 있는 → 이름 밝힌

형 (책·기사 따위에) **이름을 밝힌, 익명이 아닌**

[1] Articles in magazines are usually **onymous**.

☐ **acronym** [ǽkrənìm]

acro(몸의 극단) + onym(word 단어)
→ 단어의 극단인 첫글자를 모은 단어 → 두문자어

명 **두문자어** (몇 개의 단어 머리글자로 이루어진 말)

FTA – Free Trade Agreement 자유 무역 협정

[2] An **acronym** is a word or name formed from the initial components of a longer name or phrase, as in NATO (North Atlantic Treaty Organization) or EU (European Union).

☐ **allonym** [ǽlənìm]

allo(other 다른) + onym(name 이름)

명 **필명, 저자의 가명**

[3] In those days, it was very common for people to use an **allonym** – (the name of a living person as a pseudonym).

☐ **anonym** [ǽnənìm]

an(not) + onym(name 이름) → 이름이 없는 사람
→ 이름 밝히지 않은 사람 → 익명

명 **가명, 익명자, 무명씨**

[4] **Anonym** is a less common word for pseudonym.

☐ **anonymous** [ənánəməs]

anonym(익명자) + ous(형접)

형 **익명의**

[5] This is the official **anonymous** website. Here you will find **anonymous** news, videos, operations, and more.

☐ **anonymity** [ǽnəníməti]

anonym(익명자) + ity(명접)

명 **익명**(이름이 없는 것)

[6] The noun **anonymity** comes from a Greek word meaning "without a name."

☐ **antonym** [ǽntənim]

ant(anti) + onym(word) → 반대되는 말 → 반의어

명 **반의어**

[7] **Antonyms** are words which have the opposite (or nearly opposite) meaning.

---

1. 잡지들의 기사들은 보통 실명이다.
2. 두문자어(acronym)는 NATO나 EU에서처럼 보다 긴 이름이나 구절의 첫 글자로부터 형성된 단어나 이름이다.
3. 그 당시에는 사람들이 필명–(가명으로 살아있는 사람의 이름)을 사용하는 것이 매우 일반적이었다.
4. Anonym(가명)은 익명(pseudonym)에 해당하는 덜 일반적인 단어이다.

5. 이 곳은 공식적인 익명의 웹사이트다. 여기에서 너는 익명의 뉴스, 비디오, 활동 그 이상을 찾을 것이다.
6. 명사 익명(anonymity)은 '이름을 없는'을 뜻하는 그리스어로부터 나온다.
7. 반의어(Antonym)은 정반대(혹은 거의 정반대)의미를 갖는 단어이다.

☐ **eponym** [épounìm]
epo(upon 시작점) + onym(이름)

명 이름의 시조

[8] A bird's beauty should not be marred by the baggage of an **eponym**.

☐ **heteronym** [hétərənìm]
hetero(different 다른) + onym(word 말)

명 철자는 같으나 음과 뜻이 다른 말

e.g.: tear [tiər] (눈물)와 tear [tɛər] (찢다)

[9] **Heteronyms** are words spelled identically but with different meanings and pronunciations such as wound in this sentence: 'I wound([waund] 'wind-감다'의 과거형) a bandage around my wound[wuːnd- 상처]'.

☐ **homonym** [hámənìm]
homo(같은) + onym(word)
→ 발음이나 철자가 같은 다른 뜻의 단어 → 동음이의어

명 동음이의어

[10] 'No' and 'know' or 'meet' and 'meat' are **homonyms**.

[11] 'Bow' (= bend at the waist) and 'bow' (= weapon) are also **homonyms**.

☐ **metonym** [mitánəmi]
meto(change 바꾸다) + onym(word 말)

명 환유 (king을 crown으로 나타내는 따위)

[12] A **metonym** is a term used in place of a closely related term. For example, in the saying "The pen is mightier than the sword," "pen" is a metonym for written text, and "sword" is metonym for violence.

☐ **pseudonym** [súːdənim]
pseudo(false 가짜의) + onym(word) → 가짜이름 → 필명

명 아호, 필명

[13] A **pseudonym** is a name that someone, often a writer, uses instead of their real name.

☐ **pseudonymous**
[suːdánəməs]
pseudonym(아호, 필명) + ous(형접)

형 아호를 쓴, 필명을 쓴

[14] The seven writers are **pseudonymous** and their real names cannot be revealed.

☐ **synonym** [sínənim]
syn(same) + onym(word) → 같은 말 → 동의어

명 동의어

[15] A **synonym** is a word having the same or nearly the same meaning as another word or a phrase.

☐ **synonymous** [sínənimiəs]
synonym(동의어+ous(형접))

형 동의어의

[16] If two words are **synonymous**, they mean the same thing.

---

8. 새의 아름다움이 시조의 이름으로 뭉뚱그려서 훼손되어서는 안된다.

9. Heteronym은 철자가 동일하지만 의미와 발음이 다른 단어입니다. 다음 문장-나는 나의 상처부위에 밴드를 감았다-에서 wound처럼.

10. 'No'와 'know' 혹은 'meet(만나다)' and 'meat(고기)'는 동음 이의어다.

11. 'bow 인사'(허리가지 구부려 인사하는 것)과 'bow 활(무기)'는 또한 동음이의어다.

12. 환유는 밀접하게 관련된 용어 대신 사용되는 용어다. 예를 들어, "펜은 검보다 강하다"는 말에서 "펜"은 글, "검"은 폭력에 대한 환유다.

13. 필명(pseudonym)은 어떤 사람, 가끔 작가가 그들의 실명 대신 사용하는 이름이다.

14. 일곱 명의 작가들이 익명이고 그들 실명은 밝힐 수 없다.

15. 동의어(synonym)는 또 다른 단어나 구절과 똑같은 혹은 거의 같은 의미를 갖는 말이다.

16. 두 단어가 동의어(synonimous)라면, 그들은 똑같은 것을 의미한다.

※ 아래에서 우리말은 영어로 영어는 우리말로 각각 뜻을 쓰시오.

1. 옷장, 벽장, 찬장, 작은 방 _____
2. 발각, 드러남, 폭로 _____
3. 둘러싸다, 동봉하다 _____
4. 동봉한 것, 구내, 울타리 _____
5. 사전 배제하다 _____
6. 제외, 추방 _____
7. 배타적인, 특종 _____
8. 결론을 내리다 _____
9. 결정적인, 확실한, 단호한 _____
10. 격리 시키다, 은둔하다 _____
11. 격리, 은퇴, 은둔 _____
12. 은둔적인 _____
13. 포함하다 _____

14. inclusion _____
15. including _____
16. onymous _____
17. acronym _____
18. anonym _____
19. anonymous _____
20. anonymity _____
21. antonym _____
22. eponym _____
23. homonym _____
24. metonym _____
25. pseudonym _____
26. synonym _____

※ 다음 문장의 빈칸에 알맞은 단어를 보기에서 찾아 넣으시오. 필요 시 대문자, 수, 시제, 태 등 문법적 요소를 고려하여 쓰세요.(다만 본문 예문 학습을 유도하기 위하여 예문에서 사용한 단어를 정답으로 하였다.)

보 기

preclude, pseudonymous, pseudonym, synonym, exclusive, conclusion, disclosure, exclusive, anonymity, antonym, synonymous, homonym, onymous, anonym, closet, inclusion

27. The sheets and blankets are in the hall _____.

28. We demand full _____ of the facts.

29. This room is for the _____ use of guests.

30. The novel's _____ is disappointing.

31. Articles in magazines are usually _____, which means a real name.

32. _____ is a less common word for pseudonym.

33. His physical disability _____ an athletic career for him.

34. The newspaper published an _____ about the earthquake.

35. The noun _____ comes from a Greek word meaning "without a name."

36. _____ are words which have the opposite (or nearly opposite) meaning.

37. If two words are _____, they mean the same thing.

38. 'Bow' (= bend at the waist) and 'bow' (= weapon) are also _____.

39. The seven writers are _____ and their real names cannot be revealed.

40. The book's value stems from its _____ of multiple viewpoints.

41. A _____ is a name that someone, often a writer, uses instead of their real name.

42. A _____ is a word having the same or nearly the same meaning as another word or a phrase.

58 day

pos(e), pon(e): **put** 놓다, **place** 두다

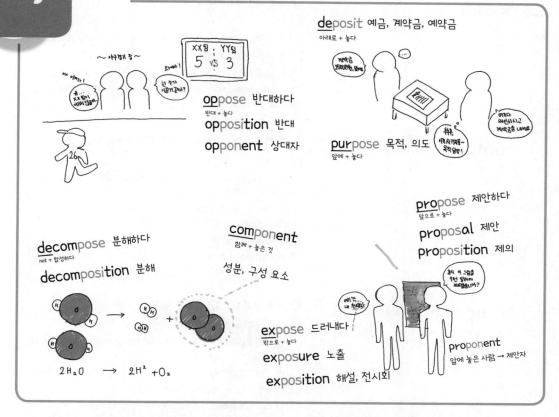

이 단원에서 학습할 단어모음입니다. ☐☐☐에 각각 모르는 단어를 3회에 걸쳐 ☑(체크표시)해 보세요.
모르는 단어는 끝까지 학습하세요.

Preview Words

☐☐☐ **pose** [pouz] n. 자세 v. 제기하다, 입장을 취하다

☐☐☐ **compound** [kəmpáund] v. 합성하다 a. 합성의 n. 합성물

☐☐☐ **component** [kəmpóunənt] n. 성분, 구성 요소
　　　　　　　 a. 성분을 이루는

☐☐☐ **composite** [kəmpázit] n. 합성물, 화합물 a. 합성의

☐☐☐ **compose** [kəmpóuz] v. 작문하다, 작곡하다, 구성하다

☐☐☐ **composition** [kámpəzíʃən] n. 구성, 조립, 구성요소들, 작곡

☐☐☐ **decompose** [dìːkəmpóuz] v. 분해하다

☐☐☐ **decomposition** [dìːkampəzíʃən] n. 분해

☐☐☐ **impose** [impóuz] v. 부과하다, 강요하다

☐☐☐ **imposing** [impóuziŋ] a. 위압하는, 당당한, 인상적인

☐☐☐ **purpose** [pɔ́ːrpəs] n. 목적, 의도

☐☐☐ **deposit** [dipázit] v. 두다, 맡기다, (알을) 낳다
　　　　　　　 n. 예금, 계약금, 퇴적물

☐☐☐ **deposition** [dèpəzíʃən] n. 면직, 파면, 침전, 퇴적물

☐☐☐ **dispose** [dispóuz] v. 배치하다, 마음이 내키게 하다,
　　　　　　　 …하는 경향이 있다

☐☐☐ **disposal** [dispóuzəl] n. 처분, 처리, 양도, 배치

☐☐☐ **disposition** [dìspəzíʃən] n. 성질, 경향, 처분, 배치

☐☐☐ **disposed** [dispóud] a. 배치된, …할 마음이 있는

☐☐☐ **disposable** [dispóuzəbəl] a. 처분할 수 있는 n. 일회용 물품

☐☐☐ **expose** [ikspóuz] v. 드러내다, 전시하다

☐☐☐ **exposure** [ikspóuʒər] n. 노출

☐☐☐ **exposition** [èkspəzíʃən] n. 해설, 박람회, 전람회, 전시회

☐☐☐ **oppose** [əpóuz] v. 반대하다

☐☐☐ **opposition** [ùpəzíʃən] n. 반대

☐☐☐ **opponent** [əpóunənt] n. 상대자 a. 반대하는, 적대하는

☐☐☐ **proponent** [prəpóunənt] n. 제의자, 제안자, 옹호자

☐☐☐ **propose** [prəpóuz] v. 제안하다

☐☐☐ **proposal** [prəpóuzəl] n. 신청, 제안

☐☐☐ **proposition** [prùpəzíʃən] n. 제안

☐☐☐ **suppose** [səpóuz] v. 추측하다, 상상하다

☐☐☐ **supposition** [sùpəzíʃən] n. 상상, 추측, 가정, 가설

다의어 **pose** [pouz]

- 자세, 입장
- 입장을 취하다, 제기하다

명 자세 동 제기하다, 입장을 취하다

명 자세
[1] Hold that **pose**. It will make a great photograph.

동 제기하다, 입장을 취하다
[2] Nuclear weapons **pose** a threat to everyone.
[3] We all **posed** for our photographs next to the Statue of Liberty.

☐ **compound** [kəmpáund]

com(together 함께) + pound(put 놓다)

동 합성하다 형 [kámpaund] 합성의 명 [kámpaund] 합성물

동 합성하다
[4] Helmut's problems were **compounded** by his lack of concentration.
[5] Scientists **compound** an increasing number of substances to produce new drugs.

명 [kámpaund] 합성물
[6] A **compound** is a substance that contains atoms of two or more different elements.

☐ **component** [kəmpóunənt]

com(together 함께) + pon(put 놓다) + ent(명접, 형접)

명 성분, 구성 요소 형 성분을 이루는

명 성분, 구성 요소, 부품
[7] Enriched uranium is a key **component** of a nuclear weapon.
[8] The management plan has four main **components**.

형 구성하고 있는, 성분을 이루는
[9] The **component** ratios are shown in Fig 3.

☐ **composite** [kəmpázit]

com(together 함께) + pos(put 놓다) + ite(명접)

명 합성물, 화합물 형 합성의

명 합성물, 화합물
[10] The English legal system is a **composite** of legislation and judicial precedent.
[11] The main character in her latest novel is a **composite** of several public figures of that era.

형 여러 가지의 요소를 함유하는, 합성의
[12] A **composite** material is made by combining two or more materials with different physical and chemical properties.

---

1. 그 자세를 유지해 주세요. 그것이 멋진 사진이 될 거에요.
2. 핵무기는 모든 사람에게 위협이 될 것이다.
3. 우리 모두는 자유의 여신상 옆에서 사진을 찍기 위하여 포즈를 취했다.
4. Helmut의 문제들은 집중력 부족 때문에 생겼다.
5. 과학자들은 새로운 약을 생산하기 위하여 많은 물질들을 합성한다.
6. 합성물은 둘 이상 요소들의 원자를 포함한 물질이다.
7. 농축우라늄은 핵무기의 주요 요소이다.

8. 경영계획은 네 개의 주요 부분으로 이루어져 있다.
9. 구성비율들이 표 3에 제시되어 있다.
10. 영국의 법체계는 입법과 법원 판례의 혼합이다.
11. 그녀의 최근 소설에서 주요 등장인물은 그 시대의 여러 공적 인물의 총합이다.
12. 합성물질은 다른 물리적이고 화학적인 성분의 두 개 이상의 물질을 결합하여 만든다.

다의어 **compose** [kəmpóuz]

com(together 함께) + pose(put 놓다) → 함께 놓다
- (기계 부속품들을 함께 놓아서) 조립하다
- (문장들을 함께 놓아서) 작문하다
- (음표를 함께 놓아) 작곡하다
- (조직을 만들기 위하여 사람을 함께 놓아) 구성하다

동 작문하다, 작곡하다, 조립하다, 구성하다

[13] He **composed** this poem for his wife.
[14] Mozart **composed** his first symphony when he was still a child.
[15] Protein molecules **compose** all the complex working parts of living cells.

다의어 **composition** [kámpəzíʃən]

compose(작문하다, 작곡하다, 조립하다, 구성하다) + ition(명접)

명 구성, 조립, 구성요소들, 작곡

[16] He taught the piano, the organ and **composition**.
[17] Television has transformed the size and **composition** of audiences.

☐ **decompose** [dìːkəmpóuz]

de(not) + compose(구성하다) → 구성을 해체하다 → 분해하다

동 분해하다 **유사어** disintegrate, dissolve, fall apart

[18] The bacteria **decomposes** the impurities into a gas and solids.
[19] Microbes **decompose** organic waste into a mixture of methane and carbon dioxide.

☐ **decomposition**
[dìːkampəzíʃən]

decompose(분해하다) + ition(명접)

명 분해

[20] To illustrate the process of **decomposition**, we use the piglet as the model corpse.

☐ **impose** [impóuz]

im(in 안에) + pose(put 놓다) → 안에 놓다 → 부과하다, 강요하다

동 부과하다, 강요하다 **유사어** thrust, inflict, obtrude, press

[21] You must not **impose** your opinions or beliefs on other people.
[22] Very high taxes have recently been **imposed** on cigarettes.

☐ **imposing** [impóuziŋ]

impose(부과하다, 강요하다) + ing(형접)

형 위압하는, 당당한, 인상적인

[23] He's an **imposing** man with a powerful voice.

☐ **purpose** [pə́ːrpəs]

pur(pro 앞에) + pose(put 놓다) → 앞에 놓은 것 → 목적, 의도

명 목적, 의도 **유사어** motive, motivation, cause, reason

[24] She had the operation entirely for cosmetic **purposes**.
[25] The United Nations is in danger of losing its sense of **purpose**.

---

13. 그는 아내를 위하여 이 시를 썼다.
14. 모차르트는 여전히 어린이었을 때 그의 첫 곡을 작곡했다.
15. 단백질 분자들은 살아있는 세포들의 모든 복잡하게 활동하는 부분들을 구성한다.
16. 그는 피아노와 오르간 그리고 작곡을 가르쳤다.
17. 텔레비전은 청중들의 규모와 구성요소들을 바꿨다.
18. 박테리아는 불순물을 기체와 고체로 분해시킨다.
19. 미생물은 유기물 쓰레기를 메탄과 이산화탄소의 혼합물로 분해시킨다.

20. 분해과정을 설명하기 위하여 우리는 새끼돼지 시체를 시험 대상으로 사용한다.
21. 너는 다른 사람들에게 너의 의견이나 신념을 강요해서는 안된다.
22. 매우 높은 세금이 담배에 부과되었다.
23. 그는 강한 목소리를 가진 당당한 남자다.
24. 그녀는 전적으로 성형 목적으로 수술했다.
25. 유엔은 그것의 목적 의미를 잃을 위험에 처해 있다.

다의어 deposit [dipázit]

de(down 아래로) + posit(put 놓다)
- 놓다
- 맡기다
- 예금
- 퇴적물

동 두다, 맡기다, (알을) 낳다 **명** 예금, 계약금, 퇴적물

동 두다, 맡기다, (알을) 낳다

²⁶The cuckoo **deposits** her eggs in other birds' nests.

²⁷I **deposited** my luggage in a locker at the station.

²⁸I **deposited** $500 in my account this morning.

명 예금, 계약금, 퇴적물

²⁹She made a large **deposit** last Thursday.

³⁰The flood left a thick **deposit** of mud on the floor.

³¹The region has lots of gas and coal **deposits**.

다의어 deposition [dèpəzíʃən]

- 1. de(not) + position(신분) 신분을 없애다 → 면직, 파면
- 2. deposit(놓다) + ion(명접) → 침전, 퇴적, 기탁

명 면직, 파면, 폐위, 침전, 퇴적물, 기탁, 공탁

³²The **deposition** of a king is the same thing as a dethronement.

³³**Deposition** is the laying down of sediment carried by wind, water, or ice.

다의어 dispose [dispóuz]

dis(away 떨어져) + pose(place 놓다)
- 1. (어지럽혀 있는 것을) 떠어 내놓다 → 배치하다, 정리하다
- 2. (필요하지 않는 것을) 팔거나 버리다 → 처분하다
  → disposal, disposition 처분
- 3. (사람을 어떤 심리적인 상태로) 놓다
  → (…할) 마음이 내키게 하다 → disposition 성향

동 배치하다, 처리하다, (…할) 마음이 내키게 하다, …하는 경향이 있다

● 배치하다

³⁴The nurses **disposed** the surgical instruments in the exact order.

³⁵The Republic of Korea grants, and the United States of America accepts, the right to **dispose** United States land, air and sea forces in and about the territory of the Republic of Korea.

● 처리하다

³⁶Please, tell people to properly **dispose** of their trash.

³⁷The facility is not authorized to store, treat or **dispose** of any hazardous waste.

● (…할) 마음이 내키게 하다

³⁸Her sense of humor **disposed** me to like her.

³⁹Her poverty **disposed** me to help her.

다의어 disposal [dispóuzəl]

dispose (배치하다, 처리하다) + al(명접) → 처분, 배치

명 처분, 처리, 양도, 매각, 처분의 자유, 처분권, 배치

⁴⁰He insists on leaving the vehicle at my **disposal** in case I needed it.

⁴¹The **disposal** of the king was now the great question to be decided.

---

26. 뻐꾸기는 알을 다른 새들의 둥지 안에 낳는다.
27. 나는 수화물을 역에 있는 보관함에 넣어 두었다.
28. 나는 오늘 아침 내 계좌에 500달러를 예금했다.
29. 그녀는 지난 목요일에 많은 예금을 했다.
30. 홍수는 바닥에 진흙 퇴적물을 남겼다.
31. 그 지역은 가스와 석탄 매장물을 가지고 있다.
32. 왕의 파면은 왕의 폐위와 같은 것이다.
33. 퇴적은 바람, 물, 얼음에 의해 옮겨지는 퇴적물이 쌓이는 것이다.
34. 간호사들이 수술 기구를 정확한 순서대로 정리했다.

35. 대한민국은 대한민국 영토 안팎에서 미국의 육상, 공군 및 해상군을 배치할 권리를 부여하고 미국은 이를 수락한다. (한미 방위조약)
36. 사람들에게 쓰레기를 적절하게 처리하라고 말해 주세요.
37. 그 시설은 유해폐기물을 저장, 취급 또는 처분할 권한이 없다.
38. 그녀의 유머감각은 내가 그녀를 좋아하게 만들었다.
39. 가난한 것을 보니 그녀를 도울 생각이 떠올랐다.
40. 그는 내가 필요할 경우를 대비하여 차량을 내 처분에 맡길 것을 주장한다.
41. 왕의 처분은 이제 결정해야 할 중대한 문제였다.

다의어 disposition [dìspəzíʃən]

dispose(~할 경향이 있다, 처분하다, 배치하다) + ition(명접)
- ~ 경향이 있다 → 성향
- 처분하다 → 처분
- 배치하다 → 배치

명 성벽, 성질, 경향, 처분, 배치

형 성향

42 The designer has a shy **disposition**.

43 Salt has a **disposition** to dissolve in water.

명 처분, 정리, 양도, 증여, 처분권

44 God has the supreme **disposition** of all things.

45 The court ordered the **disposition** of all assets.

다의어 disposed

dispose(처분하다, ~할 마음을 내키게 하다) + d(형접 -수동)
- 처분된
- ~ 할 마음이 있는, ~할 성향의

형 배치된, …할 마음이 있는, …의 기질(경향)을 지닌

형 ~ 처분된

46 Out of total **disposed** cases, there were 2,562 main matters.

형 ~ 할 마음이 있는

47 Are you **disposed** for taking a walk?

48 The man is **disposed** to take offence at trifles.

☐ **disposable** [dispóuzəbəl]

dispose(처분하다) + able(형접)

형 일회용의, 사용 후 버릴 수 있는   명 일회용 물품

49 Babies's moms carry **disposable** diapers.

☐ **expose** [ikspóuz]

ex(out 밖으로) + pose(put 놓다) → 밖으로 내놓다
→ 노출시키다, 전시하다

동 드러내다, 전시하다

유사어 uncover, reveal, show, display, exhibit, disclose, manifest, unveil, unmask

50 The storekeeper **exposed** his wares.

51 The review **exposed** widespread corruption in the police force.

☐ **exposure** [ikspóuʒər]

expose(노출시키다) + ure(명접)

명 노출

유사어 uncovering, revelation, showing, display, exhibition, disclosure, manifestation, unveiling, discovery

52 **Exposure** to the sun and rain will cause wood to turn gray.

☐ **exposition** [èkspəzíʃən]

expose(드러내다, 전시하다) + ition(명접)

명 해설, 박람회, 전람회, 전시회

53 **Exposition** is a literary term that deals with how to start a story.

54 The 2020 **Exposition** will be held June 7-13 in Indianapolis.

---

42. 그 디자이너는 수줍은 성격이다.
43. 소금은 물속에서 잘 녹는 경향을 가지고 있다.
44. 신은 만물의 최고 지배권을 갖는다.
45. 법원은 모든 자산의 처분을 명령했다.
46. 총 처분 사건 중 2,562건이 주요 사건이다.
47. 산책하고 싶습니까?
48. 그 남자는 하찮은 일에 화를 잘 내는 경향이 있다.

49. 아기 엄마들은 일회용 기저귀를 가지고 다닌다.
50. 가게 주인은 그의 상품을 전시했다.
51. 그 재조사는 경찰의 광범위한 부패를 보여주었다.
52. 태양과 비에 노출되면 나무가 갈색으로 변하게 할 것이다.
53. 해설(exposition)은 어떻게 이야기를 시작할 것인가를 다루는 문학 용어다.
54. 2020 엑스포는 인디아나폴리스에서 6월 7일에서 13일까지 열릴 예정이다.

☐ **op**p**ose** [əpóuz] op(against 대항하여) + pose(put 놓다)→ 반대하여 놓다 → 반대하다	통 반대하다 유사어 contradict, object, disapprove, deny [55] The people in the town **opposed** building a nuclear power station.
☐ **op**p**osition** [ùpəzíʃən] oppose(반대하다) + ition(명접)	명 반대 유사어 disagreement, dissension, demur, objection, dissent [56] The governor spoke in **opposition** to the new law.
☐ **op**p**onent** [əpóunənt] op(against 대항하여) + pon(put 놓다) + ent(명접)	명 상대자 ⇔ proponent [57] The woman is a formidable **opponent** in the race for governor.
☐ **pro**p**onent** [prəpóunənt] pro(찬성하여) + pon(put 놓다) + ent(명접)	명 제의자, 제안자, 옹호자 ⇔ opponent [58] A **proponent** is generally someone who is in favor of something.
☐ **pro**p**ose** [prəpóuz] pro(앞으로) + pose(놓다) → 제안하다	통 제안하다 유사어 suggest, offer, present, submit [59] He **proposed** dealing directly with the suppliers.
☐ **pro**p**osal** [prəpóuzəl] propose(제안하다) + al(명접)	명 신청, 제안 [60] 50 villagers voted against the new **proposal**.
☐ **pro**p**osition** [pràpəzíʃən] propose(제안하다) + ition(명접)	명 제안, 건의, 제의, 계획, 진술, 주장, 명제 [61] How does my **proposition** strike you? [62] They were debating the **proposition** that "All people are created equal".
☐ **sup**p**ose** [səpóuz] sup(below 아래) + pose(put 놓다) → 아래로부터 생각하다 → 상상하다	통 추측하다, 상상하다 유사어 assume, presume [63] I **suppose** you're right. [64] Let us **suppose** (that) the news is really true.
☐ **sup**p**osition** [sÀpəzíʃən] suppose (추측하다, 상상하다) + ition(명접) → 상상, 추측	명 상상, 추측, 가정, 가설 [65] That article was based on pure **supposition**.

55. 그 읍내 사람들은 원자력 발전소 건설에 반대했다.
56. 주지사는 새로운 법에 반대 입장을 발표했다.
57. 그녀는 주지사 경선에서 만만치 않은 적수이다.
58. 지지자는 일반적으로 어떤 것을 찬성하는 사람이다.
59. 그는 공급자들과 직접 거래를 제안했다.
60. 50명의 마을 사람들이 새로운 제안에 반대 투표했다.

61. 나의 제안이 당신을 어떻게 감동을 주었나요?
62. 그들은 "모든 인간들은 평등하게 창조되었다"는 명제를 토론하고 있는 중이었다.
63. 나는 네가 옳다고 생각한다.
64. 그 뉴스가 사실이라고 가정하자.
65. 그 기사는 완전한 상상에 기초했다.

※ 아래에서 우리말은 영어로 영어는 우리말로 각각 뜻을 쓰시오.

1. 합성하다, 합성의, 합성물 _____ 14. exposition _____
2. 성분, 성분을 이루는 _____ 15. dispose _____
3. 합성물, 화합물, 합성의 _____ 16. disposal _____
4. 작문하다, 작곡하다, 구성하다 _____ 17. disposition _____
5. 구성, 조립, 구성요소들, 작곡 _____ 18. disposed _____
6. 분해하다 _____ 19. disposable _____
7. 분해 _____ 20. oppose _____
8. 부과하다, 강요하다 _____ 21. opposition _____
9. 위압하는, 당당한, 인상적인 _____ 22. opponent _____
10. 맡기다, 예금, 계약금, 퇴적물 _____ 23. proponent _____
11. 면직, 파면, 침전, 퇴적물 _____ 24. proposal _____
12. 드러내다, 전시하다 _____ 25. proposition _____
13. 노출 _____ 26. supposition _____

※ 아래 각각의 문장에 사용된 굵은 글씨의 단어 deposit, deposition, dispose, disposal, disposition, disposed의 뜻에 유의하여 각각 해석해 보세요.

△ deposit

27. The cuckoo deposits her eggs in other birds' nests.

28. I deposited $500 in my account this morning.

29. The region has lots of gas and coal deposits.

△ deposition

30. The deposition of a king is the same thing as a dethronement.

31. Deposition is the laying down of sediment carried by wind, water, or ice.

△ dispose

32. The nurses disposed the surgical instruments in the exact order.

33. The facility is not authorized to store, treat or dispose of any hazardous waste.

34. Her sense of humor disposed me to like her.

△ disposal

35. The disposal of the king was now the great question to be decided.

△ disposition

36. The designer has a shy disposition.

37. The court ordered the disposition of all assets.

△ disposed

38. Out of total disposed cases, there were 2,562 main matters.

39. The man is disposed to take offence at trifles.

59 day

vert, vers: turn- 돌아서 향하다

이 단원에서 학습할 단어모음입니다. □□□에 각각 모르는 단어를 3회에 걸쳐 ☑(체크표시)해 보세요.
모르는 단어는 끝까지 학습하세요.

Preview Words

□□□ **versatile** [vэ́:rsэtl] a. 다재다능한	□□□ **converse** [kэnvэ́:rs] v. 서로 이야기하다 a. 정반대의 n. 역
□□□ **verse** [vэ:rs] n. 시의 연, 시	□□□ **conversation** [kànvэrséiʃэn] n. 회화, 대담, 대화, 좌담
□□□ **version** [vэ́:rʒэn] n. 변형판, 설명	□□□ **convert** [kэnvэ́:rt] v. 전환하다, 전환시키다
□□□ **versus** [vэ́:rsэs] prep. (게임에서) ~ : ~ (~대 ~)	□□□ **conversion** [kэnvэ́:rʒэn] n. 전환, 개종
□□□ **adverse** [ædvэ́:rs] a. 역(逆)의, 거스르는, 반대하는	□□□ **convertible** [kэnvэ́:rtэbl] a. 전환 가능한
□□□ **adversity** [ædvэ́:rsэti] n. 역경	□□□ **divert** [divэ́:rt] v. (딴 데로) 돌리다, 전환하다
□□□ **adversary** [ædvэ́:rsэri] n. 적 a. 적의	□□□ **diverse** [divэ́:rs] a. 다양한
□□□ **vertigo** [vэ́:rtigòu] n. 현기(眩氣), 어지러움, (정신적) 혼란	□□□ **diversity** [divэ́:rsэti] n. 차이(점), 변화, 다양성
□□□ **vice versa** [váisi-vэ́:rsэ] ad. 거꾸로도 또한 같음	□□□ **diversify** [divэ́:rsэfài] v. 다양화하다
□□□ **advert** [ædvэ́:rt] v. 유의하다, 주의를 돌리다	□□□ **extrovert** [ékstrouvэ̀:rt] n. 사교적인 사람, 외향적인 사람
□□□ **advertise** [ǽdvэrtàiź] v. 광고하다	□□□ **introvert** [íntrэvэ̀:rt] n. 내성적인 사람
□□□ **advertisement** [ǽdvэrtáizmэn] n. 광고	□□□ **invert** [invэ́:rt] v. 거꾸로 하다, 역으로 하다
□□□ **advertiser** [ǽdvэrtàizэr] n. 광고주	□□□ **inverse** [invэ́:rs] a. 반대의, 역(逆)의, 도치의
□□□ **ambivert** [ǽmbivэ̀:rt] n. 양향성 성격자	□□□ **pervert** [pэrvэ́:rt] v. 왜곡하다
□□□ **ambiversion** [ǽmbivэ̀:rʒэn] n. 양향 성격	□□□ **perverse** [pэrvэ́:rs] a. 비뚤어진
□□□ **anniversary** [ǽnэvэ́:rsэri] n. 기념일 a. 기념일의	□□□ **revert** [rivэ́:rt] v. 되돌아가다
□□□ **controvert** [kántrэvэ̀:rt] v. 반박하다	□□□ **reverse** [rivэ́:rs] v. 거꾸로 하다, 반대로 하다
□□□ **controversial** [kàntrэvэ́:rʃэl] a. 논쟁의, 논쟁을 즐기는	□□□ **subvert** [sэbvэ́:rt] v. (체제·권위 따위를) 뒤엎다
□□□ **controversy** [kántrэvэ̀:rsi] n. 논란	□□□ **traverse** [trǽvэrs] v. 가로 지르다

어근 **vert, vers**는 '**turn 돌아서 향하다**'라는 뜻이다.

☐ **versatile** [və́:rsətl]

vers(vert-turn 돌아서 향하다) + atile(형접 – 특징이 있는)
→ 여러 방향으로 돌 수 있는 → 다양한 재주가 있는

형 **다재다능한**

[1] Teachers have to be **versatile** to cope with different ability levels.

☐ **verse** [və:rs]

verse(turn 돌아서 향하다)시에서 줄 바꿈이나 연 바꿈
→ 시나 노래의 한 연, 한 구절, 시

명 **시의 연, 시**

[2] She has a talent for writing humorous **verse**.
[3] This **verse** describes three signs of spring.
[4] A poem – especially one that rhymes – is called **verse**.

☐ **version** [və́:rʒən]

vers(vert-turn 돌아서 향하다) + sion(명접)

명 **변형판, 설명**

[5] This new design is better than the first **version**.
[6] We heard two different **versions** of the story.

☐ **versus** [və́:rsəs]

vers(vert-turn 돌아서 향하다) + us(for 향하여)
→ '~ 향하여 방향을 바꿔'의 뜻으로 ~ : ~ (~ 대 ~)

전치사 (게임에서) **~ : ~** (~대 ~)

[7] The next soccer match is South Korea **versus** the United States.

☐ **adverse** [ædvə́:rs]

ad(to 쪽으로) + verse(turn 돌아서 향하다)
→ 돌아서 반대쪽으로 → 거스르는, 반대하여

형 **역(逆)의, 거스르는, 반대하는**

[8] Climate change is likely to have **adverse** impacts on human health.

☐ **adversity** [ædvə́:rsəti]

adverse (역의, 거스르는) + ity(명접)

명 **역경**

[9] The world faced an unprecedented **adversity**.
[10] The great man was always cheerful in **adversity**.

☐ **adversary** [ædvərsèri]

adverse (역의, 거스르는) + ary(형접, 명접)

형 **적의** 명 **적**
형 **적의**

[11] An example of an **adversary** relationship is a couple who fight all the time.

명 **적** 유사어 opponent, rival, opposer, enemy, competitor
[12] For the character of Batman, the Joker is an example of an **adversary**.

---

1. 선생님들은 다른 능력 수준을 가진 아이들을 대처하기 위하여 다재다능해야 한다.
2. 그녀는 유머러스한 운문을 쓰는데 재능있다.
3. 이 시는 봄 관련 세 가지 징후를 묘사한다.
4. 시, 특히 리듬이 있는 시는 운문이라고 불린다.
5. 이 새 디자인은 첫 번째 버전보다 더 낫다.
6. 우리는 그 이야기에 대해 두 가지 다른 변형판을 들었다.

7. 다음 축구경기는 한국 대 미국이다.
8. 기후변화는 인간의 건강에 부작용을 가질 것 같다.
9. 전 세계는 유례없는 역경에 직면하였다.
10. 그 위대한 사람은 역경 속에서도 항상 유쾌했다.
11. 적대적인 관계의 예는 항상 싸우는 커플이다.
12. 등장인물 배트맨에게 조커는 적의 한 예이다.

☐ **vertigo** [vɔ́ːrtigòu]

vert(turn 돌아서 향하다) + go(가다) → 계속 돌리면
→ 현기증, 어지러움

명 현기(眩氣), 어지러움, (정신적) 혼란

[13] **Vertigo** is a sense of spinning dizziness that nausea often accompanies.

☐ **vice versa** [váisi-vɔ́ːrsə]

vice(in place of) + versa(turn) → 방향을 바꿔서도 같음
→ 정반대도 같음

부 거꾸로도 또한 같음

[14] Good environmental policies are good economic policies and **vice versa**.

☐ **advert** [ædvɔ́ːrt]

ad(to ~쪽으로) + vert(turn 돌아서 향하다)
→ 관심을 갖는 쪽으로 돌리다 → 주의를 돌리다

동 유의하다, 주의를 돌리다

유사어 attend, consider, notice, observe, refer, bring up, mention, point, point out

[15] The board next **adverted** to compensation issues.

☐ **advertise** [ædvərtàiź]

ad(to) + vert(turn) + ise(동접)
→ (사람들의 시선을) ~ 쪽으로 돌리게 하다 → 광고하다

동 광고하다

[16] We **advertised** our car in the online newspaper.

☐ **advertisement**
[ædvərtáizmən]

advertise(광고하다) + ment(명접)

명 광고

[17] As you can imagine, there are numerous types of **advertisements**.

☐ **advertiser** [ædvərtàizər]

advertise(광고하다) + er(명접 사람) → 광고하는 사람
→ 광고주

명 광고주

[18] The **advertiser** pays the publisher to place their ad in the publication.

☐ **ambivert** [æmbivɔ̀ːrt]

ambi(two) + vert(turn 향하다) → 양쪽으로 향하는 성격자

명 양향성 성격자

[19] In general, one-third of all people will identify as introvert, one-third as extrovert, and one-third in between, often called **ambivert**.

☐ **ambiversion** [æmbivɔ̀ːrʒən]

ambivert(양향성) + sion(명접) → 양향성격

명 양향 성격

[20] Kimball Young defined **ambiversion** as those who display both traits of introverts and extroverts.

☐ **anniversary** [ænəvɔ́ːrsəri]

anni(annus–year 해) + vers(turn 돌아서 향하다) +
ary(명접, 형접)
→ 매년 돌아오는, 매년의, (해마다의) 기념일, 주기, 기일

명 (해마다의) 기념일 형 기념일의, 매년의

[21] The leaders of South Korea and the Czech Republic have exchanged letters to celebrate the 30th **anniversary** of bilateral diplomatic ties.

---

13. 현기증은 가끔 메스꺼움이 수반되는 빙빙 도는 어지러움증이다.
14. 좋은 환경정책은 좋은 경제정책이며, 역으로 좋은 경제정책은 좋은 환경정책이다.
15. 이사회는 다음에 보상 문제에 관심을 가졌다.
16. 우리는 온라인 신문에 우리 차를 광고했다.
17. 네가 상상할 수 있는 것처럼 수많은 유형의 광고들이 있다.
18. 광고주는 간행물에 그들 광고를 싣기 위하여 출판업자에게 지불한다.

19. 일반적으로 모든 사람의 3분의 1은 내향적인 사람, 3분의 1은 외향적인 사람으로 확인된다. 그리고 그 사이의 3분의 1은 종종 양향 성격자라고 불린다.
20. Kimball Young은 양방향(ambiversion)을 내향적인 사람과 외향적인 사람의 특징을 모두 나타내는 사람으로 정의했다.
21. 한국과 체코의 지도자들은 양국 수교 30주년을 기념하기 위해 편지를 교환했다.

controvert [kántrəvə̀:rt]

controt(counter 반대로) + vert(turn 돌아서 향하다)
→ 반대로 향하다 → 반박하다

동 반박하다

유사어 counter, contradict, refute, argue, dispute, contest, confute, deny, disprove

[22] The statement of the last witness **controverts** the evidence of the first two witnesses.

---

controversy [kántrəvə̀:rsi]

controvert(반박하다) + y(명접)

명 논쟁, 논란

[23] Reports in today's newspapers have added fuel to the **controversy**.

---

controversial [kàntrəvə̀:rʃəl]

controversy+al(형접)

형 논쟁의, 논쟁을 즐기는

[24] The book was very **controversial**.

다의어 **converse** [kənvə́:rs]

con(together 함께) + verse(turn 돌아서 향하다)
┌ 방향을 돌려 함께 마주하다 → 대화하다
├ 정반대(의), 역(의)
└ 역, 정반대

동 담화하다, 서로 이야기하다 형 [kánvə:rs] 정반대의 명 역

동 담화하다, 서로 이야기하다
[25] She likes to **converse** with people from all walks of life.

형 거꾸로의, 정반대의
[26] Scientists must also consider the **converse** case.
[27] However, the **converse** of this theory may also be true.

명 [kánvə:rs] 역, 정반대
[28] Buyer is the **converse** of Seller.

---

conversation [kànvərséiʃən]

converse(담화하다, 서로 이야기하다) + ation(명접)

명 회화, 대화, 대담 유사어 dialogue

[29] The topic of **conversation** was the study plans in college.

---

convert [kənvə́:rt]

con(together 함께) + vert(turn 돌아서 향하다)
→ 함께 향하다 → 전환하다

동 전환하다, 전환시키다

유사어 modify, reorganize, switch, transform

[30] We **converted** our oil furnace to gas to save money.

---

conversion [kənvə́:rʒən]

convert(전환하다, 전화시키다) + sion(명접)

명 전환, 개종

[31] Solar power is the **conversion** of the sun's energy into heat and electricity.

---

convertible [kənvə́:rtəbl]

convert(전환하다, 전화시키다) + ible(형접)

형 전환 가능한

[32] The bonds are **convertible** into stock.

---

22. 마지막 증인의 말은 처음 두 증인의 증언을 반박한다.
23. 오늘자 신문들의 기사들은 논쟁에 기름을 부었다.
24. 그 책은 논쟁적이었다.
25. 그녀는 모든 계층의 출신들의 사람들과 이야기하는 것을 좋아한다.
26. 과학자들은 또한 정반대 경우를 고려하여야 한다.
27. 그러나 이 이론의 역도 또한 사실일지도 모른다.

28. 구매자(바이어)는 판매자(셀러)의 반대말이다.
29. 대화 주제는 대학에서의 연구계획이었다.
30. 우리는 돈을 절약하기 위하여 기름난로를 가스난로로 바꿨다.
31. 태양에너지(solar power)는 태양에너지를 열과 전기로 전환이다.
32. 그 채권은 주식으로 변환 가능하다.

□ **divert** [divə́:rt]

di(away 떨어져 나가는) + vert(turn 돌아서 향하다)
→ (주의, 관심을) 돌리다 → 전환하다

图 (딴 데로) 돌리다, (물길 따위를) 전환하다

유사어 redirect, channel

33 The pilot **diverted** a plane to rescue 100 passengers.

□ **diverse** [divə́:rs]

di(away 떨어져 나가는) + verse(turn 돌아서 향하다)
→ 방향을 돌려 떨어져 나가는 → 다양한

图 다양한 유사어 various, varied, diversified

34 We hold very **diverse** views on the topic.

□ **diversity** [divə́:rsəti]

diverse(다양한) + ity(명접)

图 차이(점), 변화, 다양성

유사어 difference, diversification, variety, divergence

35 There was considerable **diversity** in the style of the reports.

□ **diversify** [divə́:rsəfài]

di(away 떨어져) + vers(turn 향하다) + ify(make 만들다)
→ (원래의 것에서) 이탈하여 다른 다양한 방향으로 만들다
→ 다양화하다

图 다양화하다, (투자대상을) 분산시키다

36 Millions of years ago, changes in the earth's climate caused animal and plant to **diversify**.

□ **extrovert** [ékstrouvə́:rt]

extro(밖으로) + vert(turn 향하다) → 외향적인 사람

图 사교적인 사람, 외향적인 사람 ↔ introvert 내성적인 사람

37 If you're an **extrovert**, you draw energy from being with other people.

□ **introvert** [íntrəvə̀:rt]

intro(in 안으로) + vert(turn 돌아서 향하다)
→ 안으로 향하는 사람 → 내성적인 사람

图 내성적인 사람 ↔ extrovert

38 **Introverts** are people who get their energy from spending time alone.

□ **invert** [invə́:rt]

in(into 안으로) + vert(turn 돌아서 향하다)
→ 돌아서 안으로 향하다 → 거꾸로 향하다

图 거꾸로 하다, 역으로 하다 유사어 reverse

39 The lens **inverts** the image.

□ **inverse** [invə́:rs]

图 반대의, 역(逆)의, 도치의

40 Addition and subtraction are **inverse** operations.

---

33. 그 조종사는 100명의 여행객 구조를 위해 비행기의 방향을 바꿨다.
34. 우리는 그 주제에 매우 다양한 견해를 가지고 있다.
35. 보도 스타일에는 상당한 다양성이 있다.
36. 수백 만 년 전에 지구 기후변화는 동식물을 다양하게 했다.
37. 네가 외향 성격자라면 네가 다른 사람과 함께 하는 것으로부터 에너지를 끌어낼 수 있다.
38. 내성적인 사람들은 시간을 혼자 보내면서 그들의 에너지를 얻는 사람들이다.
39. 렌즈는 이미지를 거꾸로 한다.
40. 덧셈과 뺄셈은 역작용이다.

☐ **per**vert [pəːrvə́ːrt]

per(through 통과하여) + vert(turn 돌아서 향하다)
→ 사실로부터 방향을 바꿔서 계속되다 → 왜곡하다

통 **왜곡하다** 유사어 distort, abuse, twist, misuse

[41] To **pervert** something is to corrupt it.

☐ **per**verse [pərvə́ːrs]

per(through 통과하여) + verse(turn 돌아서 향하다)
→ 처음부터 끝까지 방향을 돌아간 → 비뚤어진

형 **비뚤어진, 불법적인**

[42] Employers circumvent regulation in **perverse** ways.

☐ **re**vert [rivə́ːrt]

re(back 뒤로) + vert(turn 돌아서 향하다)
→ 뒤로 되돌아 가다

통 **되돌아가다** 유사어 turn back, regress, recur, come back

[43] Let's **revert** to the original topic of conversation.
[44] Villagers will **revert** to unsafe practices.

☐ **re**verse [rivə́ːrs]

re(back 뒤로) + verse(turn 돌아서 향하다)
→ 뒤로 되돌아 가다

통 **거꾸로 하다, 반대로 하다** 형 **반대의, 거꾸로의** 명 **역(逆), 반대**

통 거꾸로 하다, 반대로 하다, 뒤집다
[45] Their positions are now **reversed**.
[46] The Court of Appeal **reversed** the earlier judgment.

형 반대의, 거꾸로의
[47] On the **reverse** side of the coin will be a portrait of the Queen.

명 역(逆), 반대
[48] It's a strange situation – it's the **reverse** of what you'd expect.

☐ **sub**vert [səbvə́ːrt]

sub(under 아래) + vert(turn 돌아서 향하다)
→ 아래에서 (들어) 돌리다 → 전복 시키다

통 **(체제·권위 따위를) 뒤엎다, 전복시키다, 파괴하다**

유사어 destabilize, overthrow, overturn

[49] Please Mr. Trump, don't let the military and police **subvert** the rule of law.

☐ **traverse** [trǽvəːrs]

tra(trans 가로질러) + verse(turn 돌아서 향하다)
→ 방향을 가로 지르다, 통과하다, 관통하다

통 **가로지르다** 유사어 cross

[50] He **traversed** the forest.
[51] An estimated 250,000 cars **traverse** the bridge daily.

---

41. 어떤 것을 왜곡하는 것은 그것을 부패하게 하는 것이다.
42. 고용주들은 불법적인 방법으로 규제를 피한다.
43. 본래의 화제로 되돌아가자.
44. 마을 사람들은 불안한 관행으로 되돌아갈 것이다.
45. 그들의 입장이 이제는 바뀌었다.
46. 상급심은 하급심을 뒤집었다.

47. 동전 반대쪽(뒷면)에 여왕 초상화가 있을 것이다.
48. 이상한 상황이었다. 그것은 네가 기대한 것의 정반대였다.
49. 트럼프씨, 제발 군과 경찰이 법체계를 파괴하지 않도록 해주세요.
50. 그는 숲을 가로질렀다.
51. 250,000 대로 추정된 차들이 매일 그 다리를 가로지른다.

※ 아래에서 우리말은 영어로 영어는 우리말로 각각 뜻을 쓰시오.

1. 전환하다, 전환시키다 _____
2. 전환, 개종 _____
3. 차이(점), 변화, 다양성 _____
4. 외향적인 사람 _____
5. 내성적인 사람 _____
6. 거꾸로 하다, 역으로 하다 _____
7. 반대의, 역의, 도치의 _____
8. 왜곡하다 _____
9. 비뚤어진 _____
10. 되돌아가다 _____
11. 거꾸로 하다, 반대로 하다 _____
12. (체제·권위 따위를) 뒤엎다 _____
13. 가로 지르다 _____

14. versatile _____
15. verse _____
16. versus _____
17. adversity _____
18. adversary _____
19. vertigo _____
20. vice versa _____
21. advertisement _____
22. ambivert _____
23. ambiversion _____
24. anniversary _____
25. controversy _____
26. converse _____

※ 다음 문장의 빈칸에 알맞은 단어를 보기에서 찾아 넣으시오. 필요 시 대문자, 수, 시제, 태 등 문법적 요소를 고려하여 쓰세요.

보기
adversity, ambiversion, converse, converse, advertisement, pervert, revert, inverse, verse, version, versus, invert, versatile, adversary, vertigo, adverse

27. The lens _____ the image.

28. To _____ something is to corrupt it.

29. Villagers will _____ to unsafe practices.

30. Addition and subtraction are _____ operations.

31. She likes to _____ with people from all walks of life.

32. 'Buyer' is the _____ of 'Seller'.

33. A poem – especially one that rhymes – is called _____.

34. This new design is better than the first _____.

35. The next soccer match is South Korea _____ the United States.

36. Climate change is likely to have _____ impacts on human health.

37. The world faced an unprecedented _____.

38. Teachers have to be _____ to cope with different ability levels.

39. An example of an _____ relationship is a couple who fight all the time.

40. _____ is a sense of spinning dizziness that nausea often accompanies.

41. As you can imagine, there are numerous types of _____.

42. Kimball Young defined _____ as those who display both traits of introverts and extroverts.

60 day

tend, tent(e), tens(e): stretch 늘리다, pull 당기다

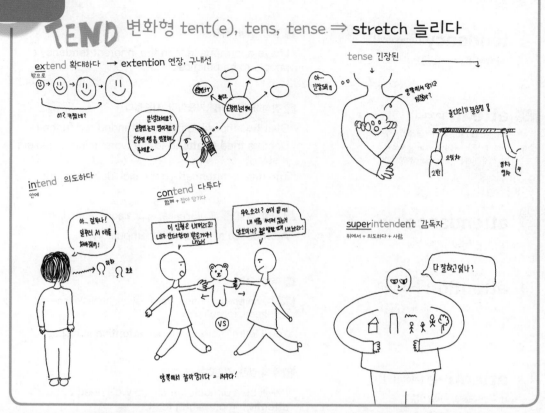

이 단원에서 학습할 단어모음입니다. □□□에 각각 모르는 단어를 3회에 걸쳐 ☑(체크표시)해 보세요.
모르는 단어는 끝까지 학습하세요.

Preview Words

□□□ tend [tend] v. 향하다, 경향이 있다, ~를 돌보다
□□□ tendency [téndənsi] n. 경향, 성향, 취지
□□□ attend [əténd] v. 참석하다, 주의를 기울이다, 시중들다
□□□ attendance [əténdəns] n. 출석, 참석
□□□ attention [əténʃən] n. 주의, 고려
□□□ attentive [əténtiv] a. 주의 깊은, 경청하는, 정중한
□□□ attendant [əténdənt] a. 수행하는, 출석한 n. 접객원
□□□ contend [kənténd] v. 다투다, 경쟁하다
□□□ contention [kənténʃən] n. 갈등, 논쟁, 주장
□□□ contentious [kənténʃəs] a. 논쟁을 초래하는
□□□ tense [tens] a. 긴장된 v. 긴장시키다
□□□ tension [ténʃən] n. 긴장
□□□ extend [iksténd] v. 확대하다
□□□ extension [iksténʃən] n. 연장, 확장, 구내전화 내선
□□□ extent [ikstént] n. 정도, 넓이, 크기
□□□ extensive [iksténsiv] a. 광대한, 넓은

□□□ intend [inténd] v. 의도하다
□□□ intent [intént] n. 의향, 목적, 의지, 의도
□□□ intention [inténʃən] n. 의향, 의도
□□□ intentional [inténʃənəl] a. 의도적인
□□□ detente [deitá:nt] n. 긴장 완화
□□□ intense [inténs] a. 열렬한, 강렬한
□□□ intensive [inténsiv] a. 집중적인
□□□ intensify [inténsəfài] v. 강화하다
□□□ intensity [inténsəti] n. 강렬
□□□ intension [inténʃən] n. 세기, 강화
□□□ pretend [priténd] v. ~ 인 척하다
□□□ pretension [priténʃən] n. 요구, 주장, 허세, 가식
□□□ pretense [priténs] n. 허위, 구실, 핑계
□□□ pretentious [priténʃəs] a. 허세 부리는
□□□ superintend [sù:pərinténd] v. 지휘하다, 감독하다
□□□ superintendent [sù:pərinténdənt] n. 감독자

다의어 tend [tend]

├─ 1. 향하다, 경향이 있다
└─ 2. (환자 등을 향하여) 돌보다

동 향하다, 경향이 있다, ~를 돌보다

[1] You **tend** to eat more in the winter.
[2] The nurse gently **tended** the patient's cuts and bruises.

☐ **tendency** [téndənsi]

tend(향하다) + ency(명접)

명 경향, 성향, 취지

[3] I have enormous faith in the inherent **tendency** of people to be practical.

다의어 attend [əténd]

at(to 쪽으로) + tend(pull 당기다)

├─ 1. 참석하다 → attendance 참석
└─ 2. 주의하다 → attention 주의, 고려

동 참석하다, 주의를 기울이다, 시중들다

[4] Over two thousand people **attended** the funeral.
[5] Doctors tried to **attend** to the worst injured soldiers first.
[6] The nurses **attended** on the sick day and night.

☐ **attendance** [əténdəns]

attend(참석하다) + ance(명접)

명 출석, 참석 **유사어** presence, appearance, attending

[7] **Attendance** at lectures is compulsory.

☐ **attention** [əténʃən]

attend (주의를 기울이다) + tion(명접)

명 주의, 고려

유사어 awareness, notice, observation, consciousness, heed, recognition

[8] You'll learn more if you pay **attention** in class.

☐ **attentive** [əténtiv]

attend(주의하다) + tive(형접)

형 주의 깊은, 경청하는, 정중한

[9] It will be a difficult match, so we'll need to be **attentive** in preparing for it.

☐ **attendant** [əténdənt]

attend(시중들다,참석하다) + ant(명접, 형접)

형 수행하는, 출석한 **명** 시중드는 사람, 참석자, 접객원

형 수행하는, 출석한

[10] The town is trying to deal with the population boom and the **attendant** increase in traffic.

명 승무원, 시중드는 사람, 참석자

[11] A flight **attendant** ordered the emergency evacuation of 169 passengers.

---

1. 너는 겨울에 더 많이 먹는 경향이 있다.
2. 그 간호사는 상냥하게 환자의 상처를 치료하였다.
3. 나는 사람들의 타고난 실용적인 성향에 대해 큰 믿음을 가지고 있다.
4. 2,000 명 이상의 사람들이 장례식에 참여했다.
5. 의사들은 처음에 가장 최악의 부상자들에게 주의를 기울이려고 노력했다.
6. 간호사들은 주야로 환자를 간호했다.

7. 강의 참석은 의무다.
8. 네가 수업에 집중한다면 더 많은 것을 배울 것이다.
9. 어려운 경기가 될 것이다. 그래서 우리는 준비에 세심한 주의가 필요하다.
10. 마을은 인구 폭증과 그에 따른 교통량 증가에 대처하기 위해 노력하고 있다.
11. 비행기 승무원이 승객 169명의 긴급대피 명령을 내렸다.

☐ **contend** [kənténd] con(together 함께) + tend(pull 당기다) → 함께 잡아 당기다 → 경쟁하다	통 **다투다, 경쟁하다** ¹²You have to **contend** with a problem or difficulty.
☐ **contention** [kənténʃən] contend(다투다, 경쟁하다) + tion(명접)	명 **갈등, 논쟁, 주장** 유사어 disagreement, dispute, disputation, argument ¹³They generally tried to avoid subjects of **contention** between them. ¹⁴This evidence supports their **contention** that the outbreak of violence was prearranged.
☐ **contentious** [kənténʃəs] contend(다투다, 경쟁하다) + tious(형접)	형 **논쟁을 초래하는** ¹⁵A **contentious** issue causes a lot of disagreement or arguments.
☐ **tense** [tens]	형 **긴장된** 통 **긴장시키다** ¹⁶There were some **tense** moments in the second half of the game.
☐ **tension** [ténʃən] tense(긴장시키다) + ion(명접)	명 **긴장** 유사어 pressure, strain, stress ¹⁷The strong police presence only heightened the **tension** among the crowd.
☐ **extend** [iksténd] ex(out) + tend(pull 당기다) → 밖으로 잡아 당기다 → 확대하다	통 **확대하다** 유사어 expand, enlarge, increase, broaden, stretch ¹⁸He **extended** the measuring tape as far as it would go.
다의어 **extension** [iksténʃən] extend(확대하다) + sion(명접) ┌ 연장, 확장 └ (전화선의 연장) 구내전화 내선	명 **연장, 확장, 구내전화 내선** ¹⁹Tools are **extensions** of human hands. ²⁰When you call, ask for **extension** 326.
☐ **extent** [ikstént]	명 **정도, 넓이, 크기** 유사어 size, length, stretch, range, scope ²¹She tried to determine the **extent** of the damage.
☐ **extensive** [iksténsiv] extend(확대하다) + sive(형접)	형 **광대한, 넓은** ²²The storm caused **extensive** damage.

12. 너는 문제나 어려움과 싸워야 한다.
13. 그들은 그들 사이의 갈등 주제를 피하려고 노력했다.
14. 이 증거는 폭력 발생이 사전 준비되었다는 그들의 논증을 뒷받침한다.
15. 논쟁적인(contentious) 이슈는 많은 불화와 논쟁을 일으킨다.
16. 게임의 후반전에 얼마간의 긴장된 순간들이 있었다.
17. 강경한 경찰 출현이 단지 군중들 사이의 긴장을 최고조로 높였을

뿐이다.
18. 그는 가능한 멀리 측정용 자를 폈다
19. 도구들은 사람 손의 확장이다.
20. 전화할 때 내선 326을 요청하세요.
21. 그녀는 손해의 정도를 결정하려고 노력했다.
22. 폭풍은 광범위한 피해를 입혔다.

☐ **intend** [inténd] in(in) + tend(pull 당기다)→ (마음) 안에 향하고 있다 → 의도하다	통 **의도하다** 유사어 plan, mean 23 The company **intends** to cut about 4,500 jobs.
☐ **intention** [inténʃən] intend(의도하다) + tion(명접)	명 **의향, 의도** 유사어 aim, purpose, intent, objective, object, goal, target, end, design, plan, scheme 24 I have no **intention** of selling this house. 25 The **intention** of this legislation is to boost the economy.
☐ **intentional** [inténʃənəl] intention(의도) + al(형접)	형 **의도적인** 유사어 deliberate, intended, calculated 26 Something **intentional** was done on purpose.
☐ **intent** [intént]	명 **의향, 목적, 의지, 의도** 유사어 intention 27 The original **intent** of the committee was to raise funds.
☐ **detente** [deitá:nt] de(down) + tente(tense 긴장) → 긴장을 낮추는 상황 → 긴장 완화	명 **긴장 완화** 28 **Detente** is the easing of strained relations.
☐ **intense** [inténs] in(안에) + tense(tend 당기다) → 마음 안에서 당기는 힘이 있는 → 열렬한	형 **열렬한** 유사어 harsh, strong, powerful, potent, vigorous 29 He was sweating from the **intense** heat.
☐ **intensive** [inténsiv] intense(열렬한) + ive(형접 –성질을 지닌) → 열렬한 마음의 성질인 → 집중적인	형 **집중적인** 유사어 concentrated, thorough, exhaustive, full, demanding 30 **Intensive** activity involves concentrating a lot of effort on one particular task.
☐ **intensify** [inténsəfài] intense(열렬한) + ify(동접 – make 만들다) → 열렬하게 하다 → 강화하다	통 **강화하다** 유사어 strengthen, heighten, emphasize 31 The government is **intensifying** its efforts to secure the release of the hostages.
☐ **intensity** [inténsəti] intense(열렬한) + ity(명접)	명 **강렬, 강도** 유사어 strength, power, potency, vigor, force 32 Quality and **intensity** are what matter.
☐ **intension** [inténʃən] intense(열렬한) + ion(명접)	명 **세기, 강화** 33 Gestures are a good tool to enforce the **intension** of a message.

23. 그 회사는 대략 4,500 개의 일자리를 줄일 계획이다.
24. 나는 이 집을 팔고자 하는 어떤 의도도 없다.
25. 이 입법 의도는 경제를 부양시키는 것이다.
26. 의도적인 어떤 것은 고의로 행해진다.
27. 그 위원회의 원래 의도는 자금을 모으는 것이었다.
28. 긴장 완화는 긴장된 관계를 완화시키는 것이다.

29. 그는 강한 열때문에 땀을 흘리고 있었다.
30. 집중적인 활동은 특정 주제에 많은 노력을 집중하는 것과 관련된다.
31. 정부는 인질 석방을 확실히 하기 위하여 노력을 강화하고 있다.
32. 품질과 강도는 중요한 것들이다.
33. 몸 동작은 메시지의 강도를 강화하는 데 좋은 방법이다.

☐ **pretend** [priténd]

pre(before 먼저) + tend(pull 당기다)
→ 미리서 ~방향으로 향하다

통 ~ 인 척하다

34 She **pretended** (that) she didn't care what other people said about her.

☐ **pretension** [priténʃən]

pretend(~ 인 척하다) + sion(명접)

명 요구, 주장, 허세, 가식

35 Leonard's paintings have a real freedom from **pretension**.

☐ **pretense** [priténs]

pre(before 먼저)) + tense(tend 당기다)
→ 현재 있지도 않은 것을 잡아 미리 당기는 행위 → 허위, 구실

명 허위, 구실, 핑계

36 **Pretense** involves deceiving on purpose.

☐ **pretentious** [priténʃəs]

pretense(허위, 구실, 핑계) + tious(형접 ~를 가진)

형 허세 부리는

37 Her dress was obviously more **pretentious** than comfortable.

☐ **superintend** [sù:pərinténd]

super(over 위에서) + intend(의도하다)
→ 위에서 의도한 것을 행하다 → 감독하다

통 지휘하다, 감독하다 유사어 supervise, oversee

38 Her job is to **superintend** the production process.

☐ **superintendent**
[sù:pərinténdənt]

superintend(지휘하다, 감독하다) + ent(명접 – 행위자)

명 감독자 유사어 manager, director, administrator, supervisor

39 A school **superintendent** is in charge of the schools in a particular area.

---

34. 그녀는 다른 사람들이 그녀에 관하여 말하는 것에 관심이 없는체 하였다.
35. 레오나르드의 그림들은 가식으로부터 진정한 자유를 가지고 있다.
36. 핑계(pretense)는 의도적으로 속이는 것이다.

37. 그녀의 드레스는 명백히 편안하기보다 더 허세 부리는 것이었다.
38. 그녀의 직업은 생산과정을 감독하는 것이다.
39. 학교 감독은 특정 지역에서 학교를 담당한다.

※ 아래에서 우리말은 영어로 영어는 우리말로 각각 뜻을 쓰시오.

1. 의향, 의도 _____
2. 의도적인 _____
3. 긴장 완화 _____
4. 열렬한, 강렬한 _____
5. 집중적인 _____
6. 주의 깊은, 경청하는 _____
7. 강화하다 _____
8. 허세 부리는 _____
9. 지휘하다, 감독하다 _____
10. 경향, 성향, 취지 _____
11. 강렬 _____
12. 세기, 강화 _____
13. 긴장 _____

14. attend _____
15. attendance _____
16. attendant _____
17. contention _____
18. pretension _____
19. pretense _____
20. contentious _____
21. extend _____
22. extension _____
23. extent _____
24. extensive _____
25. intent _____
26. superintendent _____

※ 다음 문장의 빈칸에 알맞은 단어를 보기에서 찾아 넣으시오. 필요 시 대문자, 수, 시제, 태 등 문법적 요소를 고려하여 쓰세요.

보 기
attentive, attendant, intention, intentional, intensity, attend, attendance, pretense, superintend, superintendent, intension, extend, extension, intend, extent, intention

27. Quality and _____ are what matter.

28. The company _____ to cut about 4,500 jobs.

29. I have no _____ of selling this house.

30. He _____ed the measuring tape as far as it would go.

31. Tools are _____ of human hands.

32. She tried to determine the _____ of the damage.

33. The _____ of this legislation is to boost the economy.

34. Something _____ was done on purpose.

35. The nurses _____ed on the sick day and night.

36. _____ at lectures is compulsory.

37. _____ involves deceiving on purpose.

38. Her job is to _____ the production process.

39. A school _____ is in charge of the schools in a particular area.

40. It will be a difficult match, we'll need to be _____ in preparing for it.

41. A flight _____ ordered the emergency evacuation of 169 passengers.

42. Gestures are a good tool to enforce the _____ of a message.

terr : frighten 두려워하게하다

terrorist
테러 리스트

terrify
겁나게 하다

치지직~

덜덜

덜덜

이 단원에서 학습할 단어모음입니다. □□□에 각각 모르는 단어를 3회에 걸쳐 ☑(체크표시)해 보세요. 모르는 단어는 끝까지 학습하세요.

Preview Words

□□□ **terrible** [térəbəl] a. 무서운, 끔찍한
□□□ **terrific** [tərífik] a. 빼어난, 아주 멋진, 소름 끼치는
□□□ **terror** [térər] n. 공포
□□□ **terrorist** [térərist] n. 테러 리스트

□□□ **terrorism** [térərìzəm] n. 테러리즘, 공포정치, 테러
□□□ **terrify** [térəfài] v. 겁나게 하다, 무섭게 하다
□□□ **terrifying** [térəfàiŋ] a. 끔찍한, 공포를 자아내게 하는

☐ **terrible** [térəbəl]

terr(frighten 두려워하게 하다) + ible(형접) → 무섭게 하는

형 무서운, 끔찍한

유사어 dreadful, awful, appalling, horrific, horrifying, horrible

[1]We have just received some **terrible** news.

다의어 **terrific** [tərífik]

terr(frighten 공포를 주다) + ic (형접)
┌ 공포를 줄 정도로 너무나 훌륭한 → 빼어난
└ 소름끼치는

형 빼어난, 아주 멋진, 무시무시한, 소름끼치는

[2]Your test scores were **terrific**.

[3]We were hit by a **terrific** snowstorm last week.

☐ **terror** [térər]

terr(frighten 두려워하게 하다) + or(명접 – 성질, 상태)

명 공포 유사어 dread, horror, fear, fright

[4]We need to form global partnerships to fight **terror**.

☐ **terrorist** [térərist]

terror(공포) + ist(명접 –사람) → 무섭게 하는 사람
→ 테러 리스트

명 테러리스트

[5]Several **terrorists** have been killed by their own bombs.

☐ **terrorism** [térərìzəm]

terror(공포) + ism(명접 –주의)

명 테러리즘, 공포정치, 테러

[6]Countering the financing of **terrorism** is a core component of the EU's strategy in the fight against **terrorism**.

☐ **terrify** [térəfài]

terr(frighten 두려워하게 하다) + ify(make 만들다)
→ 무섭게 하다

동 겁나게 하다, 무섭게 하다

[7]Our maths teacher **terrified** all the children.

☐ **terrifying** [térəfàiŋ]

terrify(겁나게 하다) + ing(형접)

형 끔찍한, 공포를 자아내게 하는

유사어 chilling, horrifying, appalling, formidable

[8]If something is **terrifying**, it makes you feel extremely afraid.

---

1. 우리는 방금 얼마간의 끔찍한 소식을 받았다.
2. 시험 점수는 훌륭했다.
3. 지난주에 (공포스러울 정도로) 엄청난 눈보라가 쳤다.
4. 우리는 테러와 싸울 전지구적인 우호 관계를 형성할 필요가 있다.
5. 여러 명의 테러리스트들이 그들 자신의 폭탄으로 죽었다.

6. 테러리즘의 금융을 반격하는 것이 테러리즘에 대항한 싸움에서 EU 전략의 핵심 요소다.
7. 우리 수학 선생님들은 모든 아이들을 무섭게 했다.
8. 어떤 것이 공포를 자아내게 한다(terrifying)면 그것은 네가 극도로 두렵게 느끼도록 하는 것이다.

terr(a,i), terrestri: **earth, land 땅**

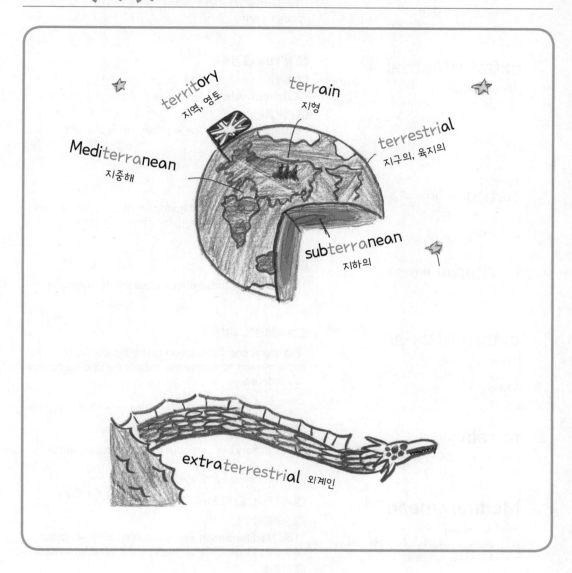

이 단원에서 학습할 단어모음입니다. □□□에 각각 모르는 단어를 3회에 걸쳐 ☑(체크표시)해 보세요.
모르는 단어는 끝까지 학습하세요.

Preview Words

- □□□ **terrestrial** [təréstriəl] a. 지구의, 육지의
- □□□ **extraterrestrial** [èkstrətəréstriəl] n. 외계인 a. 외계의
- □□□ **territory** [térətɔ̀ːri] n. 지역, 영토
- □□□ **territorial** [tèrətɔ́ːriəl] a. 영토의
- □□□ **extraterritorial** [èkstrətèrətɔ́ːriəl] a. 치외법권의

- □□□ **terrain** [təréin] n. 지형
- □□□ **Mediterranean** [mèdətəréiniən] a. 지중해의 n. 지중해
- □□□ **subterranean** [sÀbtəréiniən] a. 지하의
  n. 지하에서 사는 사람, 지하의 동굴, 지하실

terrestrial [təréstriəl]

terrestri(earth 흙) + al(형접)

형 지구의, 육지의

[1] '**Terrestrial**' refers to things related to land or the planet Earth.

extraterrestrial [èkstrətəréstriəl]

extra(out 밖의) + terrestrial(땅의) → 지구 밖의 → 외계의

명 외계인 형 외계의

명 외계인

[2] '**Extraterrestrial**' explores tales of alien encounters.

형 외계의

[3] **Extraterrestrial** life, called alien life is life that occurs outside of Earth.

territory [térətəri]

terri(earth 땅) + tory(명접)

명 지역, 영토

[4] 'A **territory**' is an administrative division, usually an area that is under the jurisdiction of a state.

territorial [tèrətɔ́ːriəl]

territory(영토) + al(형접) → 영토의

형 영토의

[5] The notion of jurisdiction is essentially **territorial**.

extraterritorial [èkstrətèrətɔ́ːriəl]

extra(out 밖의) + territorial(영토의) → 관할구역을 넘는 → 치외법권의

형 치외법권의, 외부의

[6] **Extraterritorial** jurisdiction is the legal ability of a government to exercise authority beyond its normal boundaries.

terrain [təréin]

terra(earth 땅) + in(명접) → 땅에 속하는 것 → 지형

명 지대, 지역, 지형 유사어 region, earth, area

[7] The car handles particularly well on rough **terrain**.

Mediterranean [mèdətəréiniən]

Medi(중간의) + terrane(terrain 땅) + an(명접 –지명 등) → 육지에 중간에 있는 곳 → 지중해

형 지중해의 명 지중해

형 지중해의

[8] The **Mediterranean** Sea is a sea connected to the Atlantic Ocean, surrounded by the **Mediterranean**.

명 지중해

[9] Are you looking for cruises to the **Mediterranean**?

---

1. '지구의(terrestrial)'땅 즉 지구 행성과 관련된 것을 언급한다.
2. 'Extraterrestrial(외계인)'은 외계인의 만남에 관한 이야기를 탐험한다.
3. 외계 생명(alien life)이라고 불리는 외계 생명(Extraterrestrial life)은 지구 밖에서 생기는 생명이다.
4. '영토(territory)'는 한 국가의 사법권이 미치는 행정구역, 보통 영토다.

5. 사법권의 영역은 필수적으로 영토와 관련 있다.
6. 치외법권적인(extraterritorial) 사법권은 그것의 정상적인 경계를 넘는 권위를 실행할 수 있는 정부의 합법적인 능력이다.
7. 그 차는 특히 거친 지형에서 잘 운전된다.
8. 지중해(The Mediterranean Sea)는 지중해에 의해 둘러싸인 대서양에 연결된 바다다.
9. 지중해에 가는 여객선을 찾고 있나요?

subterranean [sʌ̀btəréiniən]

sub(under) + terrane(terrain 땅) + an(형접 -지명 등)
→ 지하(의)

형 지하의   명 지하에서 사는 사람, 지하의 동굴, 지하실

형 지하의
¹⁰ A **subterranean** river or tunnel is under the ground.
¹¹ '**Subterranean**' is an adjective that describes something just below what can be seen.
명 지하에서 사는 사람, 지하의 동굴, 지하실
¹² **Subterranean** means underground.

☐ **terracotta** [térəkátə]

terra(흙,점토) + cotta(구운 것)
적갈색 점토를 유약을 바르지 않고 구운 것을 말한다.

명 테라코타

¹³ Visitors look over some of the **Terracotta** Army soldiers on exhibit at the Virginia Museum of Fine Arts in Richmond, Va., Dec, 12, 2017.

📖 이해하고 암기하자!!
:어근 'terr'에 관하여 ..

어근 'terr'는 '두렵게 하다'와 '땅' 두 가지 뜻으로 쓰인다. 어원탄생 배경은 다를 수 있겠지만 땅에서 지진이나 화산 폭발 등이 일어난 상황으로 생각하면 이해하면 되겠다. 즉 땅에서 지진 등이 발생하는 것은 사람들을 매우 두렵게 하는 일이었을 것이다.

---

10. 지하의 강이나 터널은 땅 아래에 있다.
11. '지하의(subterranean)'는 보이는 것 바로 아래에 있는 것을 설명하는 형용사이다.
12. 'Subterranean'은 지하(에 있는 생물이나 사물 등)를 의미한다.

13.방문객들은 2017년 12월 12일 버지니아주 리치몬드에 있는 버지니아 미술관에서 전시 중인 얼마간의 테라코타 병사들을 살펴본다.

vit, viv(e), vig: life 생명, live 살다

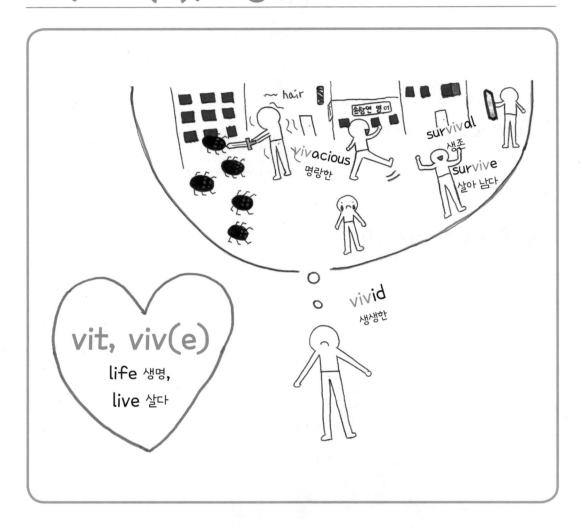

이 단원에서 학습할 단어모음입니다. ☐☐☐에 각각 모르는 단어를 3회에 걸쳐 ☑(체크표시)해 보세요.
모르는 단어는 끝까지 학습하세요.

Preview Words

☐☐☐ **vigor** [vígər] n. 활기, 활력, 힘, 생기
☐☐☐ **vigorous** [vígərəs] a. 원기 왕성한
☐☐☐ **vital** [váitl] a. 생명의
☐☐☐ **vitamin** [váitəmin] n. 비타민
☐☐☐ **vitality** [vaitǽləti] n. 생명력, 활력
☐☐☐ **vitalize** [váitəlàiz] v. 활력을 북돋아 주다
☐☐☐ **vivid** [vívid] a. 생생한
☐☐☐ **vivacious** [vivéiʃəs] a. 명랑한

☐☐☐ **vivacity** [vivǽsəti] n. 쾌활, 활발, 발랄, 명랑
☐☐☐ **convivial** [kənvíviəl] a. 주연의, 신나는, 쾌활한
☐☐☐ **invigorate** [invígərèit] v. 원기를 돋구다
☐☐☐ **invigoration** [invígərèiʃən] n. 격려, 고무
☐☐☐ **revive** [riváiv] v. 되살아나다, 되살리다
☐☐☐ **revival** [riváivəl] n. 회복
☐☐☐ **survive** [sərváiv] v. 살아남다
☐☐☐ **survival** [sərváivəl] n. 생존

어근 vit, viv(e)는 'life 생명, live 살다'의 뜻이다.

☐ **vigor** [vígər]
vig(life 생명) + or(**명접** – 행위물질)

명 활기, 활력, 힘, 생기
[1] We can restore productivity and **vigor** to the biomedical research workforce in the midst of COVID-19.

☐ **vigorous** [vígərəs]
vigor(활기) + ous(**형접**)

형 원기 왕성한
[2] Pakistan needs a **vigorous** action plan.

☐ **vital** [váitl]
vit(life 생명) + al(**형접**) → 생명의

형 생명의
[3] These matters are **vital** to national defense.

☐ **vitamin** [váitəmin]
vit(life 생명) + amin(아미노) → 생명에 필수적인 아미노 → 비타민

명 비타민
[4] Food is the best source of **vitamins**, but some people may be advised by a physician to use supplements.

☐ **vitality** [vaitǽləti]
vital(생명의) + ity(**명접**)

명 생명력, 활력 **유사어** animation, liveliness
[5] These changes will give renewed **vitality** to our democracy.

☐ **vitalize** [váitəlàiz]
vital(생명의) + ize(**동접**)

동 활력을 북돋아 주다
[6] The treatment at the spa **vitalizes** the old man.

☐ **vivid** [vívid]
viv(life 생명) + id(**형접**) → 생명이 있는 → 생명력이 있는

형 생생한 **유사어** bright, lustrous, graphic, lively, animated
[7] Memories of that evening are still **vivid**.

☐ **vivacious** [vivéiʃəs]
vivaci(life 생명) + ous(**형접**) → 생명력이 가득한 → 활발한

형 명랑한 **유사어** active, vigourous, lively, animated, brisk
[8] The actress was **vivacious** and elegant.

---

1. COVID-19 한가운데서 생의학 연구 인력의 생산성과 활력을 회복할 수 있다.
2. 파키스탄은 활발한 행동 계획이 필요하다.
3. 이런 문제들은 국가 방위에 중요하다.
4. 음식은 비타민들의 최고의 원천이다. 그러나 의사들에 의해 얼마간의 사람들은 보조제를 사용하도록 충고를 받을 수도 있다.
5. 이 같은 변화들은 우리 민주주의에 새로운 생명력을 줄 것이다.
6. 온천에서의 치료가 노인에게 활력을 준다.
7. 그날 저녁 추억들이 여전히 생생하다.
8. 그 여배우는 명랑하고 우아했다.

☐ **vivacity** [vivǽsəti]	명 쾌활, 활발, 발랄, 명랑
vivac(life 생명) + ity(명접)	[9] Christmas, Good Friday and many other festivals get celebrated with the same **vivacity** and brotherhood.

☐ **convivial** [kənvíviəl]	형 주연의, 환락의, 신나는, 쾌활한
con(together 함께) + viv(생기, 활기) + ial(형접) → 함께 활기를 넣는	[10] Barbecuing is one of the more relaxing and **convivial** ways of entertaining.

☐ **invigorate** [invígərèit]	동 원기를 돋구다
in(안에) + vigor(생명) + ate(동접)	[11] Tourism leaders are optimistic that upcoming conventions will **invigorate** 'slow recovery'.

☐ **invigoration** [invígərèiʃən]	명 격려, 고무
invigorate(원기를 돋구다) + ion(명접)	[12] We have entered the era of **invigoration**.

☐ **revive** [riváiv]	동 되살아나다, 되살리다
re(again 다시 or back 뒤로) + vive(live 살다) → 다시 살리다	유사어 rejuvente, reinvigorate, revitalize, refresh, energize, reanimate, renew
	[13] The flowers **revived** in water.
	[14] The doctors **revived** the comatose man.

☐ **revival** [riváivəl]	명 회복
revive(되살아나다, 되살리다) + al(명접)	유사어 renewal, renaissance, refreshment, awakening, rebirth
	[15] A **revival** of economic strength is the most urgent and realistic task.

☐ **survive** [sərváiv]	동 살아남다
sur(over 위로) + vive(live 살다) → 어려움을 극복하고 위로 살아남다	[16] These plants cannot **survive** in very cold conditions.
	[17] The building **survived** the earthquake with little damage.

☐ **survival** [sərváivəl]	명 생존
survive(살아남다) + al(명접)	[18] Small businesses are fighting for **survival**.

9. 크리스마스, 성 금요일 및 기타 많은 축제가 동일한 활력과 형제애로 축하된다.
10. 통구이 파티는 보다 편안하고 유쾌한 엔터테인먼트 방법 중 하나다.
11. 관광청 지도자들은 다가오는 대회가 '느린 회복'을 촉진할 것이라고 낙관한다.
12. 우리가 활력의 시대에 들어섰다.

13. 꽃들이 물속에서 되살아났다.
14. 그 의사들은 혼수상태의 남자를 되살렸다.
15. 경제회복이 가장 긴급하고 현실적인 과제다.
16. 이 식물들은 추운 조건에서 살아남을 수 없다.
17. 그 빌딩들은 거의 피해 없이 지진에서 살아남았다.
18. 소기업들이 생존을 위해 싸우는 중이다.

※ 아래에서 우리말은 영어로 영어는 우리말로 각각 뜻을 쓰시오.

1. 무서운, 끔찍한 _____
2. 빼어난, 아주 멋진, 소름 끼치는 _____
3. 테러리즘, 공포정치, 테러 _____
4. 겁나게 하다, 무섭게 하다 _____
5. 끔찍한, 공포를 자아내게 하는 _____
6. 지구의, 육지의 _____
7. 외계인, 외계의 _____
8. 지역, 영토 _____
9. 영토의 _____
10. 치외법권의, 외부의 _____
11. 지형 _____
12. 지중해의, 지중해 _____
13. 지하의, 지하실 _____

14. vigor _____
15. vigorous _____
16. vital _____
17. vitality _____
18. vitalize _____
19. vivacious _____
20. vivacity _____
21. convivial _____
22. invigorate _____
23. invigoration _____
24. revival _____
25. survive _____
26. survival _____

※ 다음 문장의 빈칸에 알맞은 단어를 보기에서 찾아 넣으시오. 필요 시 대문자, 수, 시제, 태 등 문법적 요소를 고려하여 쓰세요.(다만 본문 예문 학습을 유도하기 위하여 예문에서 사용한 단어를 정답으로 하였다.)

보기
vitality, subterranean, terrestrial, Mediterranean, survival, vigorous, vital, terror, terrorists, terrify, revive, territorial, terrain, convivial, vitalize, extraterritorial

27. The doctors _____ d the comatose man.

28. Small businesses are fighting for _____.

29. Pakistan needs a _____ action plan.

30. These matters are _____ to national defense.

31. The treatment at the spa _____s the old man.

32. These changes will give renewed _____ to our democracy.

33. A _____ river or tunnel is under the ground.

34. We need to form global partnerships to fight _____.

35. Several _____ have been killed by their own bombs.

36. Our maths teacher _____ed all the children.

37. The notion of jurisdiction is essentially _____.

38. The car handles particularly well on rough _____.

39. Barbecuing is one of the more relaxing and _____ ways of entertaining.

40. ' _____ ' refers to things related to land or the planet Earth.

41. The _____ Sea is a sea connected to the Atlantic Ocean, surrounded by the Mediterranean.

42. _____ jurisdiction is the legal ability of a government to exercise authority beyond its normal boundaries.

62 day

ven(t) : come 오다

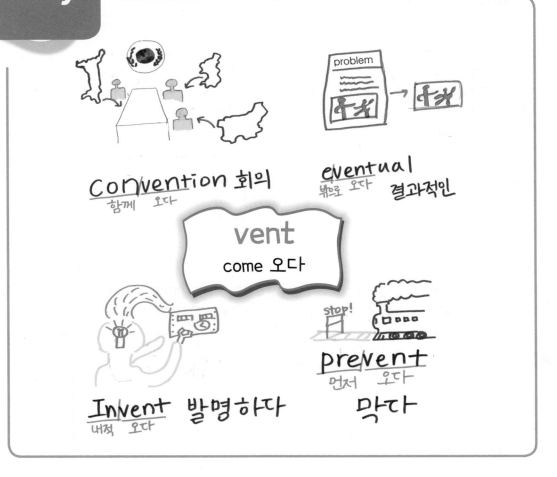

convention 회의
함께 오다

eventual 결과적인
밖으로 오다

vent
come 오다

Invent 발명하다
내적 오다

prevent
먼저 오다
막다

이 단원에서 학습할 단어모음입니다. ☐☐☐에 각각 모르는 단어를 3회에 걸쳐 ☑(체크표시)해 보세요.
모르는 단어는 끝까지 학습하세요.

☐ **venue** [vénjuː]

(사람들이) 오는 곳 → 장소

명 장소, 개최지

유사어 place, location, setting, site, whereabouts

¹ The **venue** of the trial has been changed.

☐ **avenue** [ǽvənjùː]

a(to ~쪽으로) + venue(come 오다) → (사람들이) 오는 곳 → 가로수길

명 가로수길, 큰 거리

² The property is located at the corner of Jackson Avenue and 43rd **Avenue**.

☐ **venture** [véntʃər]

vent(come 오다) + ure(명접)

동 위험을 무릅쓰고 가다 명 모험, 모험적 사업 유사어 adventure

명 모험, 모험적 사업

³ China and Argentina resume joint **venture** for space exploration.

☐ **venturous** [véntʃərəs]

venture(모험) + ous(형접)

형 모험을 좋아하는, 대담한

⁴ Obstacles in his **venturous** life led him to an exceptional path of success and fulfilment.

☐ **advent** [ǽdvent]

ad(to ~ 쪽으로) + vent(come 오다) → ~쪽으로 오는 것 → 초래, 도래

명 출현, 도래

유사어 arrival, coming, appearance, approach, occurrence

⁵ The **advent** of war led to a greater austerity.

☐ **adventure** [ædvéntʃər]

ad(to ~쪽으로) + venture(모험)

명 모험 동 위험을 무릅쓰다

⁶ The weather is perfect for a Saturday **adventure** in the nation's capital.

다의어 **circumvent** [sə̀ːrkəmvént]

앞지르다, 회피하다, 우회하다, 에워싸다, 포위하다
circum(around 둘레에, 돌아서) + vent(come 오다) →

— 돌아서 (앞질러) 오다 → 앞지르다, 선수치다
— (어떤 사물 등을) 돌아서 피해서 오다 → 피하다
— 둘레에 오다 → 에워싸다, 포위하다

동 피하다, 에워싸다

⁷ The president **circumvented** Congress to provide some economic relief.

⁸ The company opened an account abroad, in order to **circumvent** the tax law.

---

1. 재판 장소가 바뀌었다.
2. 숙소는 Jackson Avenue와 43rd Avenue의 모퉁이에 있다.
3. 중국과 아르헨티나가 우주 탐사를 위한 합작 투자를 재개한다.
4. 그의 모험적인 삶의 좌절과 장애물은 그를 성공과 성취에 탁월한 길로 이끌었다.

5. 전쟁의 시작은 보다 큰 고난으로 이어졌다.
6. 날씨가 수도에서 토요일에 체험 활동하기에 완벽하다.
7. 대통령은 경제적 구제를 제공하기 위해 의회를 선수쳤다.
8. 그 회사는 세법을 피하려고 해외 계정을 개설했다.

convene [kənvíːn]

con(together 함께) + vene(come 오다) → 모이다

동 모이다 **유사어** assemble, collect, gather, meet, congregate

[9] The verb '**convene**' is a somewhat formal way of saying 'to bring together for the purpose of a meeting'.

다의어 convention [kənvénʃən]

convene(모이다) + tion(명접) → 모여서 하는 것

ㅏ 회의
└ 관습, 관례

명 대표자회의, 회의, 관습, 관례

유사어 conference, meeting, assembly, gathering

[10] **Convention** is a large formal assembly of a group with common interests, such as a political party or trade union.

다의어 conventional [kənvénʃənəl]

convention (전통, 협정, 관습) + al(형접) → 항상 오던대로의

ㅏ 전통적인, 관습적인
└ 형식적인

형 전통적인, 관습적인, 형식적인, 판에 박힌

[11] Yet, **conventional** policies are reaching their limit.

---

convenience [kənvíːnjəns]

con(together 함께) + veni(come 오다) + ence(명접)
→ 함께 오기 쉬운 상태 → 편의, 편리함

명 편리, 편의 **유사어** comfort, ease

[12] Many people like the **convenience** of receiving their bills online.

---

convenient [kənvíːnjənt]

con(together 함께) + veni(come 오다) + ent(형접)
→ 함께 오기 쉬운 → 편리한

형 편리한

[13] Our new house is very **convenient** for the kids' school.

---

inventory [ínvəntɔ̀ːri]

invent(발명하다) + ory(형접) → 발명한 물품들을 모아 놓은 것
→ 재고 목록

명 재고 목록, 물품 목록

[14] '**Inventory**' refers to goods and materials that a business holds for sale to customers in the near future.

---

event [ivént]

e(out 밖으로) + vent(come 오다) → 밖으로 나오는 것 → 사건

명 사건

[15] Coming **events** cast their shadows before.

---

eventual [ivéntʃuəl]

event(사건) + ual(형접) → (사건의 결과로) 밖으로 나온
→ 결과적인

형 결과적인

유사어 ensuing, consequent, subsequent

[16] His efforts led to his **eventual** success.

---

9. 동사 '소집하다(convene)'는 얼마간 회의를 목적으로 '모이게 하는 것'을 말하는 격식있는 방식이다.

10. 대회(convention)은 정당, 혹은 노동조합과 같은 보통의 관심사를 가진 그룹의 대형 공식 회의다.

11. 그러나 기존 정책은 한계에 도달하고 있다.

12. 많은 사람들은 그들의 청구서를 온라인으로 받는 편리함을 좋아한다.

13. 우리 새 집은 아이들 학교 가는 데 매우 편리하다.

14. 물품 목록(inventory)은 사업체가 가까운 장래에 고객들에게 판매를 위하여 보유하고 있는 상품이나 물품이다.

15. 〈속담〉 일엽지추(一葉知秋)《일이 생기려면 조짐이 있다.》

16. 노력이 열매를 맺어 드디어 성공했다.

☐ **invent** [invént]

in(안에) + vent(come 오다)
→ 안에(속성이 있었던 것이) 오는 것 → 발명하다

동 발명하다 **유사어** conceive, devise

[17] He **invented** an improved form of the steam engine.
[18] If you **invent** something such as a machine, you are the first person to think of it or make it.

☐ **invention** [invénʃən]

invent(발명하다) + ion(**명접**)

명 발명, 안출, 고안, (예술적) 창작, 창조

[19] Necessity is the mother of **invention**.
[20] An **invention** is a unique or novel device, method, composition or process.

☐ **inventive** [invéntiv]

invent(발명하다) + ive(**형접** – 성질)
→ 안에 있는 것을 발명하고자 하는 → 발명의

형 발명의, 창의적인

[21] **Inventive** people are good at using their imaginations.

☐ **intervene** [ìntərvíːn]

inter(between ~ 사이에) + vene(come 오다) → 사이에 오다
→ 개입하다

동 개입하다 **유사어** arbitrate, negotiate, reconcile, interrupt, meddle, intercede, mediate

[22] If you **intervene** in a situation, you become involved in it and try to change it.

☐ **intervention** [ìntərvénʃən]

intervene(개입하다) + tion(**명접**)

명 개입, 간섭 **유사어** interposition, mediation, arbitration, intercession, interruption, interference

[23] **Intervention** is the act of intervening in a situation.

☐ **prevent** [privént]

pre(before 앞에) + vent(come 오다)
→ (어떤 것보다) 먼저 오는 것 → 예방하다

동 예방하다 **유사어** stop, block, hinder, prohibit

[24] Can exercise and a healthy diet **prevent** heart disease?

☐ **prevention** [privénʃən]

prevent(예방하다) + ion(**명접**)

명 예방

[25] **Prevention** offers the most cost-effective long-term strategy for the control of cancer.

☐ **revenue** [révənjùː]

re(again 다시 or back 뒤로) + venue(come 오다)
→ 상품을 생산 혹은 팔아서 다시 돌아온 것 → 소득

명 소득, 수입 **유사어** earnings, income

[26] In accounting, **revenue** is the income that a business have from its normal business activities.

---

17. 그는 발전된 증기 엔진을 발명했다.
18. 네가 기계와 같은 어떤 것을 발명한다면, 너는 그것을 생각하고 만든 첫 번째 사람이다.
19. 필요는 발명의 어머니다.
20. 발명은 독특하거나 새로운 장치, 방법, 합성물 혹은 공정이다.
21. 창의적인 사람들은 그들의 상상력을 사용하는 데 훌륭하다.
22. 네가 어떤 것에 개입한다면 너는 그것에 관련되고 그것을 바꾸려고 노력한다.

23. 개입(intervention)은 상황에 끼어드는 행위다.
24. 운동과 건강식이 심장병을 예방할 수 있을까?
25. 예방이 암 대처을 위하여 가장 비용 절약적이고 장기적인 전략이다.
26. 회계에서 소득은 사업체가 그것의 공식 활동으로부터 갖는 수입이다.

vol(t,u,v) : roll 말다, 돌다

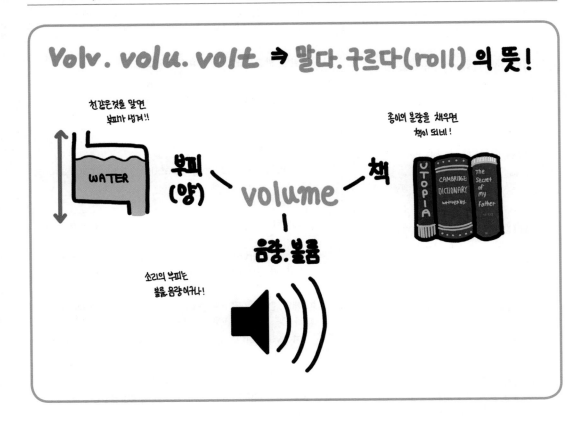

이 단원에서 학습할 단어모음입니다. □□□에 각각 모르는 단어를 3회에 걸쳐 ☑(체크표시)해 보세요.
모르는 단어는 끝까지 학습하세요.

다의어 volume [vάljuːm]

volu(roll 구르다) + me(명접) → 굴러서 생기는 것
→ 부피, 양, 음량, 책, 천 같은 것을 말(roll)면 부피가 생긴다.
소리의 양이 음량이고 볼륨이다, 분량이 많아지면 책이 된다.
- 천같은 것을 말(roll)면 → 부피
- 소리의 부피 → 음량, 볼륨
- 종이의 분량을 채워서 → 책

명 부피, 양, 음량, 볼륨, 책

[1] What is the **volume** of the water tank?
[2] The **volume** of music from the club has caused complaints.
[3] The second **volume** of his memoirs will be published later this year.

☐ evolution [èvəlúːʃən]

evolve(진화하다) + tion(명접)

명 진화 유사어 development, advancement, progression

[4] Since 1950, developments in molecular biology have had a growing influence on the theory of evolution.
[5] In biology, **evolution** is the change in the characteristics of a species over several generations and relies on the process of natural selection.

☐ revolve [rivάlv]

re(again 다시) + volve(roll 구르다) → 다시 감다 → 회전하다

동 돌리다, 회전하다 유사어 spin, rotate, twirl

[6] The earth **revolves** around the sun.

다의어 revolution [rèvəlúːʃən]

revolve (돌리다, 회전하다) + tion(명)
→ 기존 상황을 돌려서 새롭게 하는 것
- 혁명
- 공전, 회전

명 혁명, 변혁, 자전, 공전, 회전

a **revolution** in manufacturing 제조공업의 혁명
the **revolution** of the earth (a)round the sun 지구의 공전
[7] Corona virus will cause a **revolution** in education.
[8] The period of **revolution** of the Earth around the Sun is equal to one year.
[9] The Earth makes one **revolution** on its axis in about 24 hours.

☐ revolutionary [rèvəlúːʃənèri]

revolution(혁명, 변혁, 공전) + ary(형접)

형 혁명적인

[10] Several **revolutionary** organizations combined to form the new party.

---

1. 그 물 탱크의 부피는 얼마인가?
2. 클럽으로부터 나오는 음악 소리가 불평을 일으켰다.
3. 회고록의 두 번째 책이 금년 이후에 발행될 것이다.
4. 1950년 이래로 분자생물학의 발전은 진화론에 점점 더 많은 영향을 미쳤다.
5. 생물학에서 진화는 여러 세대에 걸쳐 특징에 있어 변화이고

자연선택 과정에 의존한다.
6. 지구는 태양 주변을 공전한다.
7. 코로나 바이러스는 교육에 혁명적인 변화를 일으킬 것이다.
8. 태양 둘레를 도는 지구 공전의 기간은 일 년이다.
9. 지구는 지구축으로 한바퀴 자전하는데 대략 24시간 걸린다.
10. 몇몇 혁명적인 조직들이 새로운 정당을 만들기 위하여 결합했다.

□ **involve** [inválv]

in(안으로) + volve(roll 구르다) → 안에 감아 넣다
→ 포함시키다

동 **포함하다, 관련시키다** 유사어 include, contain

[11] The operation **involves** putting a small tube into your heart.

□ **involvement** [inválvmənt]

involve(포함하다, 관련시키다) + ment(명접)

명 **관련, 참여** 유사어 participation

[12] We don't know the extent of his **involvement**.
[13] The teacher tried to increase his students' **involvement** in class activities.

□ **revolt** [rivóult]

re(back 뒤로) + volt(roll 구르다) → 뒤로 구르다 → 반란

명 **반란** 동 **반란을 일으키다**

명 반란
[14] The peasants' **revolt** was crushed by the king.

동 반란을 일으키다
[15] The people **revolted** against foreign rule and established their own government.

□ **revolver** [riválvər]

revolve(회전하다) + er(명접 –사물) → 회전식 연발 권총

명 **(회전식) 연발 권총**

[16] Three masked persons snatched the **revolver** of a local resident near the village.

---

11. 그 수술은 조그만 관을 너의 심장 속에 넣는 것을 포함한다.
12. 우리는 그의 개입 정도를 알지 못한다.
13. 그 선생님은 학급 활동에서 학생들의 참여를 높이려고 노력했다.

14. 농부들의 반란이 그 왕에 의해 짓밟혔다.
15. 국민들은 외국의 지배에 반란을 일으켜 그들 자신의 정부를 세웠다.
16. 세 명의 가면을 쓴 사람이 지역 주민의 회전식 권총을 잡아챘다.

※ 아래에서 우리말은 영어로 영어는 우리말로 각각 뜻을 쓰시오.

1. 발명의, 창의적인 _____
2. 재고목록, 물품목록 _____
3. 개입, 간섭 _____
4. 예방 _____
5. 세입, 총매출 _____
6. 부피, 양, 음량, 볼륨, 책 _____
7. 진화하다 _____
8. 포함하다, 관련시키다 _____
9. 관련, 참여 _____
10. 돌리다, 회전하다 _____
11. 혁명의, 혁명적인 _____
12. 반란, 반란을 일으키다 _____
13. (회전식) 연발 권총 _____

14. venue _____
15. avenue _____
16. venturous _____
17. adventure _____
18. advent _____
19. circumvent _____
20. convene _____
21. convention _____
22. conventional _____
23. convenience _____
24. convenient _____
25. eventual _____
26. inventory _____

※ 다음 문장의 빈칸에 알맞은 단어를 보기에서 찾아 넣으시오. 필요 시 대문자, 수, 시제, 태 등 문법적 요소를 고려하여 쓰세요..(다만 본문 예문 학습을 유도하기 위하여 예문에서 사용한 단어를 정답으로 하였다.)

보기
convenience, revolt, prevention, revenue, venturous, convention, circumvent, venue, venture, evolution, advent, convenient, involvement, volume, inventive, inventory

27. The _____ of the trial has been changed.

28. The _____ of war led to a greater austerity.

29. Our new house is very _____ for the kids' school.

30. We don't know the extent of his _____.

31. China and Argentina resume joint _____ for space exploration.

32. The second _____ of his memoirs will be published later this year.

33. Many people like the _____ of receiving their bills online.

34. The company opened an account abroad, in order to _____ the tax law.

35. _____ people are good at using their imaginations.

36. The people _____ed against foreign rule and established their own government.

37. _____ offers the most cost-effective long-term strategy for the control of cancer.

38. In accounting, _____ is the income that a business have from its normal business activities.

39. Obstacles in his _____ life led him to an exceptional path of success and fulfilment.

40. _____ is a large formal assembly of a group with common interests, such as a political party or trade union.

41. ' _____ ' refers to goods and materials that a business holds for sale to customers in the near future.

42. In biology, _____ is the change in the characteristics of a species over several generations and relies on the process of natural selection.

63 day

val(u), vail: **value** 가치, **strong** 강한, **worth** 가치

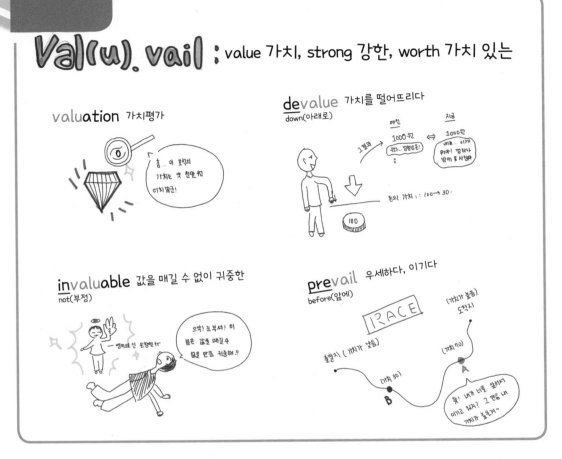

이 단원에서 학습할 단어모음입니다. □□□에 각각 모르는 단어를 3회에 걸쳐 ☑(체크표시)해 보세요.
모르는 단어는 끝까지 학습하세요.

Preview Words

□□□ **value** [vǽljuː] n. 가치, 유용성 v. 소중하게 생각하다	□□□ **available** [əvéiləbəl] a. 이용할 수 있는
□□□ **valuation** [væljuéiʃən] n. 가치평가	□□□ **availability** [əvèiləbíləti] n. 유용성
□□□ **valuable** [vǽljuːəbəl] a. 소중한	□□□ **evaluate** [ivǽljuèit] v. 평가하다
□□□ **valueless** [vǽljuːlès] a. 가치가 없는, 하찮은	□□□ **evaluation** [ivæljuèiʃən] n. 평가
□□□ **invaluable** [invǽljuəbəl] a. (값을 매길 수 없이) 매우 소중한	□□□ **ambivalence** [æmbívələns] n. 동요, 주저, 모호함
□□□ **validate** [vǽlədèit] v. 정당함을 인정하다	□□□ **equivalent** [ikwívələnt] a. 동등한, 같은 n. 동등한 것
□□□ **validation** [vælədèiʃən] n. 확인, 비준	□□□ **countervail** [kàuntərvéil] v. 상쇄하다, 무효로 하다 n. 대책
□□□ **overvalue** [òuvərvǽljuː] v. 과대평가하다	□□□ **devalue** [diːvǽljuèit] v. 가치를 떨어지게 하다
□□□ **valid** [vǽlid] a. 타당한, 근거 있는	□□□ **devaluation** [diːvæljuèiʃən] n. 평가절하
□□□ **invalid** [ínvəlid] a. 근거 없는	□□□ **prevail** [privéil] v. 우세하다, 이기다
□□□ **validity** [vəlídəti] n. 타당함	□□□ **prevailing** [privéiliŋ] a. 우세한
□□□ **invalidity** [ìnvəlídəti] n. 무효	□□□ **prevalent** [prévələnt] a. 널리 퍼진, 우세한
□□□ **avail** [əvéil] v. 쓸모가 있다, 이용하다 n. 이익, 효용, 유용성	□□□ **prevalence** [prévələns] n. 널리 퍼짐, 유행

□ **value** [vǽljuː]

명 가치, 유용성　동 소중하게 생각하다

명 가치, 유용성　유사어 worth, usefulness, use, utility
[1] Your support is of great **value**.
동 소중하게 생각하다　유사어 appreciate, esteem
[2] She **values** the time she spends with her family.

□ **valuation** [væljuéiʃən]

value(가치) + tion(명접) → 가치평가

명 가치평가

유사어 evaluation, appraisal, estimate, assessment
[3] A **valuation** is the process of determining the fair market value of a company in a notional context.

□ **valuable** [vǽljuːəbəl]

value(가치) + able(형접) → 가치가 있는 → 소중한

형 소중한　유사어 precious, priceless, irreplaceable, invaluable
[4] The most **valuable** things in life have nothing to do with money: friends, family, good health.
[5] Apple is the most **valuable** tech company in the list.

□ **valueless** [vǽljuːlès]

value(가치) + less(형접 – 없는)

형 가치가 없는, 하찮은

[6] Confessions of an abused husband: She calls me 'useless and **valueless**'.

□ **invaluable** [invǽljuəbəl]

in(not) + valuable(소중한)
→ 가치를 평가할 수 없을 정도로 소중한 → 매우 소중한

형 값을 매길 수 없이 소중한, 귀중한　유사어 priceless
[7] Valuable and **invaluable** have similar, but not identical meanings.

□ **validate** [vǽlədèit]

valid(타당한) + ate(동접) → 정당함을 인정하다

동 정당함을 인정하다
[8] The court **validated** the contract.

□ **validation** [vǽlədèiʃən]

valid(타당한) + tion(명접) → 정당함을 인정함 → 확인

명 확인, 비준
[9] He saw this result as **validation** of his theory.

□ **overvalue** [òuvərvǽljuː]

over(beyond ~를 넘어) + value(가치)
→ 실제 가치를 넘게 평가하다 → 과대평가하다

동 과대평가하다 ↔ undervalue
[10] She **overvalues** the opinions of her friends.
[11] Some people **overvalue** material things.

---

1. 너의 지지는 큰 가치가 있다.
2. 그녀는 그녀가 그녀 가족과 보낸 시간을 소중하게 생각한다.
3. 가치 평가(valuation)는 개념적인 맥락에서 회사의 공정 가치를 결정하는 과정이다.
4. 인생에서 가장 가치있는 것들– 친구, 가족, 좋은 건강–은 돈과 관련이 없다.
5. Apple은 목록에서 가장 가치있는 기술 회사다.
6. 학대 당한 남편의 고백 : 그녀는 나를 '쓸모없고 가치없는 (존재)'이라고 부른다.
7. valuable(가치 있는)과 invaluable(가치를 매길 수 없이 소중한)은 비슷하지만 완전히 동일한 의미는 아니다.
8. 법원은 그 계약의 타당성을 인정했다.
9. 그는 이 결과를 그의 이론의 타당성으로 보았다.
10. 그녀는 친구들의 의견을 높게 평가한다.
11. 얼마간의 사람들은 물질적인 것들을 과대평가한다.

☐ **valid** [vǽlid]

형 타당한, 근거 있는 ↔ invalid 형 근거 없는

[12] Their arguments were **valid** a hundred years ago and they still hold good today.

☐ **invalid** [ínvəlid]

in(not) + valid(타당한) → 쓸모없는

형 근거 없는 ↔ valid 타당한

[13] This passport is **invalid**. Look at the expiry date.

☐ **validity** [vəlídəti]

valid(타당한) + ity(명접) → 타당한 근거를 가지고 있음 → 타당성

명 타당함 ↔ invalidity

[14] Other researchers have questioned the **validity** of the test results.

☐ **invalidity** [ìnvəlídəti]

in(not) +valid(타당한) + ity(명접)

명 무효 ↔ validity 타당함

[15] The rate of patent **invalidity** in Korea is 40–50%, a relatively high figure compared to a rate of around 20% in the US and Japan.

☐ **avail** [əvéil]

a(to) + vail(가치) → 가치 쪽으로 → 가치를 활용하다

동 쓸모가 있다, 이용하다 명 이익, 유용성

동 쓸모가 있다
[16] To **avail** means to take advantage of an opportunity.

명 이익, 유용성
[17] My attempts to improve the situation were of no **avail**.

☐ **available** [əvéiləbəl]

avail(이용) + able(형접)

형 이용할 수 있는

[18] Is this dress **available** in a larger size?

☐ **availability** [əvéiləbíləti]

available(이용할 수 있는) + ity(명접)

명 유용성

[19] Check the **availability** of our digital services.

☐ **evaluate** [ivǽljuèit]

e(out) + valu(가치) + ate(동접) → 밖으로 가치를 가져오다 → 평가하다

동 평가하다 유사어 assess, judge, gauge, estimate, appraise

[20] The market situation is difficult to **evaluate**.

☐ **evaluation** [ivǽljuèiʃən]

evaluate(평가하다) + tion(명접)

명 평가 유사어 assessment, judgment

[21] **Evaluation** is a systematic determination of a subject's merit, worth and significance.

---

12. 그들의 논쟁은 100년 전에 유효했다. 그리고 지금도 여전히 유효하다.
13. 이 여권은 무효다. 만료일을 보아라.
14. 다른 연구원들은 시험 결과의 타당성에 의문을 제기한다.
15. 한국의 특허 무효율은 40 ~ 50%로 미국과 일본의 약 20%에 비해 상대적으로 높은 수치다.
16. 이용하는 것(to avail)은 기회를 이용하는 것을 의미한다.

17. 그 상황을 개선하려는 나의 시도는 쓸모가 없었다.
18. 이 드레스를 더 큰 사이즈로 구할 수 있나요?
19. 우리의 디지털 서비스의 유용성을 확인해 보세요.
20. 시장 상황이 평가하기에 어렵다.
21. 평가(evaluation)는 어떤 주제의 장점, 가치 그리고 중요성에 대한 체계적인 평가다.

☐ **ambivalence** [æmbívələns]

ambi(양쪽, 둘레) + val(worth 가치) + ence(명접)
→ 양쪽에 가치를 두는 상태 → 주저, 동요

명 동요, 주저, 모호함

[22] **Ambivalence** is a state of having simultaneous conflicting reactions, beliefs, or feelings towards some object.

☐ **equivalent** [ikwívələnt]

equi(same 같은) + val(worth 가치) + ent(형접, 명접)

형 동등한, 같은 명 동등한 것

[23] If two things are basically the same, you can say that they're the **equivalent** of each other.

☐ **countervail** [kàuntərvéil]

counter(against 반대하여) + vail(value 가치)

동 상쇄하다, 무효로 하다 명 대응책

명 대응책

[24] The government has used the **countervail** of the pandemic.

☐ **devalue** [di:væljuèit]

de(down 아래로) + value(가치) → 가치를 아래로
→ 가치를 아래로 떨어지게 하다

동 가치를 떨어지게 하다

유사어 devaluate, depreciate, debase, degrade

[25] History has tended to **devalue** the contributions of women.

☐ **devaluation** [di:væljuèiʃən]

devalue(가치 떨어지게 하다) + tion(명접) → 가치의 저하

명 평가절하

[26] **Devaluation** refers to a decrease in a currency's value with respect to other currencies.

☐ **prevail** [privéil]

pre(before 앞에) + vail(가치) → 가치가 앞서 있는
→ 우세하다

동 우세하다, 이기다

[27] Silence **prevailed** along the funeral route.

☐ **prevailing** [privéiliŋ]

prevail(우세하다) + ing(형접)

형 우세한

[28] The **prevailing** view is that economic growth is likely to slow down.

☐ **prevalent** [prévələnt]

preval(우세하다) + ent(형접)

형 널리 퍼진, 우세한

유사어 widespread, prevailing, general, universal, pervasive, extensive, ubiquitous

[29] The **prevalent** view is that interest rates will fall.

☐ **prevalence** [prévələns]

preval(우세하다) + ence(명접)

명 널리 퍼짐, 유행   유사어 ubiquity

[30] **Prevalence** is an estimate of how common a disease or disorder is in a particular population over a certain period of time.

---

22. Ambivalence(주저)는 특정 대상에 대해 상충되는 반응, 신념 또는 감정을 동시에 갖는 상태다.
23. 두 가지가 기본적으로 동일하다면 서로 동등하다고 말할 수 있다.
24. 정부는 전염병의 대응책을 사용했다.
25. 역사는 여성들의 기여를 평가절하하는 경향이 있어왔다.
26. 평가절하(devaluation)는 다른 화폐에 대하여 어떤 화폐의 가치가 하락하는 것을 언급한다.

27. 정적감이 장례 행렬에서 지배하였다.
28. 지배적인 관점은 경제성장이 떨어질 것 같다는 것이다.
29. 지배적인 관점은 이자율이 떨어질 것이라는 것이다.
30. 유행(prevalence)은 어떤 병이 어떤 기간, 어떤 지역에 얼마나 일반화되었는가에 대한 평가이다.

geo-: land 땅, earth 지구

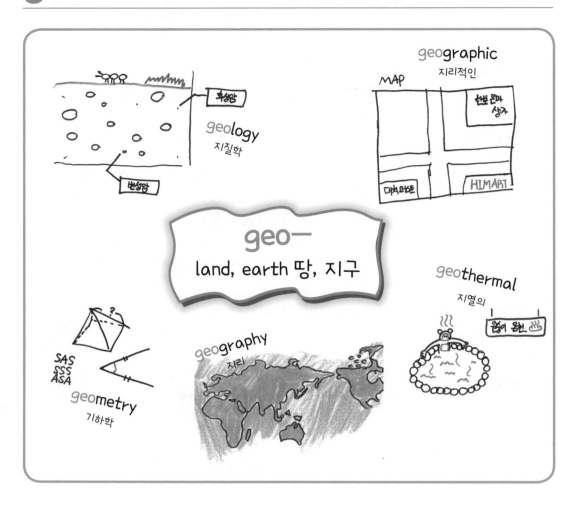

이 단원에서 학습할 단어모음입니다. □□□에 각각 모르는 단어를 3회에 걸쳐 ☑(체크표시)해 보세요.
모르는 단어는 끝까지 학습하세요.

Preview Words

□□□ **geo**graphy [dʒiːágrəfi] n. 지리, 지세 지리학
□□□ **geo**graphic, -ical [dʒiːəgrǽfik], [-əl]
　　　　　　　　　　a. 지리학의, 지리적인

□□□ **geo**logy [dʒiːáləɗʒi] n. 지질학
□□□ **geo**logic, -ical [dʒiːəláɗʒik], [-əl] a. 지질학의

□□□ **geo**logist [dʒiːáləɗʒist] n. 지질학자
□□□ **geo**thermal [dʒiːəθə́ːrməl] a. 지열의
□□□ **geo**metry [dʒiːámətri] n. 기하학
□□□ **geo**metric, -ical [dʒiːəmétrik], [-əl] a. 기하학의

어근 geo는 'land, earth 땅, 지구'의 뜻이다.

☐ **geo**graphy [dʒiːágrəfi]
geo(land 땅) + graphy(write 쓰다)

명 지리, 지세지리학
[1] **Geography** is a field of science devoted to the study of the lands, features, inhabitants, and phenomena of the Earth and planets.

☐ **geo**graphic, -ical
[dʒiːəgráfik], [-əl]
geography(지리학) + ic, ical(형접)

형 지리학의, 지리적인
[2] The **Geographical** Journal has been published since 1831.

☐ **geo**logy [dʒiːálədʒi]
geo(land 땅) + logy(학문)

명 지질학
[3] **Geology** is the fields of study concerned with the solid Earth.

☐ **geo**logic, -ical
[dʒiːəládʒik],[-əl]
geology(지질학) + ic, -ical(형접)

형 지질학의
[4] The book is aimed at scholars and students from both **geological** and archaeological backgrounds.

☐ **geo**logist [dʒiːálədʒist]
geology(지질학) + ist(명접 -사람)

명 지질학자
[5] **Geologists** are specialist Earth scientists that work with rocks and the natural processes associated with rocks.

☐ **geo**thermal [dʒiːəθə́ːrməl]
geo(land 땅) + thermal(열의)

형 지열의
[6] **Geothermal** energy is the heat that comes from the sub-surface of the earth.

☐ **geo**metry [dʒiːámətri]
geo(land 땅) + metry(측정학)

명 기하학
[7] **Geometry** is a branch of mathematics that studies the sizes, shapes, positions angles and dimensions of things.

☐ **geo**metric, -ical
[dʒiːəmétrik],[-əl]
geometry(기하학) + ic, -ical(형접)

형 기하학의
[8] **Geometric(Geometrical)** patterns or shapes consist of regular shapes or lines.

---

1. 지리학은 땅, 특징, 서식 동물, 지구와 행성들의 현상 관련 연구에 전념하는 과학의 한 분야이다.
2. 지리 저널은 1831년 이후 출판되었다.
3. 지리학은 고체 지구와 관련된 연구분야들이다.
4. 이 책은 지질학적 배경과 고고학적 배경지식을 가진 학자와 학생들을 대상으로 한다.
5. 지질학자는 암석 및 암석과 관련된 자연 과정을 다루는 지구 전문 과학자이다.
6. 지열 에너지는 지표면에서 나오는 열이다.
7. 기하학은 사물의 크기, 모양, 위치각, 차원을 연구하는 분야다.
8. 기하학적 패턴과 모양은 표준 모양이나 선으로 구성되어있다.

※ 아래에서 우리말은 영어로 영어는 우리말로 각각 뜻을 쓰시오.

1. 가치, 유용성, 소중하게 생각하다 _____
2. 가치평가 _____
3. 가치가 없는, 하찮은 _____
4. 값을 매길 수 없이 소중한 _____
5. 정당함을 인정하다 _____
6. 확인, 비준 _____
7. 과대평가하다 _____
8. 근거 없는 _____
9. 타당함 _____
10. 무효 _____
11. 쓸모가 있다, 이용하다, 이익 _____
12. 유용성 _____
13. 동요, 주저, 모호함 _____

14. equivalent _____
15. countervail _____
16. devalue _____
17. devaluation _____
18. prevailing _____
19. prevalent _____
20. prevalence _____
21. geography _____
22. geographic, –ical _____
23. geology _____
24. geologic, –ical _____
25. geothermal _____
26. geometry _____

※ 다음 문장의 빈칸에 알맞은 단어를 보기에서 찾아 넣으시오. 필요 시 대문자, 수, 시제, 태 등 문법적 요소를 고려하여 쓰세요..(다만 본문 예문 학습을 유도하기 위하여 예문에서 사용한 단어를 정답으로 하였다.)

보기

validity, geography, geologists, avail, value, availability, validate, validation, evaluate, geology, geothermal, geometric(geometrical), valuation, available, evaluation, geometry

27. The court _____d the contract.

28. He saw this result as _____ of his theory.

29. She _____ the time she spends with her family.

30. Other researchers have questioned the _____ of the test results.

31. To _____ means to take advantage of an opportunity.

32. Is this dress _____ in a larger size?

33. Check the _____ of our digital services.

34. The market situation is difficult to _____.

35. _____ is the fields of study concerned with the solid Earth.

36. _____ energy is the heat that comes from the sub–surface of the earth.

37. _____ patterns or shapes consist of regular shapes or lines.

38. A _____ is the process of determining the fair market value of a company in a notional context.

39. _____ is a systematic determination of a subject's merit, worth and significance.

40. _____ is a branch of mathematics that studies the sizes, shapes, positions angles and dimensions of things.

41. _____ is a field of science devoted to the study of the lands, features, inhabitants, and phenomena of the Earth and planets.

42. _____ are specialist Earth scientists that work with rocks and the natural processes associated with rocks.

64 day

tract: draw 당기다, pull 끌다

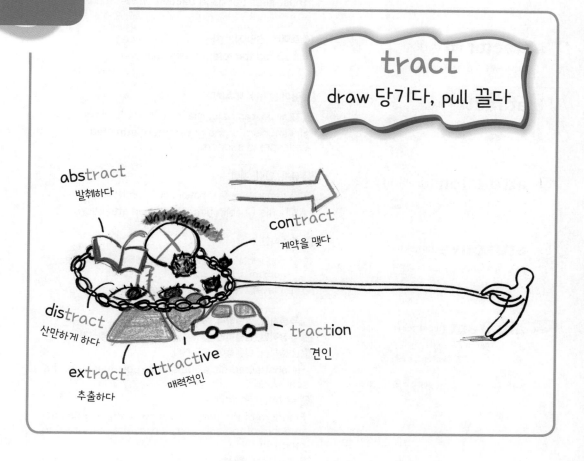

이 단원에서 학습할 단어모음입니다. □□□에 각각 모르는 단어를 3회에 걸쳐 ☑(체크표시)해 보세요.
모르는 단어는 끝까지 학습하세요.

Preview Words

□□□ **traction** [trǽkʃən] n. 끌기, 견인

□□□ **tractor** [trǽktər] n. 트랙터, 견인(자동)차

□□□ **attract** [ətrǽkt] v. 끌어 당기다, 매혹하다

□□□ **attraction** [ətrǽkʃən] n. 유혹, 인력, 매력

□□□ **attractive** [ətrǽktiv] a. 매력적인

□□□ **abstract** v. [æbstrǽkt] 추출하다, 발췌하다 a. 추상적인
　　　　　　　　 n. [ǽbstrækt] 개요, 발췌, 추상화

□□□ **abstraction** [æbstrǽkʃən] n. 추상, 추상 개념, 추출

□□□ **abstractive** [æbstrǽktiv] a. 추상력 있는, 요약의

□□□ **contract** [kántrækt] n. 계약
　　　　　　　　 v. [kəntrǽkt] 계약을 맺다, 수축시키다

□□□ **contraction** [kəntrǽkʃən] n. 수축, 수렴, 단축

□□□ **contractive** [kəntrǽktiv] a. 줄어드는, 수축성의

□□□ **detract** [ditrǽkt] v. 손상시키다

□□□ **distract** [distrǽkt] v. 딴 데로 돌리다, 산만하게 하다

□□□ **distraction** [distrǽkʃən] n. 산만하게 하는 것, 기분전환, 오락

□□□ **distracting** [distrǽkt] a. 마음이 산만한, 미칠 듯한

□□□ **subtract** [səbtrǽkt] v. 빼다, 공제하다

□□□ **subtraction** [səbtrǽkʃən] n. 뺄셈

□□□ **extract** [ikstrǽkt] v. 추출하다 n. [ékstrækt] 추출물

□□□ **extraction** [ikstrǽkʃən] n. 추출

□□□ **retract** [ritrǽkt] v. 취소하다, 철회하다

□□□ **retraction** [ritrǽkʃən] n. 오므림, 철회, 수축력

어원 tract는 'draw 당기다, pull 끌다'의 뜻이다.

☐ **tract**ion [trǽkʃən]

tract(draw 잡아 당기다) + tion(명접)

명 끌기, 견인, 정지 마찰
[1] These tires get good **traction** on wet roads.

☐ **tract**or [trǽktər]

tract(draw 잡아 당기다) + or(명접)

명 트랙터, 견인(자동)차
[2] Find used **tractors** for sale near you.

☐ at**tract** [ətrǽkt]

at(to ~쪽으로) + tract(draw 잡아 당기다)
→ 끌어 당기다, 매혹하다

동 끌어 당기다, 매혹하다
유사어 allure, captivate, charm, enchant, fascinate
[3] His criticism of the government **attracted** widespread support.

☐ at**tract**ion [ətrǽkʃən]

attract(끌어 당기다, 매혹하다) + tion(명접)

명 유혹, 인력, 매력
유사어 temptation, fascination, pull, captivation
[4] A Charlie Chaplin film is my main **attraction**.

☐ at**tract**ive [ətrǽktiv]

attract(끌어 당기다, 매혹하다) + ive(형접)

형 매력적인
유사어 good-looking, charming, appealing, seductive, gorgeous, lovely, desirable, sensuous
[5] The player was always very **attractive** to girls.

다의어 **abs**tract [æbstrǽkt]

abs(away 떨어져) + tract(draw 잡아 당기다)
→ 잡아당겨 (중심으로부터) 떨어지게 하다
― 발췌하다, 요약하다
― (눈에 보이는 물체로부터 벗어난) 추상적인, 관념적인

동 추출하다, 발췌하다, 요약하다
형 추상적인, 관념적인 명 [ǽbstrækt] 개요, 발췌, 추상화
동 추출하다, 발췌하다, 요약하다
[6] He **abstracted** his axioms from observation of the real world.
형 추상적인, 관념적인
[7] Freedom of the press is not an **abstract** concept: freedom of the press has a concrete purpose – to report truth.
명 개요, 발췌, 추상화
[8] An **abstract** is a brief summary of a research article, thesis, review, conference proceeding.

다의어 **abs**tract**ion** [æbstrǽkʃən]

abstract(추출하다, 발췌하다, 요약하다) + tion(명접)

명 추상, 추상 개념, 추출
[9] The definition of '**abstraction**' is an idea that lacks a concrete nature, or is idealistic in nature.

다의어 **abs**tract**ive** [æbstrǽktiv]

abstract(추상하다, 추출하다, 발췌하다) + ive(형접)

형 추상력 있는, 추상에 관한, 요약의
[10] The summarization is **abstractive** rather than extractive.

---

1. 이 타이어들은 젖은 길에서 좋은 정지 마찰력을 갖는다.
2. 네 근처에서 판매를 위한 중고 트랙터들을 찾아봐.
3. 정부 관련 그의 비판은 광범위한 지지를 끌어냈다.
4. 찰리채플린의 영화가 나의 주요 유혹이다.
5. 그 선수는 항상 소녀들에게 매력적이었다.
6. 그는 실생활에서 관찰로부터 그의 원리를 발췌해냈다.

7. 언론의 자유는 추상적인 개념이 아니다. 언론의 자유는 구체적인 목적-진실 보도-을 가지고 있다.
8. 개요는 조사기사, 논문, 비평, 회의절차 등에 관한 간략한 요약이다.
9. '추상(abstraction)'의 개념은 구체적인 특성이 부족하고 본래 이상적인 성격인 개념이다.
10. 개괄(summarization)이 발췌라기보다 오히려 요약적이다.

다의어 **con**tract [kántrækt]

con(together 함께) + tract(draw 잡아 당기다)
- 서로 잡아당겨 → 계약을 이루다
- 수축하다

명 계약 동 [kəntrǽkt] 계약을 맺다, 축소시키다
명 계약
[11] 'A **contract**' is a legally-binding agreement which determines the rights and duties of the parties.
동 [kəntrǽkt] 계약을 맺다, 축소시키다
[12] Our company was **contracted** to build shelters for the homeless.

☐ con**traction** [kəntrǽkʃən]

contract(축소시키다) + ion(명접)

명 수축, 수렴, 단축 **유사어** shrinkage
[13] Cold causes **contraction** of the metal.

☐ con**tractive** [kəntrǽktiv]

contract(수축하다) + ive(형접)

형 줄어드는, 수축성의
[14] There's a transparent cover that provides a glimpse at the **contractive** suspension.

☐ **de**tract [ditrǽkt]

de(down 아래로) + tract(draw 잡아 당기다)
→ (가치나 명성 등을) 아래로 잡아당기다 → 손상시키다

동 손상시키다
[15] 'To **detract**' is to take away a part from quality, value, or reputation.

☐ **dis**tract [distrǽkt]

dis(away 떨어져서) + tract(draw 잡아 당기다)
→ (다른 곳으로 집중력 등을) 잡아 당겨 떠나게 하다
→ 산만하게 하다

동 딴 데로 돌리다, 산만하게 하다
[16] The students are easily **distracted**, especially when they're tired.

다의어 dis**traction** [distrǽkʃən]

distract(딴 데로 돌리다) + tion(명접)

명 산만하게 하는 것, 기분 전환, 오락
[17] It was hard to work with so many **distractions**.
[18] A weekend at the beach was a good **distraction** from her troubles.

☐ dis**tracting** [distrǽkt]

distract(산만하게 하다) + ing(형접)

형 마음이 산란한, 미칠 듯한
[19] Cell phones are far more **distracting** for drivers than radios.

☐ **sub**tract [səbtrǽkt]

sub(under 아래로) + tract(draw 잡아 당기다)
→ 아래로 잡아당기다 → 빼다, 공제하다

동 빼다, 공제하다
유사어 deduct, take away, take from, take off
[20] Four **subtracted** from ten equals six.

☐ sub**traction** [səbtrǽkʃən]

subtract(빼다) + tion(명접)

명 뺄셈
[21] **Subtraction** is an operation in which one number is taken away from another number. For example, 4 – 1 = 3 (four minus one equals three).

---

11. 계약(contract)은 당사자들의 권리와 의무를 규정하는 법적으로 구속된 협정이다.
12. 우리 회사는 집 없는 사람들을 위하여 거처를 세우기로 계약했다.
13. 추위는 금속의 수축을 일으킨다.
14. 수축성 현가장치(자동차 프레임에 바퀴를 고정하는 완충장치)를 볼 수 있는 투명한 커버가 있다.
15. '손상시키는 것(to detract)'는 품질, 가치, 혹은 명성으로부터 일부를 훼손시키는 것이다.

16. 학생들은 쉽게 산만해진다, 특히 그들이 피곤했을 때.
17. 너무 많은 산만한 것들과 함께 일하는 것은 어렵다.
18. 해변에서의 주말은 그녀의 문제들로부터 벗어난 좋은 오락거리다.
19. 휴대폰은 라디오보다 운전자에게 훨씬 더 주의를 산만하게 한다.
20. 10에서 4를 빼면 6이다.
21. 뺄셈은 또 다른 한 수에서 한 수가 빠지는 작용이다. 예를 들어 4에서 1을 빼면 3이다.

다의어 **ex**tract [ikstrǽkt]

— ex(out) + tract(draw 잡아 당기다) → 밖으로 잡아 당기다
— (물질을) 추출하다
— (글의 내용을) 인용하다, 발췌하다

동 인용하다, 추출하다 명 [ékstrækt] 추출물, 초록, 인용, 발췌

동 뽑다, 추출하다
22 The machines **extract** the juice from the apples.
23 He **extracted** a few lines from a poem.
명 추출물, 초록, 인용, 발췌
24 The recipe calls for a tablespoon of vanilla **extract**.
25 The anthology includes a long **extract** from the epic poem.

☐ **extrac**tion [ikstrǽkʃən]

extract(뽑다, 인용하다, 추출하다) + tion(명접)

명 추출
26 **Extraction** in chemistry is a separation process consisting in the separation of a substance from a matrix.

☐ **re**tract [ritrǽkt]

re(back 뒤로) + tract(draw 잡아 당기다)
→ (계약 등을) 뒤로 잡아 당기다 → 취소하다, 철회하다

동 취소하다, 철회하다 유사어 withdraw, take back, revoke
27 He **retracted** his earlier statements about his religion.

☐ **re**tract**ion** [ritrǽkʃən]

retract(취소하다)+ion(명접)

명 오므림, 철회, 수축력
28 The 'tiny, weird bird-like dinosaur' was not a dinosaur or a bird after all, according to a **retraction** of the research published in a prestigious journal.

22. 이 기계들은 사과들에서 주스를 추출한다.
23. 그는 시에서 몇 줄을 인용하였다.
24. 이 조리법은 바닐라 추출물 한 숟가락이 필요하다.
25. 이 명시 전집은 서사시에서 발췌한 긴 문장을 포함한다.

26. 화학에서 추출(extraction)은 모체로부터 물질을 분리할 때 존재하는 분리 과정이다.
27. 그는 종교에 관한 그의 초기 발언을 철회하였다.
28. 권위있는 저널에 발표된 연구의 철회에 따르면 '작고 기묘한 새와 같은 공룡'은 결국 공룡이나 새가 아니었다.

wa(rd), war(n): watch 주의하다, 지켜보다

wa(rd), war(n)
watch 주의하다, 지켜보다

awake 깨우다

ware 도자기, 상품

warn 경고하다

warden 관리자, 감독자

award 수여하다, 상, 상금

wardrobe 옷장

이 단원에서 학습할 단어모음입니다. □□□에 각각 모르는 단어를 3회에 걸쳐 ☑(체크표시)해 보세요. 모르는 단어는 끝까지 학습하세요.

Preview Words

□□□ward [wɔːrd] n. 보호, 감시 (교도소의) 감방, 수용소, (병원) 병동, 보호 대상자, 피후견인

□□□steward [stjúːərd] n. 집사, 지배인, 스튜어드

□□□warden [wɔ́ːrdn] n. 관리자, 감독자, 감시인

□□□warder [wɔ́ːrdər] n. 지키는 사람, 감시인, 수위

□□□wardrobe [wɔ́ːrdròub] n. 옷장

□□□ware [wɛər] n. 상품, 세공품, 공작품, 도자기(pottery)

□□□award [əwɔ́ːrd] v. 수여하다 n. 상, 상금

□□□reward [riwɔ́ːrd] n. 보수, 상금 v. 보답하다

□□□aware [əwɛ́ər] a. 알고 있는

□□□awakeness [əwéiknis] n. 인식

□□□warn [wɔːrn] v. 경고하다, 주의하다

□□□wake [weik] v. 잠깨다, 깨우다

□□□awake [əwéik] v. 깨우다 a. 알고 있는

어근 wa(rd), war(n)는 'watch 주의하다, 지켜보다'라는 뜻이다.

다의어 **ward** [wɔːrd]

ward(watch 지켜보다)
- 보호, 감시
- (지켜보는 대상이 된) 피보호자, 피후견인
- (보호나 감시의 대상이 되는 사람들이 생활하는) 병동, 수용소

명 보호, 감시 (교도소의) 감방, 수용소, (병원) 병동, 보호 대상자, 피후견인

a surgical **ward** 외과병동, psychiatric **ward** 정신병동
an isolation **ward** 격리병동
[1] The nurse works in the cancer **ward**.
[2] The orphan was made a **ward** of court when his parents died.
[3] The **ward** was full of children infected with TB (tuberculosis).
[4] Jo is a staff nurse working on the maternity **ward**.

☐ **steward** [stjúːərd]

ste(hall 홀, house 집) + ward(watch 보다)

명 집사, 지배인, 스튜어드 cf) stewardess 스튜어디스
[5] All **stewards** will receive a commemorative program and free entry.

☐ **warden** [wɔ́ːrdn]

ward(watch 지켜보다) + en(=er **명접** 사람) → 감시하는 사람 → 관리자

명 관리자, 감독자, 감시인
[6] A **warden**'s job is to manage a prison.

☐ **warder** [wɔ́ːrdəːr]

ward(watch 지켜보다) + er(**명접** 사람) → 감시하는 사람 → 관리자

명 지키는 사람, 감시인, 수위
[7] A **warder** is someone who works in a prison supervising the prisoners.

☐ **wardrobe** [wɔ́ːrdròub]

ward(watch 지켜보다) + robe(옷) → 옷을 모아 보는 곳 → 옷장

명 옷장 **유사어** closet
[8] He hung his suit in the **wardrobe**.

☐ **ware** [wɛər]

깨지거나 도난 등의 이유때문에 주의하여 지켜야 하는 도자기 등의 제품

명 상품, 세공품, 공작품, 도자기(pottery)

earthenware 도자기, hardware 철물, silverware 은제품, tableware 식탁 용품
[9] Traders in the street markets displayed their **ware**.

☐ **award** [əwɔ́ːrd]

a(to ~쪽으로) + ward(watch 지켜보다)
→ 잘 살펴서 좋은 일은 한 사람에게 '상을 주다'

동 수여하다 **명** 상, 상금

동 수여하다 **유사어** give, grant
[10] Carlos was **awarded** first prize in the essay competition.
명 상, 상금 **유사어** prize, reward
[11] The company won the **award** for the most promising new brand of the year.

---

1. 그 간호사는 암병동에서 일한다.
2. 그 고아는 그의 부모가 죽었을 때 법원의 보호 대상자 −피후견인−가 되었다.
3. 그 병동은 결핵에 감염된 아이들로 가득 찼다.
4. 조는 산부인과 병동에서 일하는 상근 간호사이다.
5. 모든 지배인은 기념 프로그램과 입장권을 받게 된다.

6. 관리자의 임무는 감옥을 관리하는 것이다.
7. 교도관은 죄수들을 관리감독하는 교도소에서 일하는 사람이다.
8. 그는 옷장에 그의 정장을 걸었다.
9. 거리 상인들은 그들의 도자기 제품을 진열하였다.
10. 카를로스는 에세이 대회에서 일등 상을 받았다.
11. 그 회사는 금년 가장 전망 있는 브랜드를 위한 상을 받았다.

☐ **reward** [riwɔ́:rd]

re(again 다시) + ward(watch 보다)
→ 지켜봐서 다시 돌려주다 → 보상하다

명 보수, 상금 동 보답하다

명 보수, 상금 유사어 recompense, prize, award
[12] The police offered a **reward** for his capture.
동 보답하다 유사어 recompense, pay, remunerate
[13] The school **rewards** pupils for good behavior.

☐ **aware** [əwéər]

a(to ~쪽으로) + ware(watch 보다) → 지켜보고 있는
→ 알고 있는

형 알고 있는 유사어 conscious
[14] Were you **aware** of the risks at the time?

☐ **awakeness** [əwéiknis]

awake(깨우다) + ness(명접)

명 인식
[15] The DAY package can be used to enhance an individual's sense of **awakeness** and energy level.

☐ **warn** [wɔ:rn]

war(watch 보다) + n(동접) → 주의하여 지켜보다

동 경고하다, 주의하다
[16] The leaflet **warns** children about the dangers of smoking.

☐ **wake** [weik]

wa(watch 보다) + ke(동접) → 지켜볼 수 있게 하다

동 잠깨다, 깨우다
[17] Nature **wakes** in spring.

☐ **awake** [əwéik]

a(to 쪽으로) + wake(깨우다) → 지켜볼 수 있게 하는
→ 깨우다, 알고 있는

동 깨우다 유사어 awaken 형 알고 있는
동 깨우다
[18] A shrill cry from a mechanical parking system at dawn **awakes** me from my sleep.
형 알고 있는
[19] I find it so difficult to stay **awake** during history lessons.
[20] The pregnant woman kept her husband **awake** all night.

12. 경찰은 그의 체포에 대하여 포상금을 제공하였다.
13. 학교는 선행한 학생들에게 보상한다.
14. 너는 그 당시에 그 위험을 알고 있었니?
15. DAY 패키지는 개인의 각성 및 에너지 수준을 향상시키기 위하여 사용될 수 있다.

16. 그 전단지는 아이들에게 흡연의 위험성에 관해 경고한다.
17. 대자연은 봄에 소생한다.
18. 새벽에 기계식 주차장에서 나는 날카로운 소리가 잠을 깨운다.
19. 역사 시간 동안 깨어 있는 것이 어렵다는 것을 발견한다.
20. 그 임신한 아내는 그녀의 남편을 밤새 깨어 있게 하였다.

※ 아래에서 우리말은 영어로 영어는 우리말로 각각 뜻을 쓰시오.

1. 추출하다, 추출물 _____
2. 보호, 감방, (병원)병동 _____
3. 끌기, 견인 _____
4. 끌어 당기다, 매혹하다 _____
5. 유혹, 인력, 매력 _____
6. 매력적인 _____
7. 수축, 수렴, 단축 _____
8. 줄어드는, 수축성의 _____
9. 마음이 산란한, 미칠 듯한 _____
10. 빼다, 공제하다 _____
11. 뺄셈 _____
12. 추출 _____
13. 취소하다, 철회하다 _____

14. retraction _____
15. abstract _____
16. abstraction _____
17. abstractive _____
18. contract _____
19. distraction _____
20. detract _____
21. distract _____
22. steward _____
23. warden _____
24. wardrobe _____
25. award _____
26. awakeness _____

※ 다음 문장의 빈칸에 알맞은 단어를 보기에서 찾아 넣으시오. 필요 시 대문자, 수, 시제, 태 등 문법적 요소를 고려하여 쓰세요.(다만 본문 예문 학습을 유도하기 위하여 예문에서 사용한 단어를 정답으로 하였다.)

보기

attractive, reward, contraction, ward, abstract, wardrobe, contract, abstraction, warn, warder, award, abstract, detract, distracting, awake, subtraction

27. The nurse works in the cancer _____.

28. He hung his suit in the _____.

29. The school _____ pupils for good behavior.

30. Cold causes _____ of the metal.

31. The player was always very _____ to girls.

32. The pregnant woman kept her husband _____ all night.

33. The leaflet _____ children about the dangers of smoking.

34. A _____ is someone who works in a prison supervising the prisoners.

35. The company won the _____ for the most promising new brand of the year.

36. He _____ ed his axioms from observation of the real world.

37. 'To _____' is to take away a part from quality, value, or reputation.

38. Cell phones are far more _____ for drivers than radios.

39. ' A _____' is a legally-binding agreement which determines the rights and duties of the parties.

40. The definition of ' _____ ' is an idea that lacks a concrete nature, or is idealistic in nature.

41. _____ is an operation in which one number is taken away from another number. For example, 4 – 1 = 3 (four minus one equals three).

42. Freedom of the press is not an _____ concept: freedom of the press has a concrete purpose – to report truth.

medi(o)-, mid-: middle 중간

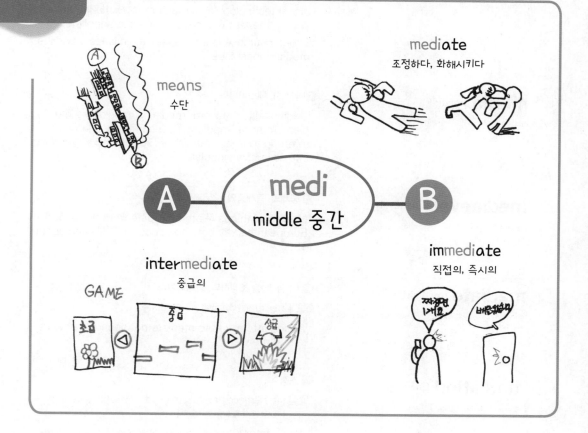

Preview Words

☐☐☐ medi**um** [míːdiəm] n. 중간, 매개(물), 매체
☐☐☐ medi**a** [míːdiə] n. 매스컴, 매스미디어
☐☐☐ medi**aeval** [mìːdíːvəl] a. 중세의, 중세풍의
☐☐☐ medi**ate** [míːdièit] v. (분쟁 등)을 조정하다, 화해시키다
☐☐☐ medi**ation** [mèdiéiʃən] n. 조정
☐☐☐ medi**cine** [médəsən] n. 약, 약물, 의학
☐☐☐ medi**cal** [médikəl] a. 의학의, 의술의
☐☐☐ medi**cate** [médəkèit] v. 약으로 치료하다
☐☐☐ medi**cation** [médəkèiʃən] n. 의약품, 약물 치료
☐☐☐ medi**tate** [médətèit] v. 명상하다
☐☐☐ medi**tation** [mèdətéiʃən] n. 묵상, (종교적) 명상
☐☐☐ Medi**terranean** [mèdətəréiniən] a. 지중해의
☐☐☐ medi**ocrity** [mìːdiɑkrəti] n. 보통, 평범

☐☐☐ mean [miːn] v. 의미하다 a. 중간의 n. 중간
☐☐☐ means [miːnz] n. 수단
☐☐☐ mean**while** [míːntàim] ad. 그동안에
☐☐☐ medi**an** [míːdiən] a. 중간의, 평균의 n. 중앙값, 중점(中點)
☐☐☐ mod**est** [mádist] a. 겸손한, 조심성 있는, 삼가는
☐☐☐ mod**erate** [mádərət] a. 절제하는 v. [mádərèit] 완화하다
☐☐☐ mid**field** [midfiːld] n. 미드필드, 경기장의 중앙부
☐☐☐ mid**night** [mídnàit] n. 한밤중, 밤 12시, 암흑
☐☐☐ mid**term** [midtəːrm] n. 중간시점, 중간고사
☐☐☐ mid**st** [midst] n. 중앙, (한)가운데
☐☐☐ mid**way** [midwei] a., ad. 중간의(에) n. (박람회 따위의) 중앙로
☐☐☐ im**mediate** [imíːdiət] a. 직접의, 즉시의
☐☐☐ inter**mediate** [ìntərmíːdiət] a. 중급의

어근 medi(o)-, mid-는 'middle 중간'의 뜻이다.

☐ **medium** [míːdiəm]

medi(middle 중간의) + um(명접) → 매체

명 중간, 매개(물), 매체

[1] Government has considered the possibility of using digital technology as a **medium** to exchange data among the farmers, consumers, and suppliers.

[2] Cyber insurance is a necessity as reliance on online **medium** increases.

☐ **media** [míːdiə]

medium의 복수, 다만 문맥에 따라 단수 취급하는 경우도 많다.

명 매스컴, 매스미디어

[3] Traditionally, the word "**media**" is considered the plural form of "medium," but current usage when referring to "mass media" or "social media" turns it into collective singular.

☐ **mediaeval** [mìːdiíːvəl]

medi(middle 중간의) + aev(age 시대) + al(형접) → 중세의

형 중세의, 중세풍의

[4] **Mediaeval** things relate to or date from the period in European history between about 500 AD and about 1500 AD.

☐ **mediate** [míːdièit]

medi(middle 중간의) + ate(동접) → 중간에 끼어서 중재하다 → 중재하다

동 (분쟁 등)을 조정하다, 화해시키다

유사어 arbitrate, conciliate, moderate

[5] Wilson attempted to **mediate** between the powers to end the war.

☐ **mediation** [mèdiéiʃən]

mediate(조정하다) + ation(명접)

명 조정

유사어 interference, interposition, reconciliation, atonement, arbitration, adjustment

[6] If you enter into **mediation**, both sides must agree on who oversees the process.

☐ **medicine** [médəsən]

medicine(medium-영매, 매개체)
(병을 주는 악마와 환자사이에서 매개체로서 주술를 부려 낫게 해준다는 뜻)

명 약, 약물, 의학

[7] **Medicine** is the science and practice of establishing the diagnosis, prognosis, treatment, and prevention of disease.

---

1. 정부는 농부, 소비자와 공급자들 사이에 데이터를 교환하는 매개체로서 디지털 테크놀러지를 사용하는 가능성을 고려하고 있다.
2. 사이버 보험은 온라인 매개체 의존이 증가하면서 필수품이 되었다.
3. 전통적으로 단어 미디어(media)는 미디엄(medium)의 복수로 간주된다. 그러나 매스미디어나 소셜미디어를 언급할 때, 현재의 용도는 미디어를 집합적 단수로 변하였다.
4. 중세의 일들이라는 것은 유럽 역사에서 AD 500년에서 대략 AD 1,500년 기간을 언급하거나 그 시기로 거슬러 올라간다.
5. Wilsond은 전쟁을 끝내기 위하여 강대국들 사이에서 조정하려고 시도했다.
6. 네가 조정을 시작한다면 양 당사자는 누가 그 과정을 감독할 것인가를 동의해야만 한다.
7. 의학은 병에 대한 진단, 예후, 치료을 확립한 과학이자 진료다.

☐ **medical** [médikəl]

medic(medium-영매, 매개체) + al(형접)

형 의학의, 의술의

[8] A person's **medical** records are confidential.

☐ **medicate** [médəkèit]

medic(medium-영매, 매개체) + ate(동접)

동 약으로 치료하다

[9] To **medicate** is to treat an illness with some kind of medicine.

☐ **medication** [médəkèiʃən]

medicate (약으로 치료하다) +tion(명접)

명 의약품, 약물 치료

[10] A **medication** is a drug used to diagnose, cure, treat, or prevent disease.

다의어 **mean** [miːn]

— 대략 중간적인 혹은 평균적인 것을 말하다 → 의미하다
— 중간(의), 평균(의)
— 어정쩡한 입장에 있다는 면에서 → 비열한
— 돈을 충분하게 쓰지 않는 → 인색한
— 대단하지는 못한 → 하찮은

동 의미하다   형 중간의, 평균의, 비열한, 하찮은   명 중간

동 의미하다

[11] Health **means** everything.

[12] This sign **means** that cars must stop.

형

• 중간의, 평균의

[13] Their **mean** weight was 73 kilograms.

[14] Analysts' **mean** estimate is for earnings of 33 cents a share.

• 비열한

[15] He was a **mean** president in the world.

• 인색한

[16] He's very **mean** with his money.

• 하찮은, 보잘것없는

[17] He was born in the **mean** streets of Detroit in 1945.

명 중간, 평균

[18] The **mean** is the average of the numbers.

[19] The **mean** of five, seven, and twelve is eight.

☐ **means** [miːnz]

지렛대처럼 '중간에 개입한다'는 뜻으로

명 수단

[20] The ends don't justify the **means**.

[21] The team won the competition by fair and honest **means**.

---

8. 사람의 의료기록은 기밀이다.
9. 약으로 치료하는 것(to medicate)은 얼마 간의 종류의 약으로 병을 치료하는 것이다.
10. 의약품은 병을 진단, 처치, 치료, 예방을 위하여 사용되는 약이다.
11. 건강이 모든 것을 의미한다.
12. 이 표지판은 정차하라는 표시다.
13. 그들의 평균 몸무게는 73킬로그램이다.
14. 증권 분석가(애널리스트)들의 평균적인 평가는 주당 33센트 수익을 예상한다.

15. 그는 세계에서 비열한 대통령이었다.
16. 그는 돈과 관련 매우 인색하다.
17. 그는 1945년 디트로이트의 보잘것없는 거리에서 태어났다.
18. 평균(mean)은 수의 중간값이다.
19. 5, 7, 12의 평균값은 8이다.
20. 목적은 수단을 정당화하지 못한다.
21. 그 팀은 정직하고 정의로운 수단으로 경쟁을 이겼다.

☐ **meditate** [médətèit]

med(medium 영매, 매개체) + it(go 가다) + ate(동접)
→ 신과 인간 간의 중간에서 매개행위를 통해 마음을 안정시키다
→ 명상하다

동 **명상하다**

22 How long would you like to **meditate**?

☐ **meditation** [mèdətéiʃən]

meditate(명상하다) + tion(명접)

명 **묵상, (종교적) 명상**

23 **Meditation** has been practiced since antiquity in numerous religious traditions, often as part of the path towards enlightenment and self realization.

☐ **Mediterranean**
[mèdətəréiniən]

Medi(중간) + terran(지구, 영토) + ean(형접)
→ 영토들 사이에 있는

형 **지중해의**

24 The typical **Mediterranean** climate has hot, humid, and dry summers and mild, rainy winters.

☐ **mediocrity** [mìːdiákrəti]

medi(medium 매개체) + ocr(degree정도) + ity(명접)
→ 중간정도상태 → 평범

명 **보통, 평범**

25 The noun **mediocrity** means the quality of being average or ordinary.

☐ **meanwhile** [míːntàim]

mean(중간) + while(잠시) → 중간동안 → 그동안

부 **그동안에**

26 You can set the table. **Meanwhile**, I'll start making dinner.

☐ **median** [míːdiən]

medi(중간) + an(형접, 명접) → 중간(의)

형 **중간의, 평균의** 명 **중앙값, 중점(中點)**

형 **중간의, 평균의**
27 Today the **median** age for marriage in the US is 25 for women and 27 for men.
명 **중앙값, 메디안**
28 The "**median**" is the "middle" value in the list of numbers.

☐ **modest** [mádist]

mode(중간) + st (형접) → 정도를 넘지 않고 중간정도의
→ 겸손한

형 **겸손한, 조심성 있는, 삼가는**

29 He's **modest** about his achievements.

---

22. 얼마나 오랫동안 명상하고 싶은가요?
23. 명상은 고대 이후로 많은 종교적인 전통에서 가끔 계몽과 자아실현을 향한 방편의 일부로서 실행되어왔다.
24. 전형적인 지중해 기후는 여름에 덥고 눅눅하고 그리고 건조하고 겨울에는 온화하고 비가 내린다.
25. 명사 'mediocrity'는 평균적이거나 보통인 자질을 의미한다.

26. 너는 밥상을 차려. 그동안에 나는 저녁 준비를 시작할게.
27. 오늘날 미국에서 평균적인 결혼 나이는 여자들은 25세이고 남자들은 27세다.
28. 중앙값(median)은 수들의 리스트에서 중앙값이다.
29. 그는 자기 업적을 자랑하지 않는다.

☐ **moderate** [mádərət]
moder(중간) + ate(동접, 형접)

형 절제하는 　동 [mádərèit] 완화하다
형 절제하는
[30] He's a **moderate** drinker.
동 온건하게 하다, 완화하다
[31] The president may have to **moderate** his stance on tax cuts.

☐ **midfield** [midfi:ld]
mid(중앙) + field(필드)

명 미드필드, 경기장의 중앙부
[32] Atletico Madrid is looking to strengthen their **midfield**.

☐ **midnight** [mídnàit]
mid(중간) + night(밤) → 한밤

명 한밤중, 밤 12시, 암흑
[33] There's a great film on TV at **midnight**.
[34] **Midnight** is the transition time from one day to the next – the moment when the date changes.

☐ **midterm** [midtə:rm]
mid(중간) + term(기간, 학기)

명 중간시점, 중간고사
[35] **Midterm** exams start next week.
[36] The party in power usually does badly in **midterm** elections.

☐ **midst** [midst]

명 중앙, (한)가운데
[37] The country is in the **midst** of an economic crisis.

☐ **midway** [midwei]
mid(중앙) + way(길)

형, 부 중도의(에), 중간쯤의(에)　명 (박람회 따위의) 중앙로
명 (박람회 따위의) 중앙로
[38] The two photos show the fair's **midway** during the early 1970's.

☐ **immediate** [imí:diət]
im(not) + medi(medium 매개체) + ate(형접)
→ (공간, 시간적으로) 중간에 개입하지 않는

형 직접의, 즉시의
[39] Dioxin is a poison that takes **immediate** effect.

☐ **intermediate** [ìntərmí:diət]
inter(사이) + medi(중간의) + ate(형접) → 중간 사이에
→ 중급의

형 중급의
[40] This novel is too difficult for **intermediate** students of English.

---

30. 그는 절제하는 음주자이다.
31. 대통령은 세금 삭감에 대한 입장을 완화하여야 할지도 모른다.
32. 아틀레티코 마드리드는 미드필드를 강화하고자 한다.
33. 한밤에 TV에서 멋진 영화를 방송한다.
34. Midnight는 어떤 날짜에서 다른 날짜로 전환하는 시간이다.
　　– 날짜가 바뀌는 순간이다.

35. 중간 시험이 다음 주에 시작한다.
36. 권력을 가진 정당이 보통 중간 선거에서 고전한다.
37. 이 나라는 경제 위기 한가운데에 있다.
38. 두 장의 사진은 1970년대 초반 박람회 중앙로의 모습을 보여준다.
39. 다이옥신은 즉각적인 영향을 갖는 독이다.
40. 이 소설은 중급 영어 실력을 가진 학생들에게 너무 어렵다.

tone, tune: 음질, 색조

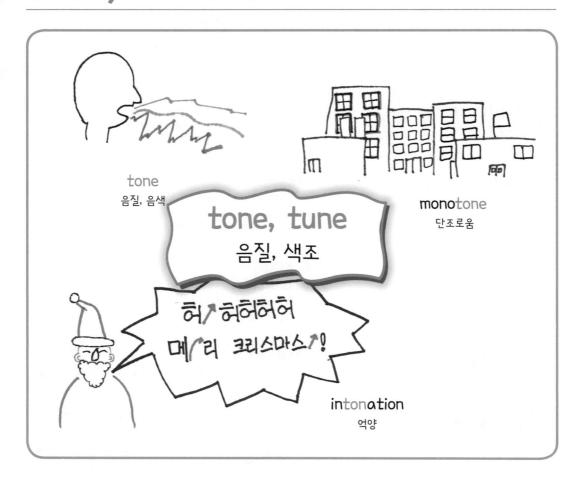

이 단원에서 학습할 단어모음입니다. □□□에 각각 모르는 단어를 3회에 걸쳐 ☑(체크표시)해 보세요.
모르는 단어는 끝까지 학습하세요.

Preview Words

□□□ **tone** [toun] n. 음질, 음색, 어조, 논조
□□□ **tune** [tju:n] n. 곡, 곡조, 멜로디 v. 조율하다
□□□ **tunable** [tjú:nəbəl] a. 조율할 수 있는
□□□ **tuning** [tjú:niŋ] n. 조율, 파장 조정

□□□ **monotone** [mánətòun] n. 단조(單調), 단조로움
□□□ **monotonous** [mənátənəs] a. 단조로운, 단색의
□□□ **intonate** [íntənèit] v. 억양을 붙여서 말하다
□□□ **intonation** [ìntənéiʃən] n. 인토네이션, 억양

다의어	**tone** [toun]	명 음질, 음색, 음조, 어조, 말씨, 논조, 색조, 배색

(말 소리의) 음질, 음색, 음조 → (말의) 어조, 말씨
→ (글의) 논조 → 분위기, 기풍, (색깔의) 색조, 배색

[1] The letter had a friendly **tone**.

☐ **tune** [tju:n]

tone의 변형

명 곡, 곡조, 멜로디 동 조율하다

명 곡, 곡조, 멜로디
[2] He was humming a **tune** as he washed the dishes.
[3] The piano is out of **tune**.
동 조율하다
[4] The orchestra was **tuning** up when we entered the concert hall.

☐ **tunable** [tjú:nəbəl]

tune(곡, 선율) + able(형접)

형 좋은 음조를 낼 수 있는, 조율할 수 있는
[5] The NIST scientists developed a system that uses a portable, **tunable** laser to deliver a well-controlled UV beam.

☐ **tuning** [tjú:niŋ]

tune(음의 고저, 선율) + ing(명접)

명 조율, 파장 조정
[6] The **tuning** knob is product of high-quality wooden, and simple to tune.
[7] Car design on demand and individualistic car **tuning** will become easier in South Korea.

☐ **monotone** [mánətòun]

(mono 하나) + tone(음색, 어조, 색조)

명 단조(單調), 단조로움
[8] **Monotone** refers to a sound, for example music or speech, that has a single unvaried tone.

☐ **monotonous** [mənátənəs]

monotone(단조로움, 단색) + ous(형접)

형 단조로운, 단색의
[9] The lecturer's **monotonous** delivery put us to sleep.

☐ **intonate** [íntənèit]

in(안에) + tone(음색, 어조, 색조) + ate(동접)

동 억양을 붙여서 말하다
[10] Children learn how to **intonate** in a sentence naturally.

☐ **intonation** [ìntənéiʃən]

intonate(억양을 붙여서 말하다) + ion(명접)

명 억양, 인토네이션
[11] **Intonation** describes how the voice rises and falls in speech.

---

1. 편지는 우호적인 어조로 쓰여 있었다.
2. 그는 설거지를 하면서 곡을 흥얼거렸다.
3. 피아노가 음이 맞지않다.
4. 콘서트홀에 들어갔을 때 관현악단은 음을 맞추고 있었다.
5. NIST 과학자들은 조정 가능한 휴대용 레이저를 사용하여 잘 제어된 UV 빔을 전달하는 시스템을 개발했다.
6. 튜닝 손잡이는 고품질 목재로 만들어졌으며 튜닝이 간단하다.
7. 주문형 자동차 디자인 및 개별 자동차 튜닝이 한국에서 쉬워질 것이다.
8. 모노톤은 변하지 않는 단일 톤을 가진 사운드 (예 : 음악 또는 음성)를 나타낸다.
9. 강사의 단조로운 연설은 우리를 졸리게 했다.
10. 아이들은 문장에서 억양을 붙여 말하는 법을 자연스럽게 배운다.
11. 억양(intonation)은 음성이 어떻게 말하고 올라가는지 설명한다.

※ 아래에서 우리말은 영어로 영어는 우리말로 각각 뜻을 쓰시오.

1. 절제하는, 완화하다 _____
2. 의학의, 의술의 _____
3. 약으로 치료하다 _____
4. 의약품, 약물 치료 _____
5. 명상하다 _____
6. 묵상, (종교적) 명상 _____
7. 조정하다, 화해시키다 _____
8. 조정 _____
9. 의미하다, 중간 _____
10. 수단 _____
11. 중간의, 평균의, 중앙값, 중점 _____
12. 겸손한, 조심성 있는, 삼가는 _____
13. 약, 약물, 의학 _____

14. tone _____
15. monotone _____
16. monotonous _____
17. intonate _____
18. intonation _____
19. medium _____
20. media _____
21. mediaeval _____
22. tune _____
23. tunable _____
24. tuning _____
25. mediocrity _____
26. intermediate _____

※ 아래 각각 문장에서 mean(s) 단어의 뜻에 유의하여 각각 해석하세요.

27. Health means everything.

28. He was a mean president in the world.

29. He's very mean with his money.

30. The mean of five, seven, and twelve is eight.

31. The ends don't justify the means.

※ 다음 문장의 빈칸에 알맞은 단어를 보기에서 찾아 넣으시오. 필요 시 대문자, 수, 시제, 태 등 문법적 요소를 고려하여 쓰세요.(다만 본문 예문 학습을 유도하기 위하여 예문에서 사용한 단어를 정답으로 하였다.)

보기 intonation, medium, intonate, mediation, monotone, medicine, mediaeval, mediate, tune, tone, monotonous

32. The letter had a friendly _____.

33. The lecturer's _____ delivery put us to sleep.

34. He was humming a _____ as he washed the dishes.

35. Children learn how to _____ in a sentence naturally.

36. _____ describes how the voice rises and falls in speech.

37. Cyber insurance is a necessity as reliance on online _____ increases.

38. Wilson attempted to _____ between the powers to end the war.

39. If you enter into _____, both sides must agree on who oversees the process.

40. _____ refers to a sound, for example music or speech, that has a single unvaried tone.

41. _____ is the science and practice of establishing the diagnosis, prognosis, treatment, and prevention of disease.

42. _____ things relate to or date from the period in European history between about 500 AD and about 1500 AD.

66 day

mo(b,e,t.v): move 움직이다

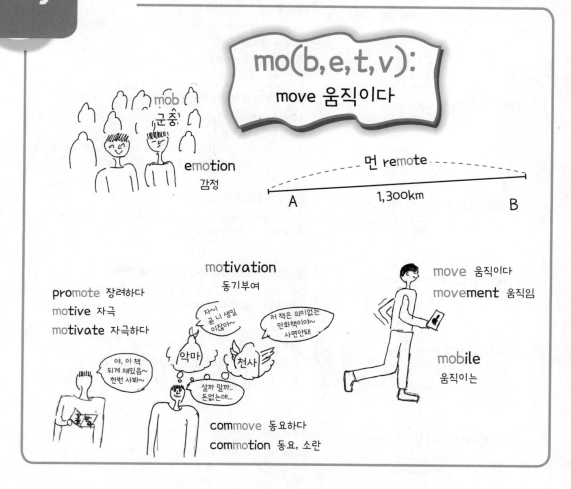

이 단원에서 학습할 단어모음입니다. □□□에 각각 모르는 단어를 3회에 걸쳐 ☑(체크표시)해 보세요.
모르는 단어는 끝까지 학습하세요.

Preview Words

□□□ **mob** [mɑb] n. 군중, 떼 v. 떼를 지어 습격하다
□□□ **mobile** [móubəl] a. 움직이는, 움직이기 쉬운
□□□ **mobility** [moubíləti] n. 가동성, 이동성
□□□ **mobilize** [móubəlàiz] v. (군대·함대를) 동원하다
□□□ **moment** [móumənt] n. 순간, 중요성
□□□ **momentary** [móuməntèri] a. 순간의, 일시적인
□□□ **momentous** [mouméntəs] a. 중대한, 중요한
□□□ **motive** [móutiv] n. 동기, 자극
□□□ **motivate** [móutəvèit] v. 자극하다, 동기를 부여하다
□□□ **motivation** [móutəvèiʃən] n. 동기부여
□□□ **move** [muːv] v. 움직이다, 감동시키다

□□□ **movement** [múːvmənt] n. 움직임, 운동
□□□ **commove** [kəmúːv] v. 동요시키다
□□□ **commotion** [kəmóuʃən] n. 동요, 소란
□□□ **demote** [dimóut] n. 강등시키다, 좌천시키다
□□□ **demotion** [dimóuʃən] n. 강등, 좌천
□□□ **emotion** [imóuʃən] n. 감동, 감정, 정서
□□□ **emotional** [imóuʃənəl] a. 감정의, 희로애락의, 정서의
□□□ **locomotive** [lòukəmóutiv] n. 기관차
□□□ **promote** [prəmóut] v. 진전시키다, 승진시키다
□□□ **promotion** [prəmóuʃən] n. 승진, 승격, 진급
□□□ **remote** [rimóut] a. 먼

☐ **mob** [mɑb]

mobile vulgus(excited crowd 흥분된 군중)의 축약형

명 군중, 떼　**동** 떼를 지어 습격하다

명 군중, 떼
[1] The angry **mob** outside the jail were ready to riot.
동 떼를 지어 습격하다
[2] Customers **mob** the stores on sale days.

☐ **mobile** [móubəl]

mob(move 움직이다) + ile(**형접** – ~ 할 수 있는)
→ 움직이는

형 움직이는, 움직이기 쉬운　**유사어** movable, portable
[3] **Mobile** phones become an indispensable factor of people life.
[4] Create and schedule a **mobile** live stream. On your phone or tablet, open the YouTube app.

☐ **mobility** [moubíləti]

mobile(움직이기 쉬운) + ity(**명접** – 성질 상태를 나타내는)
→ 이동성

명 이동성　**유사어** movability
[5] Some neck injuries cause total loss of **mobility** below the point of injury.

☐ **mobilize** [móubəlàiz]

mobile(움직이기 쉬운) + ize(**동접** – ~하게 하다)

동 (군대·함대를) 동원하다, 전시 체제로 바꾸다
[6] Representatives for all the main candidates are trying to **mobilize** voter support.

다의어 ☐ **moment** [móumənt]

mo(move) + ment(**명접**)
┌ (움직이는)순간 → monetary 순간의, 일시적인
└ (움직임의)중요성 → momentous 중요한

명 순간, 중요성
[7] The sun was shining. **Moments** later, it began to rain.
[8] The issues were of little **moment** to the electorate.

☐ **momentary** [móuməntèri]

moment(순간) + ary(**형접**)

형 순간의, 일시적인
유사어 quick, fleeting, passing, transient, transitory, ephemeral
[9] He experienced a **momentary** loss of consciousness.

☐ **momentous** [mouméntəs]

moment(중요성) + ous(**형접**)

형 중대한, 중요한
유사어 important, significant, fateful, crucial, vital, decisive
[10] The Senate begins a **momentous** debate on health care today.

---

1. 교도소 밖에서 성난 군중들이 폭동을 일으킬 태세였다.
2. 고객들이 세일 날에 떼로 몰려 들었다.
3. 모바일 폰은 사람들의 생활에 필수품이 되었다.
4. 모바일 생활 흐름을 만들고 계획하라. 너의 폰이나 태블릿에 유튜브 앱을 열어라.
5. 일부 목 부상은 부상 지점 아래에서 이동성이 완전히 상실된다.

6. 모든 주요 후보들의 대표들은 유권자 지지를 동원하려고 노력하고 있는 중이다.
7. 태양이 빛나고 있는 중이었다. 잠깐 후에 비가 내리기 시작했다.
8. 그 이슈들은 선거구 유권자들에게 전혀 중요하지 않다.
9. 그는 순간적인 의식 상실을 경험했다.
10. 상원은 건강관리에 관한 중대한 토론을 오늘 시작한다.

☐ **motion** [móuʃən]
mo(move 움직이다) + tion(명접)

图 운동, 활동, 동작 유사어 movement, moving, locomotion
¹¹ Some scenes in the film were filmed in slow **motion**.

☐ **motive** [móutiv]
motif(주제, 동기 등을 뜻하는 프랑스어에서 유래)

图 동기, 자극
유사어 reason, motivation, motivating force, rationale, grounds, cause
¹² Detectives have been unable to assign a **motive** for the murder.

☐ **motivate** [móutəvèit]
motive(자극, 동기) + ate(동접) → 동기를 주다

图 자극하다, 동기부여하다
유사어 prompt, drive, move, inspire, stimulate, influence, actuate, impel, push, propel, provoke, trigger, cause, induce, incite
¹³ There are many ways to **motivate** a worker in the workplace.

☐ **motivation** [móutəvèiʃən]
motivate(자극하다) + tion(명접)

图 동기부여 유사어 incentive, inspiration, motive, stimulus, reason
¹⁴ **Motivation** is the experience of desire or aversion.

다의어 **move** [muːv]
─ (사물 등을) 움직이다
└ (사람의 마음을 움직이다) → 감동시키다

图 움직이다, 감동시키다
¹⁵ The waiter **moved** the tray to a side table.
¹⁶ The people were **moved** to tears by a good address from the president.

☐ **movement** [múːvmənt]
move(움직이다) + ment(명접)

图 움직임, 운동
유사어 motion, action, activity
¹⁷ For a long time after the accident, he had no **movement** in his legs.

☐ **commove** [kəmúːv]
com(together 함께) + move(움직이다)

图 동요시키다 유사어 agitate
¹⁸ His vibrant voice **commoved** the air of the town.

☐ **commotion** [kəmóuʃən]
commove(동요시키다) + tion(명접)

图 동요, 소란
¹⁹ The news of his arrival caused quite a **commotion**.

---

11. 그 영화의 몇몇 장면은 느린 동작으로 만들어졌다.
12. 형사들은 그 살인 동기를 특정하지 못하고 있다.
13. 작업장에서 노동자를 동기 부여할 많은 방법들이 있다.
14. 동기부여는 열망이나 혐오의 경험이다.
15. 웨이터는 쟁반을 옆 테이블로 옮겼다.

16. 국민들은 대통령의 훌륭한 연설에 감동을 받아 눈물을 흘렸다.
17. 사고 후 오랫동안 그는 그의 다리를 전혀 움직이지 못했다.
18. 그의 떨리는 목소리는 그 읍내 분위기를 동요시켰다.
19. 그가 도착했다는 소식은 상당한 동요를 일으켰다.

□ **demote** [dimóut]	통 지위를 떨어뜨리다, 강등시키다
de(down 아래로) + mote(move 움직이다) → 아래로 움직이다	유사어 downgrade, relegate, degrade 20 Her manager **demoted** her from her job as a supervisor.

□ **demotion** [dimóuʃən]	명 좌천, 강등, 격하 유사어 degradation, reduction
demote(강등시키다) + tion(명접)	21 The defeat means **demotion** from the Premier League.

□ **emotion** [imóuʃən]	명 감동, 감정, 정서 유사어 feeling, sentiment
e(ex-out 밖으로) + motion(움직임) → (마음이) 밖으로 움직임 → 감동, 감정	22 An **emotion** is a feeling such as happiness, love, fear, anger or hatred

□ **emotional** [imóuʃənəl]	형 감정의, 희로애락의, 정서의
emotion(감정) + al(형접)	23 Physical and **emotional** attractions are the two main sources of love.

□ **locomotive** [lòukəmóutiv]	명 기관차
loco(locus 장소) + motive(자극, 동기) → 장소의 변화를 가져오는 것 → 기관차	24 The steam **locomotive** was a self-sufficient unit, carrying its own water supply for generating the steam and coal, oil, or wood for heating the boiler.

□ **promote** [prəmóut]	통 진전시키다, 승진시키다
pro(forward 앞으로) + mot(move 움직이다) → 앞으로 움직이다	유사어 advance, develop, boost, upgrade 25 This medicine really helps **promote** sleep and lessen pain.

□ **promotion** [prəmóuʃən]	명 승진, 승격, 진급
promote(승진시키다) + tion(명접)	유사어 improvement, elevation, advance, lift, betterment, progression, development 26 **Promotion** goes by seniority.

□ **remote** [rimóut]	형 먼 유사어 distant, far
re(again 다시) + mot(move 움직이다) → 반복해서 움직이는 → 멀리 움직이는 → 멀리 떨어진, 원격의	27 They live in a **remote** corner of Scotland. 28 My farm is fairly **remote** and not well connected in traffic.

---

20. 그녀의 매니저는 감독관으로서 그녀의 일로부터 그녀를 강등시켰다.
21. 패배는 프리미어 리그로부터 강등을 의미한다.
22. 감정은 행복감, 사랑, 두려움 혹은 증오 같은 느낌이다.
23. 육체적이고 감정적인 끌림은 사랑의 두 개의 주요 원천이다.
24. 증기기관차는 스팀을 생산하기 위하여 자체 물 공급 장치와 보일러를 가열하기 위하여 석탄, 기름, 땔감 등을 싣고 다니는 자급 단위다.

25. 이 약은 잠을 촉진하고 고통을 줄여주는데 정말 도움이 된다.
26. 승진은 연공에 의한다.
27. 그들은 스코틀랜드에서 먼 지역에서 산다.
28. 나의 농장은 꽤 멀리 떨어져 있고 교통이 잘 연결되지 않는다.

men(t), mon, min(d): mind 마음

이 단원에서 학습할 단어모음입니다. □□□에 각각 모르는 단어를 3회에 걸쳐 ☑(체크표시)해 보세요.
모르는 단어는 끝까지 학습하세요.

Preview Words

□□□ **memorandum** [mèmərǽndəm] n. 비망록, 메모, 각서
□□□ **memoir** [mémwɑːr] n. 전기, 실록, 언행록, 추억의 기록
□□□ **mental** [méntl] a. 마음의, 정신의
□□□ **mentality** [mentǽləti] n. 정신력, 지력(知力), 지성
□□□ **mention** [ménʃən] v. 말하다, …에 언급하다
□□□ **monument** [mánjəmənt] n. 기념비, 기념물
□□□ **monumental** [mánjəméntl] a. 기념 건조물의, 기념되는
□□□ **monition** [mouníʃən] n. 충고, 훈계, 경고
□□□ **mind** [maind] n. 마음, 정신 v. 주의하다, 꺼려하다

□□□ **commemorate** [kəmémərèrt] v. 기념하다
□□□ **monitor** [mánitər] n. 모니터, 감시요원 v. 감시하다
□□□ **admonish** [ædmάniʃ] v. 훈계하다
□□□ **comment** [kάment] n. 논평, 비평 v.의견을 말하다
□□□ **commentary** [kάməntèri] n. 주석서, 논평, 비평, 해설,
　　　　　　　　　　　　　　　　　　(pl.) 회고록
□□□ **remind** [rimáind] v. 생각나게 하다, 마음을 깨우다
□□□ **summon** [sʌ́mən] v. 소환하다, 호출하다

men(t), mon, min(d) 'mind 마음'

☐ **memorandum**
[mèmərǽndəm]
memo로 축약되어 많이 쓰인다

명 비망록, 메모, 각서
[1] In law, a **memorandum** is a record of the terms of a transaction or contract.

☐ **memoir** [mémwɑːr]

명 전기, 실록, 언행록, 추억의 기록, 자서전, 연구 보고
[2] Beautifully written **memoir** reveals ugly truths of his childhood.

☐ **mental** [méntl]
ment(mind 마음) + al(형접) → 마음의, 정신이

형 마음의, 정신의
[3] A funny **mental** image made him laugh out loud.

☐ **mentality** [mentǽləti]
mental(정신의) + ity(명접) → 정신력

명 정신력, 지력(知力), 지성
유사어 intellect, intellectuality, intelligence
[4] I can't understand the **mentality** of people who hurt animals.

☐ **mention** [ménʃən]
mention(mind 마음) → 마음을 말하다 → 언급하다

동 말하다, …에 언급하다
[5] I promised never to **mention** the incident again.

☐ **monument** [mάnjəmənt]
monu(remind 새기다) + ment(mind 마음)
→ 마음을 새기는 것 → 기념물

명 기념비, 기념물 유사어 memorial, commemoration
[6] The pyramids are a living **monument** to the skill of their builders.

☐ **monumental** [mὰnjəméntl]
monument(기념, 기념비) + al(형접)

형 기념물의, 기념되는, 불멸의
[7] On September 16, she'll unveil a **monumental** new work on Doris C.

☐ **monitor** [mάnitər]
monitor(라틴어 monere 경고하다)

명 모니터, 감시요원 동 감시하다, 측정하다
명 모니터
[8] We put a baby **monitor** in the nursery.
동 감시하다
[9] Nurses **monitored** the patient's heart rate.

☐ **monition** [mouníʃən]
moni(mind 마음) + tion(명접) → 마음을 담아 말하는 것
→ 충고, 훈계

명 충고, 훈계, 경고(warning), 고지, 포고, (법원의) 소환
[10] It's a timely **monition** for all, and not just for Catholics.

---

1. 법률에서 각서는 거래 또는 계약 조건에 대한 기록이다.
2. 아름답게 쓰여진 회고록은 그의 어린 시절의 추악한 진실을 드러낸다.
3. 재미있는 정신적인 이미지가 그가 크게 웃도록 했다.
4. 나는 동물을 해치는 사람들의 정신을 이해할 수 없다.
5. 나는 그 사건을 다시는 언급하지 않기로 약속했다.
6. 그 피라미드는 건설한 사람들의 기술에 살아있는

기념물이다.
7. 9월 16일, 그녀는 Doris C에 대한 기념비적인 신작을 공개할 예정이다.
8. 우리는 육아실에 아기들 모니터를 설치했다.
9. 간호사들은 그 환자의 심장 박동을 모니터했다.
10. 그것은 가톨릭 신자들만을 위한 것이 아니라 모두를 위한 시기 적절한 충고다.

다의어 **mind** [maind]

  ┌ 마음(을 쓰다) → 마음, 주의하다
  └ 마음을 부정적으로 쓰다 → 꺼려하다

명 마음, 정신　**동** 주의하다, 꺼려하다 mindful **형** 주의 깊은
명 마음, 정신
[11] Download it today for peace of **mind** while traveling.
동 주의하다, 꺼려하다
[12] Would you **mind** reposting information about creating the book which came up a few months ago?

☐ **commemorate** [kəmémərèit]

com+memor(mind 마음) + ate(**동접**)

동 기념하다
[13] The statue was built to **commemorate** the 100th anniversary of the nation independence.

☐ **comment** [kάment]

com(together 함께) + ment(mind 마음) → 마음을 함께 하다 → 논평(하다)

명 논평, 비평 **유사어** remark **동** 의견을 말하다 **유사어** mention
명 논평, 비평
[14] He made negative **comments** to the press.
동 의견을 말하다
[15] The official declined to **comment** on the matter.

☐ **commentary** [kάməntèri]

comment(논평하다) +ary(**명접**)

명 주석서, 논평, 비평, 해설, (pl.) 회고록
[16] There's good arts coverage in the newspaper, but not much political **commentary**.

☐ **admonish** [ædmάniʃ]

ad(to ~쪽으로) + monish(mind 마음) → 마음을 갖게 하는 쪽으로 → 훈계하다

동 훈계하다 **유사어** reprimand, rebuke, scold, reprove
[17] My physician is always **admonishing** me to eat more healthy foods.

☐ **remind** [rimáind]

re(again 다시) + mind(마음) → 다시 생각나게 하다

동 생각나게 하다, 마음을 깨우다 **유사어** recall, recollect
[18] Please **remind** me to post this letter.

☐ **summon** [sΛmən]

sum(sub –비밀스럽게) + mon(warn 새기다) → 불러서 이야기한다 → 소환하다

동 소환하다, 호출하다 **유사어** ask, invite
[19] The president **summoned** an emergency meeting of his advisers.

---

11. 여행 중 마음의 평화를 위해 지금 다운로드하세요.
12. 몇 달 전에 나온 책 제작에 대한 정보를 다시 게시해 주시겠어요?
13. 그 조각상은 국가 독립의 100번 째 기념일을 기리기 위하여 설치되었다.
14. 그는 언론에 부정적인 논평을 한다.
15. 그 공무원은 그 문제에 논평하는 것을 거절했다.

16. 그 신문은 좋은 예술 보도 기사들이 있다. 하지만 많은 정치적인 논평은 없다.
17. 나의 내과 의사는 항상 내가 건강한 음식들을 먹도록 훈계하곤 한다.
18. 내가 이 편지를 부치도록 일러주시오.
19. 대통령은 자문관들의 긴급 회의를 소환했다.

※ 아래에서 우리말은 영어로 영어는 우리말로 각각 뜻을 쓰시오.

1. 군중, 떼를 지어 습격하다 _____
2. 가동성, 이동성 _____
3. (군대·함대를) 동원하다 _____
4. 순간의, 일시적인 _____
5. 중대한, 중요한 _____
6. 자극하다, 동기를 부여하다 _____
7. 동기부여 _____
8. 움직임, 운동 _____
9. 동요시키다 _____
10. 동요, 소란 _____
11. 강등시키다 _____
12. 강등 _____
13. 감정의, 희로애락의, 정서의 _____

14. locomotive _____
15. promotion _____
16. memorandum _____
17. memoir _____
18. mentality _____
19. monument _____
20. monumental _____
21. monition _____
22. commemorate _____
23. admonish _____
24. commentary _____
25. summon _____
26. motive _____

※ 다음 문장의 빈칸에 알맞은 단어를 보기에서 찾아 넣으시오. 필요 시 대문자, 수, 시제, 태 등 문법적
요소를 고려하여 쓰세요.(다만 본문 예문 학습을 유도하기 위하여 예문에서 사용한 단어를 정답으로 하였다.)

보기

remote, commotion, motivate, mental, demotion, monument, monumental, summon, admonish, movement, moment, emotional, mentality, momentary, momentous, commemorate

27. A funny _____ image made him laugh out loud.

28. The issues were of little _____ to the electorate.

29. He experienced a _____ loss of consciousness.

30. The Senate begins a _____ debate on health care today.

31. The defeat means _____ from the Premier League.

32. Physical and _____ attractions are the two main sources of love.

33. My farm is fairly _____ and not well connected in traffic.

34. The news of his arrival caused quite a _____ .

35. There are many ways to _____ a worker in the workplace.

36. I can't understand the _____ of people who hurt animals.

37. The pyramids are a living _____ to the skill of their builders.

38. On September 16, she'll unveil a _____ new work on Doris C.

39. The president _____ ed an emergency meeting of his advisers.

40. My physician is always _____ ing me to eat more healthy foods.

41. For a long time after the accident, he had no _____ in his legs.

42. The statue was built to _____ the 100th anniversary of the nation independence.

67 day

(s)pir(e) : breathe 숨쉬다

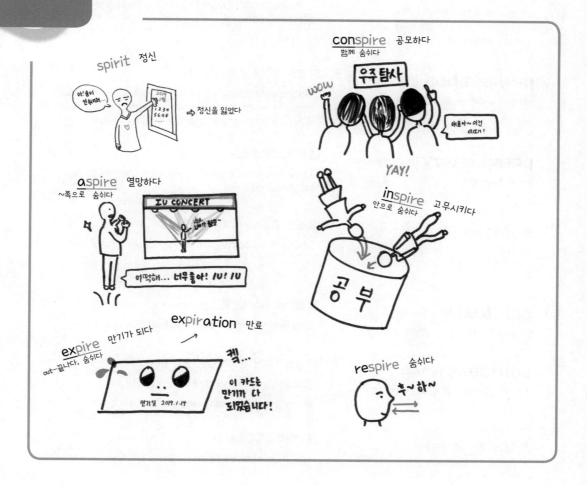

이 단원에서 학습할 단어모음입니다. □□□에 각각 모르는 단어를 3회에 걸쳐 ☑(체크표시)해 보세요. 모르는 단어는 끝까지 학습하세요.

Preview Words

- □□□ **per**spire [pərspáiər] v. 땀을 흘리다, 발한(發汗)하다
- □□□ **per**spiration [pə̀:rspəréiʃən] n. 땀, (땀 날 정도의) 노력
- □□□ **per**spiratory [pərspáirətɔ̀:ri] a. 땀의, 땀을 흘리는
- □□□ **spirit** [spírit] n. 정신, 영(靈)(soul), 마음
- □□□ **spirit**ual [spíritʃuəl] a. 정신의, 정신적인
- □□□ **spirit**less [spíritles] a. 정신이 없는, 영혼없는
- □□□ **a**spire [əspáiər] v. 열망하다
- □□□ **a**spiration [æ̀spəréiʃən] n. 열망, 동경, 호흡
- □□□ **con**spire [kənspáiər] v. 공모하다
- □□□ **con**spiracy [kənspírəsi] n. 공모, 모의, 음모
- □□□ **ex**pire [ikspáiər] v. 끝나다, 만기가 되다
- □□□ **ex**piration [èkspəréiʃən] n. 종결, 만료
- □□□ **in**spire [inspáiər] v. 고무시키다
- □□□ **in**spiration [ìnspəréiʃən] n. 고무
- □□□ **re**spire [rispáiər] v. 숨쉬다
- □□□ **re**spiration [rèspəréiʃən] n. 호흡
- □□□ **re**spiratory [réspərətɔ̀:ri] a. 호흡의, 호흡을 위한

(s)pir9e는 정신, 영혼을 뜻하는 spirare에서 유래하였다.

다의어 **per**spire [pərspáiər]

per(through 통과) + spire(breath 호흡)
- 호흡하여 (땀이) 통과하다 → 땀을 흘리다
- (땀 날 정도로) 노력하다

동 땀을 흘리다, 발한(發汗)하다, 노력하다

[1] In order to cool down the body's heat, we just **perspire** more.

☐ **per**spir**ation** [pə̀:rspəréiʃən]

perspire(땀을 흘리다) + ation(명접)

명 발한, 땀, (땀 날 정도의) 노력

[2] **Perspiration** occurs when the body's temperature rises, in warm weather, while exercising, or even when one is nervous, stressed or anxious.

☐ **per**spir**atory** [pərspáirətò:ri]

perspire(땀을 흘리다) + ory(형접)

형 땀의, 땀을 흘리는

[3] They can once again access their **perspiratory** playgrounds.

☐ **spir**it [spírit]

spirit(호흡-breath-을 뜻하는 라틴어 'spirare'에서 변형된 말)
→ 호흡하면 생명이 유지되고 인간의 생명에는 '정신'이 있다고 생각

명 정신, 영혼(soul), 마음 **유사어** soul

[4] The human **spirit** is virtually indestructible.

☐ **spir**itual [spírit∫uəl]

spirit(정신, 영) + ual(형접) → 정신적인, 영적인

형 정신의, 정신적인 **유사어** immaterial, unworldly

[5] She went to India on a **spiritual** quest.

☐ **spir**itless [spíritles]

spirit(정신, 영) + less(형접 – ~없는) → 정신이 없는

형 정신이 없는, 생기가 없는, 영혼 없는

유사어 unenergetic, vigorless, lifeless

[6] His song was a **spiritless** performance.

☐ a**spire** [əspáiər]

a(ad~쪽으로) + spire(breathe 호흡하다)
→ 호흡하는 것은 생명을 주고 생명은 정신이 깃들어서 무엇인가를 행한다 → 열망하다

동 열망하다 **유사어** wish, look for, long, crave, yearn

[7] The man **aspires** to be a leader of men.

☐ a**spir**ation [æ̀spəréiʃən]

aspire(열망하다) + ation(명접)

명 열망, 동경 **유사어** aim, longing

[8] Trade union leaders were fighting for the hopes and **aspirations** of their members.

---

1. 몸의 열을 식히기 위해 우리는 더 많은 땀을 흘린다.
2. 따뜻한 날씨에 몸의 온도가 상승할 때, 운동할 때, 또는 심지어 긴장하거나 스트레스를 받거나 불안할 때 땀을 흘린다.
3. 땀을 흘리는 운동장에 다시 접근할 수 있다.
4. 인간의 정신은 사실상 파괴될 수 없다.
5. 그녀는 영적인 탐색 여행차 인도에 갔다.
6. 그의 노래는 영혼 없는 공연이었다.
7. 그 남자는 사람들의 지도자가 되고자 열망한다.
8. 노조 지도자들은 그들 회원들의 희망과 열망을 위해 싸우고 있는 중이었다.

☐ **conspire** [kənspáiər]

con(together 함께) + spire(breathe 호흡하다)
→ 함께 호흡하다 →함께 마음을 모으다 → 공모하다

통 공모하다 유사어 contrive, intrigue, plot, scheme, collude
[9] All six boys admitted **conspiring** to steal smart phones.

☐ **conspiracy** [kənspírəsi]

conspire(공모하다) + acy(명접)

명 공모, 모의, 음모 유사어 plot, intrigue, collusion
[10] The man and woman were accused of **conspiracy** to commit murder.

☐ **expire** [ikspáiər]

ex(out 밖으로) + pire(spire-breathe 호흡하다 뜻)
→ 호흡이 끝나서 생명이 다하다 → 만기가 되다

통 끝나다, 만기가 되다
[11] The contract between the two companies will **expire** at the end of the year.

☐ **expiration** [èkspəréiʃən]

expire(만기가 되다) + tion(명접)

명 종결, 만료
[12] Do you know the **expiration** date of this medicine?

☐ **inspire** [inspáiər]

in(안에) + spire(breathe 호흡하다)
→ 안에 호흡하여 정신을 불어넣다 → 고무시키다

통 고무시키다, 영감을 주다
유사어 motivate, move, cause, stimulate, encourage
[13] I hope this success will **inspire** you to greater efforts.
[14] His writings were **inspired** by God.

☐ **inspiration** [ìnspəréiʃən]

inspire (고무시키다) + ation(명접)

명 고무, 영감 유사어 exaltation, stimulation
[15] Where does the **inspiration** for your novel come from?

☐ **respire** [rispáiər]

re(again) + spire(breathe 호흡하다) → 계속해서 호흡하다
→ 숨쉬다

통 숨쉬다 유사어 breathe
[16] The patients also **respire**, look around and blink their eyes.

☐ **respiration** [rèspəréiʃən]

respire(숨쉬다) + ation(명접)

명 호흡 유사어 breath, breathing
[17] In physiology, **respiration** is the movement of oxygen from the outside environment to the cells.

☐ **respiratory** [réspərətəri]

respire(숨쉬다) + atory(형접)

형 호흡의, 호흡을 위한
[18] The human **respiratory** system is a series of organs responsible for taking in oxygen and expelling carbon dioxide.

---

9. 모두 여섯 명의 소년들이 스마트폰을 훔치기로 공모했다는 것을 인정했다.
10. 그 남녀는 살인을 범하려는 음모 혐의로 기소당했다.
11. 두 회사간 계약은 금년 말에 만기될 예정이다.
12. 이 약의 유통 기한을 아니?
13. 나는 이번 성공이 네가 더 큰 노력을 하도록 고무했으면 하는 희망이다.

14. 그의 글은 신의 영감을 받았다.
15. 당신의 소설을 위한 영감은 어디로부터 나옵니까?
16. 그 환자들은 또한 숨 쉬고 주변을 둘러보고 그들 눈을 깜박인다.
17. 생리학에서 호흡은 외부 환경에서 세포로 산소의 이동이다.
18. 인간의 호흡계는 산소를 들이마시고 이산화탄소를 배출하는데 책임있는 일련의 기관들이다.

scri(b,p): **write** 쓰다, 파다

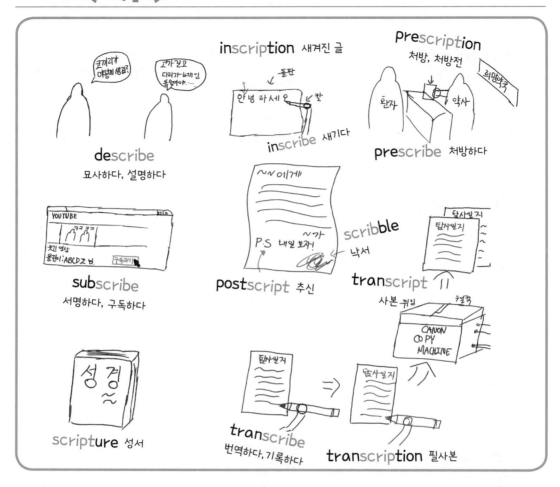

이 단원에서 학습할 단어모음입니다. □□□에 각각 모르는 단어를 3회에 걸쳐 ☑(체크표시)해 보세요.
모르는 단어는 끝까지 학습하세요.

Preview Words

□□□ **scribe** [skraib] n. 필기사, 사자생, 서기 v. 선을 새기다

□□□ **scribble** [skríbəl] n. 갈겨쓰기 v. 갈겨쓰다, 낙서하다

□□□ **script** [skript] n. 손으로 쓴 글, 대본

□□□ **scripture** [skríptʃər] n. 성서, 성서의 한구절, 경전

□□□ **ascribe** [əskráib] v. ~의 탓으로 돌리다

□□□ **ascription** [əskrípʃən] n. (…으로) 돌리기

□□□ **postscript** [póustskript] n. (편지의) 추신

□□□ **circumscribe** [sə̀:rkəmskráib] v. 둘레에 선을 긋다

□□□ **circumscription** [sə̀:rkəmskrípʃən] n. 한계, 제한, 경계선

□□□ **describe** [diskráib] v. 묘사하다, 설명하다

□□□ **description** [diskrípʃən] n. 기술, 묘사

□□□ **descriptive** [diskríptiv] a. 기술적인, 묘사적인, 설명적인

□□□ **inscribe** [inskráib] v. (비석·금속판·종이에) 적다, 새기다

□□□ **inscription** [inskrípʃən] n. 새겨진 글, 비명, 비문(碑文)

□□□ **manuscript** [mǽnjəskrìpt] n. 원고, 사본, 필사본

□□□ **overprescribe** [óuvərpriskráib] v. 과잉 처방하다

□□□ **prescribe** [priskráib] v. 규정하다, 지시하다, 처방하다

□□□ **prescription** [priskrípʃən] n. 명령, 처방, 처방전

□□□ **subscribe** [səbskráib] v. 서명하다, 구독하다

□□□ **subscription** [səbskrípʃən] n. 기부 청약, 예약금, 구독 예약

□□□ **subscript** [sʌ́bskript] n. 밑에 쓰인 n. 아래 쪽에 쓴 기호·숫자

□□□ **transcribe** [trænskráib] v. 베끼다, 기록하다, 번역하다

□□□ **transcript** [trænskript] n. 베낀 것, 사본, 등본

□□□ **transcription** [trænskrípʃən] n. 필사, 베낀 것, 사본, 등본

어근 scri(b,p)는 'write 쓰다'라는 뜻이다.

☐ **scribe** [skraib]

명 필기사, 서기 통 선을 새기다
[1] The work of **scribes** can involve copying manuscripts and other texts as well as secretarial and administrative duties.

☐ **scribble** [skríbəl]

scribe(write 쓰다) + le(-작은 것)

명 갈겨쓰기, 흘려 쓴 것, 잡문 통 갈겨쓰다, 낙서하다
명 갈겨쓰기, 흘려 쓴 것
[2] The patients could barely make out the doctor's **scribble**.
통 갈겨쓰다, 낙서하다
[3] Harriet **scribbled** in her notebook as soon as she took her seat.

☐ **script** [skript]

명 손으로 쓴 글, 대본
[4] Bruce Robinson wrote the **script** for "The Killing Fields".

☐ **scripture** [skríptʃər]

script(대본) + ure(명접)

명 성서, 성서의 한구절, 경전
[5] Lorraine taught her daughter to read the **scriptures** at a young age.
[6] **Scripture** refers to writings that are regarded as holy in a particular religion.

☐ **ascribe** [əskráib]

a(ad- 쪽으로) + scribe(write 쓰다)
→ 글을 써서 ~쪽으로 돌리다 → ~의 탓으로 돌리다

통 ~의 탓으로 돌리다, 기인하다 유사어 attribute
[7] The report **ascribes** the rise in childhood asthma to the increase in pollution.

☐ **ascription** [əskrípʃən]

ascribe(탓으로 돌리다) + tion(명접)

명 (…으로) 돌리기, 기인
[8] Animism is the **ascription** of a spiritual life to all of creation.

☐ **postscript** [póustskrìpt]

post(after 뒤에) + script(쓴 글)

명 (편지의) 추신
[9] **Postscript**: As regular readers may recall, Trump used to take an interest in the presidential daily intelligence briefing.

---

1. 필기사의 업무는 비서직과 행정직 의무뿐만 아니라 원고나 다른 교재를 베껴 쓰는 것과 관련된다.
2. 환자들은 그 의사가 갈겨 쓴 것을 거의 이해할 수 없었다.
3. 해리에트(Harriet)은 그녀가 그녀의 의자에 앉자마자 그녀 노트에 갈겨썼다.
4. 브루스 로빈슨은 킬링필드에 대한 대본을 썼다.
5. 로레인은 그녀의 딸이 어린 나이에 성서를 읽도록 가르쳤다.
6. 경전은 특정 종교에서 성스러운 것으로 간주되는 글을 말한다.
7. 그 보도는 아이들에게서 천식이 많이 발생하는 것은 환경오염 탓으로 돌린다.
8. 애니미즘(animism)은 모든 생물에 영적인 생명이 있다는 생각에서 기인한다.
9. 추신: 보통의 독자들이 회상할 수 있듯 트럼프는 대통령 일일 정보 브리핑에 흥미를 갖곤 했다.

circumscribe [sə̀:rkəmskráib]
circum(circle원, 둘레에) + scribe(write 쓰다)

동 둘레에 선을 긋다, …의 경계를 정하다, 제한하다

[10] There are laws **circumscribing** the right of individual citizens to cause bodily harm to others.

circumscription
[sə̀:rkəmskrípʃən]
circumscribe(둘레에 선을 긋다) + tion(명접)

명 한계를 정함, 제한, 경계선, 범위, 영역, 구역

[11] Civil rights and civil liberties are subject to **circumscription** by a Supreme Court.

describe [diskráib]
de(down-아래에) + scribe(write 쓰다)
→ 아래에 설명하여 쓰다 → 묘사하다

동 묘사하다, 설명하다

[12] The police asked the witness to **describe** the man.

description [diskrípʃən]
describe(묘사하다) + tion(명접)

명 기술, 묘사

[13] Your paper contains too much **description**, and not enough discussion of the issues.

descriptive [diskríptiv]
describe(설명하다) + tive(형접)

형 기술적인, 묘사적인, 설명적인, 도형의, 서술한

[14] The report covers a **descriptive** analysis with detailed segmentation, complete research and development history, latest news and press.

inscribe [inskráib]
in(안에) + scribe(write 쓰다) → 안에 쓰다 → 안에 새겨 넣다

동 (비석·금속판·종이에) 적다, 새기다

유사어 engrave, carve, chisel

[15] The sculptor **inscribed** the monument with the soldiers' names.

inscription [inskrípʃən]
inscribe(안에 새기다) + tion(명접)

명 새겨진 글, 비명, 비문(碑文)

유사어 engraving, epitaph, epigraph, carving

[16] The **inscriptions** on the gravestones were worn away.

manuscript [mǽnjəskrìpt]
manu(hand 손) + script(원고) → 손으로 쓴 글 →원고

명 원고, 사본, 필사본

[17] Please submit an unpublished **manuscript** between 15 – 25 pages in length.

---

10. 개인이 타인에게 신체적 피해를 입힐 수 있는 권리를 제한하는 법이 있다.
11. 시민권 및 시민의 자유는 대법원의 제한을 받는다.
12. 경찰은 목격자에게 그 남자를 묘사해 보도록 요청했다.
13. 너의 논문은 너무 많은 묘사를 포함하고 있으며 그 이슈들에 대한 충분한 토론이 없다.

14. 이 보고서는 상세한 세분화, 완전한 연구 및 개발 이력, 최신 뉴스 및 언론에 대한 설명적인 분석을 다룬다.
15. 조각가는 비석에 군인들의 이름을 새겨넣었다.
16. 그 묘지석에 새겨진 글은 닳아 사라졌다.
17. 게재되지 않은 원고를 15 – 25 페이지 길이로 제출하여 주세요.

☐ **overprescribe**
[óuvərpriskráib]

over(위) + prescribe(처방하다)

동 과잉 처방하다
[18] Urgent care centers **overprescribe** antibiotics.

☐ **prescribe** [priskráib]

pre(먼저) + scribe(write 쓰다) → 규정하다, 처방하다

동 규정하다, 지시하다, 처방하다 유사어 direct, dictate
[19] Doctors **prescribe** cloth masks.

☐ **prescription** [priskrípʃən]

prescribe(규정하다, 처방하다) + tion(명접) → 규정, 처방전

명 명령, 처방, 처방전
[20] We are trying to cut the price of **prescription** drugs.

☐ **subscribe** [səbskráib]

sub(아래에) + scribe(write 쓰다) → 서명하다

동 서명하다, 구독하다
[21] I recently **subscribed** to the Daily Journal for online access.

☐ **subscription** [səbskrípʃən]

subscribe(서명하다, 구독하다) + tion(명접)

명 구독 예약, 예약, 서명 승낙
[22] My parents had a **subscription** to the local philharmonic orchestra.

☐ **subscript** [sʌbskript]

sub(아래에) + script(쓴 글)

형 밑에 쓰인 명 아래 쪽에 쓴 기호·숫자·문자
[23] You need to make **subscript** in PowerPoint.

☐ **transcribe** [trænskráib]

trans(가로질러) + scribe(write 쓰다) → 베껴서 쓰다

동 베끼다, 기록하다, 번역하다
[24] We'll properly **transcribe** the manuscript.

☐ **transcript** [trænskript]

trans(가로질러) + script(대본)

명 베낀 것, 사본, 등본 유사어 copy, duplicate, duplication
[25] The **transcript** of records is a document you will need to present, as part of the application process.

☐ **transcription** [trænskrípʃən]

transcribe(베끼다, 기록하다, 번역하다) + tion(명접)

명 필사, 베낀 것, 사본, 등본, 편곡, 녹음, 녹화
[26] **Transcription** is the process in which speech or audio is converted into a written document.

---

18. 응급 치료 센터에서 항생제를 과다 처방한다.
19. 의사들이 천 마스크를 처방한다.
20. 우리는 처방 약의 가격을 낮추려고 노력하고 있는 중이다.
21. 나는 최근에 온라인 접근을 위해 데일리 저널을 구독 신청했다.
22. 나의 부모님은 지역 필하모니 오케스트라에 예약을 했다.
23. 너는 파워포인트에서 아래에 기호 등을 쓰는 것이 필요하다.

24. 우리는 적절하게 그 원고를 베껴 쓸 것이다.
25. 기록들에 대한 사본은 네가 신청 과정의 일부로써 제출하는 것이 필요할 자료다.
26. 필사(Transcription)는 연설이나 오디오가 쓰여진 자료로 전환되어지는 과정이다.

※ 아래에서 우리말은 영어로 영어는 우리말로 각각 뜻을 쓰시오.

1. 손으로 쓴 글, 대본 _____
2. 성서, 성서의 한구절, 경전 _____
3. ~의 탓으로 돌리다 _____
4. (…으로) 돌리기 _____
5. 둘레에 선을 긋다 _____
6. 땀, (땀 날 정도의) 노력 _____
7. 적다, 새기다 _____
8. 새겨진 글, 비명, 비문 _____
9. 과잉처방하다 _____
10. 열망, 동경, 호흡 _____
11. 명령, 처방, 처방전 _____
12. 기부 청약, 예약금, 구독 예약 _____
13. 베끼다, 기록하다, 번역하다 _____

14. transcript _____
15. perspire _____
16. descriptive _____
17. perspiratory _____
18. spiritual _____
19. aspire _____
20. prescribe _____
21. conspire _____
22. expire _____
23. inspire _____
24. inspiration _____
25. respire _____
26. scribble _____

※ 다음 문장의 빈칸에 알맞은 단어를 보기에서 찾아 넣으시오. 필요 시 대문자, 수, 시제, 태 등 문법적 요소를 고려하여 쓰세요.(다만 본문 예문 학습을 유도하기 위하여 예문에서 사용한 단어를 정답으로 하였다.)

보기

> transcript, respiratory, perspire, inspire, scribble, script, scripture, expiration, ascribes, ascription, inscribe, manuscript, subscription, inscriptions, expire, aspiration

27. Do you know the _____ date of this medicine?

28. I hope this success will _____ you to greater efforts.

29. The patients could barely make out the doctor's _____.

30. Bruce Robinson wrote the _____ for "The Killing Fields".

31. _____ refers to writings that are regarded as holy in a particular religion.

32. The report _____ the rise in childhood asthma to the increase in pollution.

33. Animism is the _____ of a spiritual life to all of creation.

34. The sculptor _____d the monument with the soldiers' names.

35. The _____ on the gravestones were worn away.

36. The contract between the two companies will _____ at the end of the year.

37. In order to cool down the body's heat, we just _____ more.

38. Please submit an unpublished _____ between 15 – 25 pages in length.

39. My parents had a _____ to the local philharmonic orchestra.

40. Trade union leaders were fighting for the hopes and _____ of their members.

41. The _____ of records is a document you will need to present, as part of the application process.

42. The human _____ system is a series of organs responsible for taking in oxygen and expelling carbon dioxide.

68 day

sen(s,t): feeling 느낌

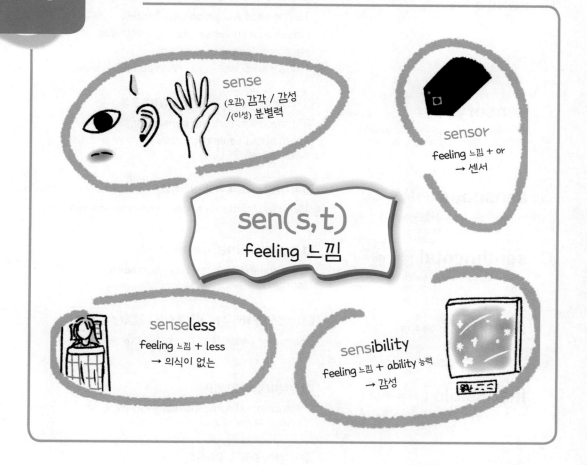

sense
(오감) 감각 / 감성
/(이성) 분별력

sensor
feeling 느낌 + or
→ 센서

sen(s,t)
feeling 느낌

senseless
feeling 느낌 + less
→ 의식이 없는

sensibility
feeling 느낌 + ability 능력
→ 감성

이 단원에서 학습할 단어모음입니다. □□□에 각각 모르는 단어를 3회에 걸쳐 ☑(체크표시)해 보세요.
모르는 단어는 끝까지 학습하세요.

Preview Words

□□□ **sense** [sens] n. 감각, 감성, 분별력
□□□ **sensory** [sénsəri] a. (눈, 코 등) 감각의
□□□ **sensuous** [sénʃuəs] a. 감각적인, 오감에 의한
□□□ **sentimental** [sèntəméntl] a. 감성적인, 감상적인
□□□ **sensible** [sénsəbəl] a. (이성적) 분별력 있는
□□□ **insensible** [insénsəbəl] a. 무감각한, 의식을 잃은
□□□ **sensual** [sénʃuəl] a. (육체적) 관능적인
□□□ **sensitive** [sénsətiv] a. 감각이 예민한, 민감한, 예민한
□□□ **scent** [sent] n. 냄새, 향기
□□□ **senseless** [sénslis] a. 의식이 없는, 무감각의
□□□ **sentiment** [séntəmənt] n. 감성, 정서, 정감
□□□ **sensibility** [sènsəbíləti] n. 감각, 지각, 감수성

□□□ **sensation** [senséiʃən] n. 감각, 느낌, 선풍적 감각
□□□ **sensational** [senséiʃənəl] a. 선풍적 인기의
□□□ **sensor** [sénsər] n. 센서, 감응장치
□□□ **assent** [əsént] v. 동의하다 n. 찬성, 승인
□□□ **consent** [kənsént] v. 동의하다 n. 동의, 허락
□□□ **consensus** [kənsénsəs] n. 합의
□□□ **consentient** [kənsénʃənt] a. 동의하는, 만장일치의
□□□ **dissent** [disént] v. 의견을 달리하다 n. 반대
□□□ **nonsense** [nánsens] n. 난센스, 터무니 없는 소리
□□□ **resent** [rizént] v. 분개하다
□□□ **resentment** [rizéntmənt] n. 노함, 분개, 원한
□□□ **resentful** [rizéntfəl] a. 분개한, 성마른, 성 잘내는

한 입 VOCA 수능 어원편 플러스+ ▶ **151**

sens, sent는 '**feeling 느낌**'의 뜻이다. **sense**는 눈이나 코 등 감각기관, 마음, 이성, 육체적 쾌감 등을 말한다.

☐ **sense** [sens]

명 1. (오감) 감각 2. 감성, 감정 3. (이성) 분별력 4. 육체적 쾌감

[1] The dog has a keen **sense** of smell.
[2] He felt a deep **sense** of disappointment.
[3] He has no **sense** of economy.
[4] There's no **sense** in worrying about the past.

☐ **sensory** [sénsəri]

sens(feeling 느낌) + ory(형접 – 성질을 나타내는)
→ (감각기관의 통합적 의미) 감각의, 감각기관의

형 (감각기관 – 눈, 코 등) **감각의, 감각기관의**

[5] The eyes and ears are **sensory** organs.
[6] Learn about **sensory** processing from a child's prospective.

☐ **sensuous** [sénʃuəs]

sensu(feeling 느낌) + ous(형접 – ~의 특징을 지닌)

형 **감각적인, 오감에 의한, 심미적인**

[7] Her flower garden is a totally **sensuous** environment.

☐ **sentimental** [sèntəméntl]

sent(feeling 느낌) + ment(mind 마음) + al(형접)
→ 감각과 마음이 있는 → 감성적인, 감정적인

형 **감성적인, 감상적인, 감정적인**

[8] It's a cheap ring but it has great **sentimental** value for me.

☐ **sensible** [sénsəbəl]

sens(feeling 이성적 분별력) + ible(형접 –할 수 있는)
→ (이성적) 분별력이 있는

형 (이성적) **분별력 있는, 사리를 아는** 유사어 thoughtful

[9] He was a **sensible** and capable boy.

☐ **insensible** [insénsəbəl]

in(not) + sensible(분별력 있는)

형 **무감각한, 의식을 잃은**

[10] It is unrealistic and **insensible** to try to sever global industrial and supply chains.

☐ **sensual** [sénʃuəl]

sensu(feeling 육체적감각) + al(형접) → 관능적인

형 (육체적) **쾌감의, 관능적인**

[11] Her dance has **sensual** dance rhythms.

☐ **sensitive** [sénsətiv]

senst(feeling 느낌) + ive(형접 – 성질을 나타내는)
→ 감각이 예민한

형 **감각이 예민한, 민감한** [(오감) 감각 + 감성, 감정]

[12] Don't be so **sensitive**!
[13] She's very **sensitive** about her weight.
[14] He's very **sensitive** to criticism of his children.

---

1. 개는 예민한 후각을 갖고 있다.
2. 그는 깊은 실망감을 느꼈다.
3. 그는 경제 관념이 없다.
4. 지난 과거를 걱정하는 것은 의미없다.
5. 눈과 귀는 감각기관이다.
6. 아이 관점으로부터 감각 기관의 진행 과정에 관해 배워라.
7. 그녀의 꽃 정원은 완전히 미적인 환경이다.
8. 그것은 싼 반지지만 나에게 굉장한 감정적인 가치를 가지고 있다.

9. 그는 분별력있고 능력있는 소년이다.
10. 글로벌 산업 및 공급망을 단절하려는 것은 비현실적이고 무의미하다.
11. 그녀의 춤은 관능적인 춤 율동을 가지고 있다.
12. 너무 예민해 하지 마!
13. 그녀는 몸무게 관련 매우 민감하다.
14. 그는 아이들의 비판에 매우 민감하다.

□ **scent** [sent]

scent[sent에 c가 추가되어 감각 중 코(nose)감각인 냄새를 가리킨다.]

명 냄새, 향기

15 The people like the **scent** of roses.

□ **senseless** [sénslis]

sense(feeling 느낌) + less(**형접** ~이 없는)
→ 의식이나 분별력이 없는

형 인사불성의, 의식이 없는, 몰상식한, 의미없는

16 The act was **senseless** and completely unnecessary.

□ **sentiment** [séntəmənt]

senti(feeling 느낌) + ment(mind 마음) → 감각과 정신
→ 감성, 정서

명 감성, 정서, 정감

17 Nationalist **sentiment** has increased in the area since the bombing.

□ **sensibility** [sènsəbíləti]

sents(feeling 느낌) + ibility(**명접** 능력)

명 감각, 지각, 감수성

18 In a multicultural society we need to show respect for the **sensibilities** of others.

□ **sensation** [senséiʃən]

sens(feeling 느낌) + ation(**명접**)

명 감각, 느낌, 선풍적 감각

19 The disease causes a loss of **sensation** in the fingers.

□ **sensational** [senséiʃənəl]

sensation(감각, 느낌) + al(**형접**) → 선풍적인 인기를 끄는

형 선풍적 인기의 [(오감) 감각 + 감성, 감정 + (이성) 분별력]

20 Some of the more **sensational** newspapers have given a lot of coverage to the scandal.

□ **sensor** [sénsər]

sens(feeling 느낌) + or(**명접** – 사람이나 기구)

명 센서, 감응장치

21 A **sensor** is a device that detects and responds to some type of input from the physical environment.

□ **assent** [əsént]

as(to 쪽으로) + sent(feeling 느낌) → ~쪽으로 같은 느낌
→ 찬성(하다)

동 동의하다, 찬성하다   **명** 찬성, 승인

동 동의하다, 찬성하다
22 Most people with an informed opinion would **assent** to it enthusiastically.

명 찬성, 승인
23 She nodded her **assent** to the proposal.

---

15. 사람들은 장미 냄새를 좋아한다.
16. 그 조항은 의미가 없고 완전히 불필요하다.
17. 민족주의 정서가 폭격 후에 그 지역에서 증가하였다.
18. 다문화 사회에서 우리는 다른 사람들의 감수성에 대한 존중을 보여주는 것이 필요하다.
19. 그 병은 손가락에 감각의 상실을 일으킨다.

20. 몇몇의 더 선정적인 신문들은 그 스캔들을 많이 보도하고 있다.
21. 센서는 물리적인 환경으로부터 어떤 유형의 입력 정보를 탐지하고 반응하는 장치이다.
22. 정보에 입각한 의견을 가진 대부분의 사람들은 열정적으로 이에 동의할 것이다.
23. 그녀는 그 제안에 동의를 표했다.

☐ **dis**sent

dis(not)+sent(feeling 느낌) → 같은 느낌이 아님 → 반대

명 반대

²⁴ The president ignored the sounds of **dissent**.

☐ **consensus** [kənsénsəs]

con(together ~ 함께) + sensus(feeling 느낌) → 함께 느낌 → 합의

명 합의

²⁵ The **consensus** of the group was that they should meet once a month.

☐ **consent** [kənsént]

con(together ~ 와 함께) + sent(feeling 느낌) → 같은 느낌 → 동의

동 동의하다 명 동의, 허락

동 동의하다

²⁶ Her father reluctantly **consented** to the marriage.

명 동의, 허락

²⁷ Informed **consent** is the cornerstone of medical ethics.

☐ **consentient** [kənsénʃənt]

consent(동의) + (i)ent(형접)

형 동의하는, 이의 없는, 만장일치의

²⁸ There is **consentient** consent to do so.

☐ **nonsense** [nánsens]

non(not) + sense(feeling 느낌이나 이치) → 느낌이나 이치가 맞지 않는 것

명 난센스, 터무니 없는 소리

²⁹ The news that Kim Joong-un, Supreme Leader of North Korea had passed away proved to be a sheer **nonsense**.

☐ **re**sent [rizént]

re(again 다시) + sent(feeling 느낌) → 반복해서 드는 (좋지 않은) 느낌

동 분개하다

³⁰ The people **resented** the cult of the religion.

☐ **resent**ment [rizéntmənt]

resent(again 다시) + ment(명접)

명 노함, 분개, 원한

³¹ **Resentment** can leave you feeling angry and bitter all the time.

☐ **resent**ful [rizéntfəl]

resent(again 다시) + ful(형접)

형 분개한, 성마른, 성 잘내는

³² Some staff working in offices are feeling increasingly **resentful** of their colleagues who are staying at home.

---

24. 대통령은 반대 의견을 무시했다.
25. 그 그룹의 합의는 그들이 한 달에 한 번 만나야 한다는 것이었다.
26. 그녀의 아버지는 마지 못해 그 결혼에 동의했다.
27. 정보에 근거한 동의는 의료 윤리의 초석이다.
28. 그렇게 하기로 만장일치로 동의했다.

29. 북한의 최고 지도자 김정은이 죽었다는 뉴스는 완전한 터무니없는 소리로 판명되었다.
30. 사람들은 그 종교의 사이비 종파를 분노했다.
31. 원한은 항상 당신을 화나게 하고 쓰리게 만들 수 있다.
32. 사무실에서 일하는 일부 직원은 집에 있는 동료에 대해 점점 더 분개한다.

mit, miss, mess, mise : send 보내다, go 가다

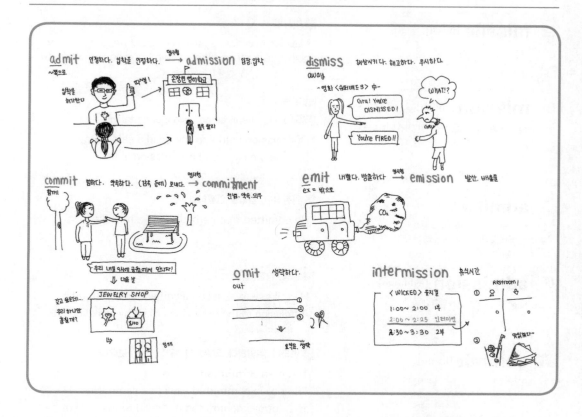

이 단원에서 학습할 단어모음입니다. □□□에 각각 모르는 단어를 3회에 걸쳐 ☑(체크표시)해 보세요.
모르는 단어는 끝까지 학습하세요.

Preview Words

68 day

- □□□ **miss**ile [mísəl] n. 미사일
- □□□ **miss**ion [míʃən] n. 임무, 사명
- □□□ ad**mit** [ædmít] v. 인정하다, 입학을 인정하다
- □□□ ad**miss**ion [ædmíʃən] n. 인정, 입장, 입학
- □□□ com**mit** [kəmít] v. 범하다, 위임하다, 약속하다,
  (감옥 등에) 보내다
- □□□ com**mit**ment [kəmítmənt] n. 범행, 수행, 위임, 전념, 약속
- □□□ com**mit**ted [kəmítid] a. 전념하는, 헌신적인
- □□□ com**mit**tee [kəmíti] n. 위원회, 위원들, 수탁자
- □□□ com**miss**ion [kəmíʃən] n. 임무, 위원회, 수수료
  v. 위탁하다, 위임장을 주다
- □□□ e**mit** [imít] v. 내뿜다, 방출하다
- □□□ e**miss**ion [imíʃən] n. (빛·열·향기 따위의) 방사, 발산, 배출물

69 day

- □□□ **dismiss** [dismís] v. 해산시키다, 해고하다,
- □□□ **dismiss**al [dismísəl] n. 면직, 해고, 해고 통지
- □□□ inter**mit** [intərmít] v. 일시 멈추다, 중단하다
- □□□ inter**miss**ion [intərmíʃən] n. 휴식시간
- □□□ o**mit** [oumít] v. 빼다, 빠뜨리다, 생략하다
- □□□ trans**mit** [trænsmít] v. 보내다, 전하다
- □□□ trans**miss**ion [trænsmíʃən] n. 전달, 양도, 전염, 전송
- □□□ per**mit** [pəːrmít] v. 허락하다, 인가하다
- □□□ per**miss**ion [pəːrmíʃən] n. 허가, 면허, 허용, 인가
- □□□ per**miss**ive [pəːrmísiv] a. 허가하는, 허용된
- □□□ pre**mise** [prémis] n. 전제, pl) 구내, 토지, 집과 대지
  v. 전제로 말하다
- □□□ sub**mit** [səbmít] v. 제출하다, 복종하다
- □□□ sub**miss**ion [səbmíʃən] n. 복종, 항복, 순종, 유순

어근 mit, miss, mess, mise는 'send 보내다 & go 가다'의 뜻이다.

☐ **missile** [mísəl]

명 미사일
[1] **Missiles** have four system components: targeting & guidance system, flight system, engine and warhead.

☐ **mission** [míʃən]

miss(send) + ion(명접) → 보내서 하게 하는 일 → 임무

명 임무, 사명
유사어 assignment, commission, undertaking, task
[2] Our **mission** is to find the child a safe home.
[3] She has finally found her **mission** in life.

☐ **admit** [ædmít]

ad(to ~쪽으로) + mit(send 보내다)
→ 원하는 방향으로 보내다 → 인정하다, 들어가다

동 인정하다, 입학을 인정하다
[4] He **admitted** that he had made a mistake.

☐ **admission** [ædmíʃən]

admit(인정하다) + sion(명접)

명 인정, 입장, 입학
[5] Her silence was taken as an **admission** of guilt.
[6] **Admission** to the exhibition will be by invitation only.

다의어 **commit** [kəmít]

com(with, together 함께) + mit(send 보내다)
— (무엇인가에) 함께 보내다 → 행하다
— 나쁜 무엇인가를 보내다 → 범하다
— 일 등을 하라고 ~에게 보내다 → 위임하다
— (서로) 약속 등을 잡아 ~에게 보내다 → 약속하다
— (범인 등을 감옥 등에) 보내다

동 범하다, 위임하다, 약속하다, (감옥 등에) 보내다
[7] The man **committed** murder.
[8] The police **committed** a bill to a committee.
[9] The actress **committed** her child to the care of her aunt.
[10] President should not **commit** Korean troops to Africa.
[11] She **committed** the manuscript to the fire.
[12] The judge **committed** him to prison for six years.

다의어 **commitment** [kəmítmənt]

commit(범하다, 위임하다) + ment(명접)

명 범행, (범죄의) 실행, 수행, 위임, 전념, 약속, 의무
[13] Players must make a **commitment** to play for a full season.
[14] The government reaffirmed its **commitment** to the peace process.
[15] Can you give a **commitment** that the money will be made available?

---

1. 미사일은 표적 유도 시스템, 비행 시스템, 엔진, 탄두 등 네 개 시스템 요소들을 가지고 있다.
2. 우리 임무는 그 아이들에게 안전한 집을 찾아주는 것이다.
3. 그녀는 마침내 인생에서 그녀의 임무를 찾았다.
4. 그는 그가 실수를 했다는 것을 인정했다.
5. 그녀의 침묵은 죄의 인정으로 받아들여졌다.
6. 그 전시회에 입장은 단지 초대로 이루어질 것이다.
7. 그 남자는 살인을 범했다.
8. 경찰은 의안을 위원회에 회부했다.
9. 그 여배우는 그녀의 아이를 숙모의 보호에 맡겼다.
10. 대통령은 아프리카에 한국 군대를 보내서는 안된다.
11. 그녀는 그 원고를 불 속에 넣었다.
12. 그 판사는 그를 6년 동안 감옥에 보냈다.
13. 선수들은 시즌 모든 경기 동안 경기에 전념해야 한다.
14. 정부는 평화 과정에 대한 실행을 재확인했다.
15. 돈을 준비할 수 있다는 약속을 할 수 있을까요?

committed [kəmítid]

commit(헌신하다) + (t)ed(형접 -수동)

형 (주의·주장에) 전념하는, 헌신적인

[16] Diplomacy must be **committed** to peace and respectful of the sovereignty of other nations.

---

committee [kəmíti]

commit(헌신하다) + (t)ee → 헌신하도록 맡겨진 곳 → 위원회, 위원들

명 위원회, 위원들, 수탁자, 후견인

[17] The government and parliamentary proposals are being reviewed by the **committee**.

다의어 ## commission [kəmíʃən]

commit[범하다, 맡기다, 위임하다] + sion(명접)

```
┌ 범하다 → 죄를 범함
│         ┌ (일을 맡길) 위원회
└ 맡기다 ─┼ (해야하는) 임무
          └ (임무를 행하면) 수수료(지불)
```

명 임무, 위원회, 죄를 범하는 것, 수수료
동 위탁하다, 위임장을 주다

명 임무, 위원회, 죄를 범하는 것, 수수료

[18] Just a few hours ago, I finished my **commission**.

[19] When he was 19, he got a **commission** to write an orchestra piece.

[20] She served on the city's water **commission**.

[21] They set up a **commission** to investigate the problem of youth crime.

[22] He was elected to head a **commission** on tax reform.

[23] Congress appointed a **commission** to study immigration policy.

[24] The police have an obvious evidence for his **commission** of a crime.

[25] She gets a 15 percent **commission** for each car she sells.

동 위탁하다, 위임장을 주다, 의뢰하다

[26] The Ministry of Agriculture **commissioned** a study into low-input farming.

[27] They **commissioned** me to write a series of articles on language.

---

emit [imít]

e(out 밖으로) + mit(send 보내다) → 밖으로 내보내다

동 내뿜다, 방출하다

유사어 give off, send forth, discharge

[28] The Earth **emits** natural radiation.

---

emission [imíʃən]

emit(내뿜다, 방출하다) + sion(명접)

명 (빛·열·향기 따위의) 방사, 발산, 배출물

유사어 discharge, release, outpouring, leak, ejection

[29] The regulations require a reduction in harmful **emissions**.

---

16. 외교는 평화를 위해 헌신하고 다른 국가의 주권을 존중해야 한다.
17. 정부 및 의회 제안은 위원회에서 검토 중이다.
18. 단지 몇 시간 전에 임무를 마쳤다.
19. 그가 19살 때 오케스트라 한 곡을 쓸 임무를 가졌다.
20. 그녀는 그 도시 수원 위원회에서 일했다.
21. 그들은 청소년범죄 문제를 조사할 위원회를 구성하였다.
22. 그는 세제개혁과 관련한 위원회를 진두지휘하도록 선출되었다.

23. 의회는 이민정책을 연구할 위원들을 임명하였다.
24. 경찰은 그가 범죄를 범한 것에 대한 명백한 증거를 가지고 있다.
25. 그녀는 그녀가 파는 각각의 차에 대하여 15% 수수료를 받는다.
26. 농업부 장관은 저비용 농업에 대한 연구를 의뢰하였다.
27. 그들은 내가 언어에 관하여 일련의 기사를 쓰도록 위탁하였다.
28. 지구는 자연 방사선을 내뿜는다.
29. 그 규정들은 해로운 배출물 감소를 요구한다.

※ 아래에서 우리말은 영어로 영어는 우리말로 각각 뜻을 쓰시오.

1. 노함, 분개, 원한 _____
2. 전념하는, 헌신적인 _____
3. 방사, 발산, 배출물 _____
4. (눈, 코 등) 감각의 _____
5. 감각적인, 오감에 의한 _____
6. 감성적인, 감상적인 _____
7. (이성적) 분별력 있는 _____
8. 무감각한, 의식을 잃은 _____
9. 감각이 예민한, 민감한 _____
10. 분개하다 _____
11. 범행, 실행, 위임, 전념 _____
12. 동의, 허락(하다) _____
13. 합의 _____

14. commit _____
15. commission _____
16. scent _____
17. senseless _____
18. sensation _____
19. resentful _____
20. sentiment _____
21. sensibility _____
22. sensational _____
23. assent _____
24. consentient _____
25. dissent _____
26. admission _____

※ 다음 문장의 빈칸에 알맞은 단어를 보기에서 찾아 넣으시오. 필요 시 대문자, 수, 시제, 태 등 문법적 요소를 고려하여 쓰세요.(다만 본문 예문 학습을 유도하기 위하여 예문에서 사용한 단어를 정답으로 하였다.)

보기

> resentment, assent, sensational, commit, emit, scent, sensory, sensitive, mission, admission, sensuous, emission, commitment, commission, sentimental, consent

27. The Earth _____ natural radiation.

28. The people like the _____ of roses.

29. The eyes and ears are _____ organs.

30. She's very _____ about her weight.

31. Our _____ is to find the child a safe home.

32. Her silence was taken as an _____ of guilt.

33. President should not _____ Korean troops to Africa.

34. Her father reluctantly _____ed to the marriage.

35. Her flower garden is a totally _____ environment.

36. The regulations require a reduction in harmful _____.

37. The government reaffirmed its _____ to the peace process.

38. They set up a _____ to investigate the problem of youth crime.

39. It's a cheap ring but it has great _____ value for me.

40. _____ can leave you feeling angry and bitter all the time.

41. Most people with an informed opinion would _____ to it enthusiastically.

42. Some of the more _____ newspapers have given a lot of coverage to the scandal.

다의어 dismiss [dismís]

dis(away, not 사라져) + miss(send 보내다) → 보내서 없애다
- (모임 등을) 해산시키다
- (직장에서) 면직·해고하다
- (학교에서) 퇴학시키다
- (생각등을) 버리다
- (고소·소송) 기각·각하하다

통 해산시키다, 해고하다, 무시하다

30 The teacher **dismissed** the class early.
31 He has been **dismissed** from his job for incompetence.
32 She **dismissed** me as an idiot within five minutes of meeting me.
33 They **dismissed** Bryan as nothing more than an amateur.

다의어 dismissal [dismísəl]

dismiss (해산시키다, 해고하다,무시하다) + al(명접)

명 면직, 해고, 해고 통지, 퇴거, 해산, 추방

34 Find out if you can claim unfair **dismissal**.
35 The lawyer is seeking a **dismissal** of the charges against his client.
36 **Dismissal** is when your employer ends your employment.

☐ intermit [ìntərmít]

inter(사이에) + mit(보내다)
→ 중간 사이에 (무엇을) 보내 중단시키다

통 중단하다

37 Find out how to **intermit** your studies or discontinue from a course.

☐ intermission [ìntərmíʃən]

intermit(일시 멈추다, 중단하다) + sion(명접)

명 휴식시간

유사어 interval, interlude, break, recess, pause, rest

38 **Intermission** means suspending or taking a break from your studies.

☐ omit [oumít]

o(out 밖으로) + mit(send 보내다) → 밖으로 내보내다

통 빼다, 생략하다 omission 명 생략

39 The book **omitted** any mention of the king's illness.

☐ transmit [trænsmít]

trans(across 가로질러) + mit(send 보내다)

통 보내다, 전하다, 보급시키다, 전도하다

유사어 transfer, pass on

40 Germs **transmit** disease.
41 Your bank will **transmit** funds to our central bank in New York.
42 The BBC didn't **transmit** the documentary again, due to its controversial content.

☐ transmission [trænsmíʃən]

transmit(보내다, 발송하다, 전하다, 전도하다) + sion(명접)

명 전달, 양도, 전염, 전송

43 **Transmission** is one of the very best choices.
44 We rely on high-speed data **transmission**.
45 We apologize for the interruption to our **transmissions** this afternoon.

---

30. 그 선생님은 학생들을 일찍 퇴교시켰다.
31. 그는 무능력 때문에 그의 직업에서 해고되었다.
32. 그녀는 나를 만난지 5분 안에 나를 바보로 무시하였다.
33. 그들은 브라이언을 단지 아마추어라고 무시하였다.
34. 네가 부당한 해고라고 주장할 수 있는지 알아봐.
35. 그 변호사는 그의 의뢰인에 대한 혐의를 각하시키기 위하여 노력하고 있다.
36. 해고는 너의 고용주가 너의 고용을 끝낼 때이다.
37. 어떻게 너의 연구들을 멈출 것인가 즉 과정을 중단할 것인지 알아봐.
38. 휴식시간(Intermission)은 중단 즉 학습으로부터 휴식을 취하는 것이다.
39. 그 책은 왕의 병 관련 얼마간의 언급을 빠뜨렸다.
40. 세균은 병을 전염시킨다.
41. 너의 은행은 뉴욕에 있는 중앙은행에 자금을 보낼 것이다.
42. BBC는 논쟁적인 내용 때문에 그 다큐멘터리를 방송하지 않았다.
43. 양도는 최고의 선택지들 중 하나다.
44. 우리는 초고속 데이터 전송에 의존한다.
45. 우리는 오늘 오후 전송 중단에 대하여 사과한다.

☐ **per**mit [pə:rmít]
per(through 통과하여) + mit(send 보내다)
→ 통과하여 보내다

통 허락하다, 인가하다

유사어 allow, let, authorize, sanction, grant

[46] Smoking is not **permitted** in the room.
[47] May you **permit** me to ask you a question?

☐ **per**mi**ssion** [pə:rmíʃən]
permit(허락하다, 인가하다) + sion(명접)

명 허가, 면허, 허용, 인가

유사어 sanction, licence, approval

[48] The teacher gave me her **permission** to go home early.

☐ **per**mi**ssive** [pə:rmísiv]
permit(허용하다) + sive(형접)

형 허가하는, 허용된

[49] Because of the COVID-19 pandemic, a comprehensive review of **permissive** tax exemption submissions would be more difficult than usual.

다의어 **pre**mi**se** [prémis]
pre(먼저) + mise(send 보내다)
┌ (조건 등을 사전에) 먼저 보내다 → 전제(하다)
└ (주택, 건물을 짓기 위해 기본적으로 필요한 대지 등을 포함하여) → 집과 대지, 구내(보통 복수)

명 전제, pl) 구내, 토지, 집과 대지 통 [primáiz] 전제로 말하다

명 전제, pl) 구내, 토지, 집과 대지

[50] Food halls were built on the **premise** of group gatherings.
[51] While I recognize that immigration can be an emotional issue, I reject the **premise** that it is a partisan issue.
[52] Keep off the **premises**.

통 전제로 말하다

[53] The prosecutor **premised** his argument on several incorrect assumptions.

다의어 **sub**mit [səbmít]
sub(under 아래로) + mit(send 보내다)
┌ (아래로 서류 등을) 제출하다
└ (자세를 아래로 낮춰) 복종하다

통 제출하다, 복종하다

[54] **Submit** your application no later than January 31st.
[55] All countries in the European Union must **submit** to its laws.

☐ **sub**mi**ssion** [səbmíʃən]
submit (제출하다, 복종하다) + sion(명접)

명 복종, 항복, 순종, 유순

[56] The final deadline for **submissions** is February 21.

---

46. 이 방에서는 금연이다.
47. 한 가지 질문해도 괜찮을까요?
48. 선생님은 나에게 집에 일찍 가라고 허가해 주셨다.
49. COVID-19 전염병으로 인해 허용되는 면세와 관련된 진술에 대한 포괄적인 검토가 평소보다 더 어려울 것이다.
50. 그룹 모임을 전제로 푸드홀이 지어졌다.

51. 이민이 정서적 문제가 될 수 있음을 알고 있지만 당파적 문제라는 전제를 거부한다.
52. 구내 출입 금지
53. 그 검사는 자신의 주장을 몇 가지 잘못된 가정을 전제로 했다.
54. 1월 31일까지 너의 신청서를 제출하세요.
55. 유럽연합 모든 국가들이 법에 복종해야 한다.
56. 항복을 위한 최종 시한은 2월 21일이다.

spec(t), spic, specul: 보다(look, view, watch)

spec(t)
look, view, watch

spectacular a.구경거리의
spectator n.구경꾼, 관중
specimen n.견본,표본,샘플
spectacle n.광경,미관,장관

이 단원에서 학습할 단어모음입니다. ☐☐☐에 각각 모르는 단어를 3회에 걸쳐 ☑(체크표시)해 보세요.
모르는 단어는 끝까지 학습하세요.

Preview Words

☐☐☐ **specify** [spésəfài] v. 일일이 열거하다, 명시하다
☐☐☐ **specific** [spisífik] a. 특유한, 특수한, 특정한
☐☐☐ **specimen** [spésəmən] n. 견본, 표본, 샘플
☐☐☐ **species** [spíːʃi(ː)z] n. (공통된 특성을 가진) 종류, 종
☐☐☐ **spectacle** [spéktəkəl] n. 광경, 미관, 장관
☐☐☐ **spectacular** [spektǽkjələr] a. 구경거리의, 장관을 이루는
☐☐☐ **spectator** [spékteitər] n. 구경꾼, 관중
☐☐☐ **spectrum** [spéktrəm] n. 스펙트럼, 연속체
☐☐☐ **specially** [spéʃəlli] ad. 특별히
☐☐☐ **speculate** [spékjəlèit] v. 숙고하다, 투기하다
☐☐☐ **speculation** [spékjəlèiʃən] n. 숙고, 투기
☐☐☐ **suspect** [səspékt] v. 의심하다 [sʌspekt] n. 용의자
☐☐☐ **aspect** [ǽspekt] n. 모습, 측면, 모양, 태도
☐☐☐ **despite** [dispáit] prep. ~에도 불구하고 n. 무례, 멸시
☐☐☐ **expect** [ikspékt] v. 기대하다

☐☐☐ **expectation** [èkspektéiʃən] n. 예상, 예기, 기대
☐☐☐ **inspect** [inspékt] v. (세밀히) 조사하다, 검사하다
☐☐☐ **inspection** [inspékʃən] n. 검사, 조사, 검토
☐☐☐ **inspector** [inspéktər] n. 검사자, 조사관
☐☐☐ **inspective** [inspéktiv] a. 주의 깊은, 시찰(검열)하는
☐☐☐ **introspective** [ìntrəspéktiv] a. 내성적인, 자기 성찰적인
☐☐☐ **perspective** [pərspéktiv] n. 전망, 경치 a. 원근 화법의
☐☐☐ **prospect** [práspekt] n. 조망, 기대, 전망
☐☐☐ **prospective** [prəspéktiv] a. 가망이 있는, 유망한
☐☐☐ **respect** [rispékt] n. 존경, 경의, 존중, 면
☐☐☐ **respectable** [rispéktəbəl] a. 존경할 만한, 훌륭한
☐☐☐ **respectful** [rispéktfəl] a. 경의를 표하는
☐☐☐ **respective** [rispéktiv] a. 각각의, 각기의, 각자의
☐☐☐ **retrospect** [rétrəspèkt] n. 회고, 회상 v. 회고하다

어원 spec(t), spic, specul은 '보다'는 뜻으로 'look, view, watch'이다.

□ **specify** [spésəfài]

speci(species 외모 → 종류) + fy(make 만들다)
→ 특정한 종류의 모양을 만들다 → 명시하다

동 일일이 열거하다, 구체적으로 말하다, 명기하다

유사어 state, designate, stipulate

[1] The ticket **specifies** that the concert begins at 8:00.

□ **specific** [spisífik]

speci(species 외모 → 종류) + fi(make 만들다) + ic(형접)
→ 특정한 종류를 만드는 모양을 한 → 특유의

형 특유한, 특수한, 특정한

유사어 particular, specified, determined, peculiar

[2] Massage may help to increase blood flow to **specific** areas of the body.

□ **specimen** [spésəmən]

specimen(look 외모 → 종류) → 외모의 차이에 따라 달라지는
→ 견본, 표본

명 견본, 표본, 샘플

유사어 sample, example, model, type

[3] He has a collection of rare insect **specimens**.
[4] They took blood and urine **specimens** for analysis.

□ **species** [spíːʃi(ː)z]

species(look 외모 → 종류)
→ 외모의 차이에 따라 종류를 구별하는 것으로부터 유래
→ (생물) 종, 종류

명 (공통된 특성을 가진) 종류, 종

유사어 type, kind, sort, genus, family

[5] A **species** is often defined as a group of individuals that actually or potentially interbreed in nature.

다의어 **speculate** [spékjəlèit]

speculate → 잘 보이는 '높은 곳에서 관찰하다'라는 뜻
┌ 곰곰이 생각하다
└ (돈만 생각하는 나쁜 쪽으로 생각하여) 투기하다

동 숙고하다, 투기하다

[6] The reader can **speculate** what will happen next.
[7] The banks **speculated** in real property whose value has now dropped.

다의어 **speculation** [spékjəlèiʃən]

speculate(숙고하다, 투기하다) + ation(명접) ┌ 숙고
└ 투기

명 숙고, 투기

[8] **Speculation** is the act of formulating an opinion or theory without fully researching or investigating.
[9] **Speculation** is the purchase of an asset with the hope that it will become more valuable in the near future.

□ **aspect** [æspekt]

a(ad-쪽으로) + spect(look 보다) → 보이는 쪽 → 모양, 태도

명 모습, 측면, 모양, 태도

[10] Lighting is a vitally important **aspect** of filmmaking.

---

1. 입장권에는 콘서트가 8시에 개막된다고 명시되어 있다.
2. 마사지는 몸의 특정 부위에 피가 흐르는 것을 증가하도록 도울 수 있다.
3. 그는 희귀한 곤충 표본의 채집물을 가지고 있다.
4. 그들은 분석을 위해 혈액과 소변 표본을 가져갔다.
5. 종은 가끔 자연 상태에서 실제적이고 잠재적으로 교배하는 개체들의 그룹으로서 정의된다.

6. 독자는 다음에 무엇을 일어날 것인가를 생각할 수 있다.
7. 은행들이 지금 가치가 떨어지고 있는 부동산에 투기했다.
8. 숙고(Speculation)는 완전하게 연구나 조사 없이 의견이나 이론을 형성하는 행위다.
9. 투기(Speculation)는 가까운 미래에 더 가치가 있을 것이라는 희망으로 자산을 구매하는 것이다.
10. 조명은 사실상 영화제작에 가장 중요한 면이다.

spectacle [spéktəkəl]

spectacle(look 보다)
→ 공개적인 볼거리를 뜻하는 라틴어 spectaculum에서 유래

명 광경, 미관, 장관

유사어 picture, sight, view, marvel, scene, wonder

[11] The stars make a fine **spectacle** tonight.

[12] The coronation was a lavish **spectacle**.

---

spectacular [spektǽkjələr]

spectacle(장관) + ular(형접)

형 구경거리의, 장관을 이루는 **명** 호화판 텔레비전 쇼, 초대작

유사어 striking, picturesque, eye-catching, breathtaking, arresting, amazing, glorious, panoramic, dramatic, sensational

형 구경거리의, 장관을 이루는

[13] Scotland is famous for its **spectacular** countryside.

명 호화판 텔레비전 쇼, 초대작, 특제 대(大)광고

[14] This science-fiction **spectacular** is the most popular movie of the summer.

---

spectator [spékteitər]

spectat(look 보다) + or(명접 사람) → 보는 사람 → 구경꾼

명 구경꾼, 관중

[15] The team won 7–3 in front of over 40,000 cheering **spectators**.

---

spectrum [spéktrəm]

spect(look 보다) + rum(명접 – 전체적인 것)
→ 전체적으로 보이는 것 → 스펙트럼

명 스펙트럼, 분광, (눈의) 잔상, 범위, 연속체

[16] Wi-Fi 6 will provide the industry with an entirely new **spectrum**.

---

specially [spéʃəlli]

spec(look 보다) + ial(형접) + ly(부) → 눈에 띄게 잘 보이는
→ 특별히

부 특별히 **유사어** especially

[17] Costumes are **specially** designed with stretch fabric and flap openings for tube access.

---

suspect [səspékt]

su(sub 아래로부터) + spect(look 보다)
→ 아래로부터 훑어보다

동 의심하다 **명** [sʌ́spekt] 용의자

동 의심하다

[18] I **suspect** he cheats the taxman.

명 용의자

[19] The police have issued a photograph of the **suspect**.

---

despite [dispáit]

de(down-아래로, not 없는) + spite(look 보다)
→ 보이는 것보다 아래로 혹은 무시하는 것
→ ~에도 불구하고, 멸시

전치사 ~에도 불구하고 **명** 무례, 멸시

전치사 ~에도 불구하고 **유사어** in spite of

[20] He remains positive **despite** the bad news.

[21] The travellers still enjoyed the vacation **despite** the bad weather.

명 무례, 멸시

[22] She wanted neither favor nor **despite**.

---

11. 별들이 오늘 밤 멋진 장관을 이룬다.
12. 그 즉위식은 대단한 광경이었다.
13. 스코틀랜드는 장관을 이루는 시골도 유명하다.
14. 이 사이언스픽션 초대작은 올 여름 최고 인기 영화이다.
15. 그 팀은 4만 명의 환호하는 관중들 앞에서 7:3으로 이겼다.
16. Wi-Fi 6은 업계에 완전히 새로운 스펙트럼을 제공할 것이다.

17. 의상은 특별히 신축성 있는 천과 튜브 접근을 위한 날개 구멍으로 디자인 되었다.
18. 나는 그가 세무원을 속인다고 의심한다.
19. 경찰은 그 용의자의 사진을 공개했다.
20. 나쁜 소식에도 불구하고 그는 여전히 긍정적이다.
21. 여행객들은 나쁜 날씨에도 불구하고 휴가를 즐겼다.
22. 그녀는 호의도 무시도 원치 않았다.

☐ **introspective** [ìntrəspéktiv]

intro(안으로) + spect(look 보다) + ive(형접)
→ 내면을 들여다 보는 → 내성적인

형 내성적인, 자기 성찰적인

²³ When he was a student, he was very quiet and **introspective**.

☐ **expect** [ikspékt]

ex(out 밖으로) + pect(spect:look보다)

통 기대하다

²⁴ We are **expecting** a lot of applicants for the job.

☐ **expectation** [èkspektéiʃən]

expect(기대하다) + ation(명접)

명 예상, 예기, 기대

²⁵ The holiday lived up to all our **expectations**.

☐ **inspect** [inspékt]

in(안으로) + spect(look 보다) → 안으로 보다 → 조사하다

통 (세밀히) 조사하다, 검사하다

²⁶ The vet **inspected** the dog's paws.

☐ **inspection** [inspékʃən]

inspect(조사하다) + tion(명접)

명 검사, 조사, 검토

²⁷ There will be a full **investigation** into the cause of the crash.

☐ **inspector** [inspéktər]

inspect(조사하다) + or(사람을 나타내는 명접) → 조사관

명 검사자, 조사관

²⁸ Three tax **inspectors** looked into the company's account book.

☐ **inspective** [inspéktiv]

inspect(조사하다) + ive(형접)

형 주의 깊은, 검열하는

²⁹ The director has strategic, **inspective** and operative power with functions of coordination, oversight and vigilance.

다의어 **perspective** [pəːrspéktiv]

per(through 통과하여) + spect(look 보다) + ive(명접, 형접)

┌ 전망, 경치 조망
└ (통과해서 보는) 투시의, 원근화법의

명 전망, 경치, 조망 형 투시의, 원근 화법의

명 전망, 경치, 조망

³⁰ Why don't you think of this from children's **perspective**?

³¹ It is useful occasionally to look at the past to gain a **perspective** on the present.

형 투시의, 원근 화법의

³² The **perspective** property defines how far the object is away from the user.

---

23. 그가 학생이었을 때 그는 매우 조용하고 자기 성찰적이었다.
24. 우리는 그 일에 대해 많은 지원자를 기대하고 있다.
25. 휴가는 모든 우리들의 기대를 만족시켰다.
26. 수의사는 개의 발을 검사했다.
27. 충돌 원인에 대해 완전한 조사가 있을 것이다.
28. 세 명의 세무 조사관은 그 회사의 회계장부를 조사했다.

29. 이사는 조정, 감독 및 경계 기능과 함께 전략, 검열, 운영 권한을 갖는다.
30. 이것을 아이들의 관점에서 보는 것이 어때?
31. 때때로 현재에 대한 전망을 얻기 위하여 과거를 보는 것이 유용하다.
32. 원근법(perspective)의 속성은 객체가 사용자로부터 얼마나 떨어져 있는지 규정한다.

prospect [práspekt]

pro(~앞으로) + spect(look 보다) → 앞으로 보는 것 → 전망

명 조망, 기대, 전망

33 His **prospects** as a writer are excellent.

prospective [prəspéktiv]

prospect(전망) + ive(형접) → 전망 있는

형 가망이 있는, 유망한 ↔ retrospective 회고의

34 **Prospective** investigation is required to make precise estimates.

[다의어] respect [rispékt]

re(again) + spect(look 보다)

┌ (훌륭하여)얼굴을 (반복적으로 ~) 보는 것 → 존중(하다)
└ (앞면, 뒷면, 옆면 등) 여러 면들 중 한 면 → 각각

명 존경, 경의, 존중, 각각의 면 **동** 존중하다

명 존경, 경의, 존중, 각각의 면

35 You should show more **respect** to your parents.
36 The people **respect** the president for his success.
37 His theory is deficient in several **respects**.

동 존중하다

38 I deeply **respect** my dad for what he has achieved.

respectable [rispéktəbəl]

respect(존경) + able(할 수 있는) → (존경받는 사람 입장)

형 존경할 만한, 훌륭한

39 The designer that helps me is a **respectable** young woman from a good family.

respectful [rispéktfəl]

respect(존경) + ful(full 가득찬) → (존경을 표현하는 사람입장)

형 경의를 표하는, 공손한, 예의 바른

40 Participants were **respectful** of each other.
41 Children were taught to be more **respectful** towards their elders.

respective [rispéktiv]

respect(면) + ive(형접) → (여러 면들) 각각의

형 각각의, 각기의, 각자의

42 They have their **respective** merits.

retrospect [rétrəspèkt]

retro(뒤로) + spect(look 보다)

명 회고, 회상 **동** 회고하다

43 In **retrospect**, the world 'service' might be a broad topic to cover.
44 The old often **retrospect** their younger days.

---

33. 그의 작가로서 전망은 훌륭하다.
34. 정확한 평가를 하기위해 전망조사를 하여야한다.
35. 너는 너의 부모님에게 더 많은 존경심을 보여줘야 한다.
36. 국민들은 대통령의 성공에 대해 그를 존경한다.
37. 그의 이론은 여러 면에서 부족하다.
38. 나는 아빠가 성취한 것에 대해 깊이 존경한다.
39. 나를 도와주는 그 디자이너는 좋은 가문 출신의 존경할 만한 젊은 여자다.

40. 참가자들은 서로에게 공손했다.
41. 아이들은 노인들에게 보다 공손하도록 배웠다.
42. 그들은 각기 장점이 있다.
43. 돌이켜 보면 '서비스' 세계는 취재하게에 광범위한 주제가 될 수 있다.
44. 노인들은 가끔 그들의 어린 시절을 회고한다.

※ 아래에서 우리말은 영어로 영어는 우리말로 각각 뜻을 쓰시오.

1. 특유한, 특수한, 특정한   _____
2. 견본, 표본, 샘플   _____
3. (공통된 특성을 가진) 종류, 종   _____
4. 광경, 미관, 장관   _____
5. 구경거리의, 장관을 이루는   _____
6. 구경꾼, 관중   _____
7. 스펙트럼, 연속체   _____
8. 숙고하다, 투기하다   _____
9. 주의 깊은, 시찰(검열)하는   _____
10. 내성적인, 자기 성찰적인   _____
11. 전망, 경치, 조망, 원근 화법의 _____
12. 조망, 기대, 전망   _____
13. 가망이 있는, 유망한   _____

14. respect   _____
15. respectable   _____
16. respective   _____
17. retrospect   _____
18. dismiss   _____
19. permissive   _____
20. premise   _____
21. submit   _____
22. submission   _____
23. speculation   _____
24. aspect   _____
25. despite   _____
26. inspection   _____

※ 다음 문장의 빈칸에 알맞은 단어를 보기에서 찾아 넣으시오. 필요 시 대문자, 수, 시제, 태 등 문법적 요소를 고려하여 쓰세요.(다만 본문 예문 학습을 유도하기 위하여 예문에서 사용한 단어를 정답으로 하였다.)

보기

transmit, intermission, transmission,transmission, permission, submit, dismiss, species, speculation, speculation, prospects, suspect, permit, dismissal, intermit, specimens

27. Germs _____ disease.

28. His _____ as a writer are excellent.

29. The police have issued a photograph of the _____.

30. Smoking is not _____ed in the room.

31. We rely on high-speed data _____.

32. The teacher gave me her _____ to go home early.

33. _____ your application no later than January 31st.

34. He _____ed me as an idiot within five minutes of meeting me.

35. _____ is when your employer ends your employment.

36. Find out how to _____ your studies or discontinue from a course.

37. _____ means suspending or taking a break from your studies.

38. We apologize for the interruption to our _____ this afternoon.

39. They took blood and urine _____ for analysis.

40. A _____ is often defined as a group of individuals that actually or potentially interbreed in nature.

41. _____ is the act of formulating an opinion or theory without fully researching or investigating.

42. _____ is the purchase of an asset with the hope that it will become more valuable in the near future.

70 day

tain, ten, tent, tin: hold 붙들다

obtain
획득하다

attain
도달하다

contain
담고 있다, 포함하다

sustain
떠받치다

captain
지도자, 선장

이 단원에서 학습할 단어모음입니다. □□□에 각각 모르는 단어를 3회에 걸쳐 ☑(체크표시)해 보세요.
모르는 단어는 끝까지 학습하세요.

Preview Words

- □□□ **ten**ant [ténənt] n. 임차인, 소작인, 점유자
- □□□ **tena**city [tənǽsəti] n. 고집, 끈기, 불굴, 집요
- □□□ **tena**cious [tənéiʃəs] a. 고집이 센, 참을성이 강한
- □□□ **abs**tain [æbstéin] v. 끊다, 삼가다, 금주하다
- □□□ **abs**tention [æbsténʃən] n. 절제, 기권
- □□□ **abs**tinence, -cy [ǽbstənəns], [-si] n. 절제
- □□□ **at**tain [ətéin] v. 도달하다
- □□□ **attain**ment [ətéinmənt] n. 도달, 기능 (보통 pl.) 재능
- □□□ **con**tain [kəntéin] v. (속에) 담고 있다, 포함하다
- □□□ **con**tent [kántent] n. a. v. 만족(하는, 을 주다), (보통 pl.) 목차
- □□□ **con**tinent [kántənənt] n. 대륙, 육지
- □□□ **con**tinental [kántənéntl] a. 대륙의, 대륙성의

- □□□ **sus**tain [səstéin] v. (아래서) 떠받치다, 지속하다
- □□□ **sus**tainable [səstéinəbəl] a. 지속 가능한
- □□□ **ob**tain [əbtéin] v. 획득하다
- □□□ **enter**tain [èntərtéin] v. 즐겁게 하다
- □□□ **enter**tainment [èntərtéinmənt] n. 대접, 연회, 연예
- □□□ **cap**tain [kǽptin] n. 장(長), 지도자, 선장
- □□□ **main**tain [meintéin] v. 지속하다, 유지하다
- □□□ **mainten**ance [méintənəns] n. 유지, 지속
- □□□ **de**tain [ditéin] v. 붙들어 두다, 억류하다
- □□□ **re**tain [ritéin] v. 보류하다, 보유하다
- □□□ **re**tention [riténʃən] n. 보유, 기억력, 유치, 감금

tenant [ténənt]

ten(hold 붙잡다) + ant(**명접** – 사람)
→ (집이나 상가를 붙잡고 살고 있거나 영업을 하고 있는 상태의
사람 → 임차인

명 임차인, 소작인, 점유자

[1] If the house owners break the new law and sign contracts with new **tenants**, old **tenants** have a right to claim damages from landlords.

---

tenacity [tənǽsəti]

tenac(hold 잡다) + ity(**명접**)

명 고집, 끈기, 완강, 불굴, 집요, 강한 기억력

[2] Hard work, determination, and **tenacity** will take you good places.

---

tenacious [tənéiʃəs]

tenac(hold 잡다) + ious(**형접**)

형 고집이 센, 집요한, 참을성이 강한

[3] Metaphors are much more **tenacious** than facts.

---

abstain [æbstéin]

ab(away 떨어져) + s+tain(hold)

동 그만두다, 끊다, 삼가다, 금주하다

[4] We **abstain** from eating meat and drinking wine. In addition, we do not swim, bathe for pleasure, or launder our clothing.

다의어 ## abstention [æbsténʃən]

abstain(삼가다, 금주하다) + tion(**명접**)
- 절제
- (투표 등) 기권
- (정치) 불개입

명 절제, (투표 등의) 기권, (정치상의) 불개입

[5] A high **abstention** of voters was verified Sunday afternoon.
[6] Partly because of worries about the virus, the **abstention** rate, at 58%, was a record high.

---

abstinence,-cy [ǽbstənəns], [-si]

abstain(삼가다, 금주하다) + ence, −ency(**명접**)

명 절제, 금욕, 금주

[7] **Abstinence** is not even realistic for most college students.

---

attain [ətéin]

at(to~ 쪽으로) + tain(hold 가지고 있다)

동 도달하다

[8] He **attained** full success.

다의어 ## attainment [ətéinmənt]

attain(도달하다) + ment(**명접**)
→ 도달 → (노력으로 도달한) 기능, 재능, 학식

명 도달, 기능, 예능, (보통 pl.) 학식, 재능, 조예

[9] She values educational **attainment** above all else.
[10] His scientific **attainments** have made his quite well-known in the field of micro biology.

---

1. 집 소유자가 새 법을 어기고 새 세입자와 계약을 체결하면 이전 세입자는 집주인에게 손해배상을 청구할 권리가 있다.
2. 노력, 결단력, 끈기가 너를 훌륭한 위치에 있도록 할 것이다.
3. 은유는 사실보다 훨씬 더 지속적이다.
4. 우리는 고기를 먹고 와인을 마시는 것을 삼간다. 또한 수영을 하거나 목욕을 즐기거나 옷을 세탁도 하지 않는다.
5. 일요일 오후 유권자들의 높은 기권이 확인되었다.
6. 바이러스에 대한 우려로 인해 결근율은 58%로 기록적으로 높았다.
7. 대부분의 대학생에게는 금욕이 현실적이지 않다.
8. 그는 충분한 성공을 거두었다.
9. 그녀는 무엇보다도 교육 성취를 중요하게 생각한다.
10. 그의 과학적 성취는 미생물학 분야에서 그녀를 꽤 유명하게 만들었다.

□ **con**tain [kəntéin]
con(together 함께) + tain(hold 가지고 있다)

동 (속에) 담고 있다, 포함하다
[11] The rock **contains** a high percentage of iron and gold.

다의어 **con**tent [kántent]
con(together 함께) + tent (hold 가지고 있다)

─ 내용, 함유량 → (pl) 목차, (책 등의) 내용
─ (내용이 좋아서) 만족(하는, 시키다)

명 만족, (보통 pl.) 내용, 목차　형 만족하는　동 만족을 주다
명 내용
[12] **Content** determines form.
[13] Let us rest **content** with a small success.
형 [kəntént] 만족하는
[14] He is not **content** to accept failure.
동 [kəntént] 만족시키다
[15] He **contents** himself with small success.

□ **con**tinent [kántənənt]
con(together 함께) + tin(hold 잡다) + ent(명접)

명 대륙, 육지
[16] Antarctica is the last **continent** without COVID-19.

□ **con**tinental [kántənéntl]
continent(대륙, 육지) + al(형접)

형 대륙의, 대륙성의
[17] European **continental** club soccer is finally back.

□ **sus**tain [səstéin]
sus(under 아래에서) + tain(hold)

동 (아래서) 떠받치다, 지속하다
[18] Here are 18 ways to **sustain** the fight against racism.

□ **sus**tainable [səstéinəbəl]
sustain(지속하다) + able(형접)

형 지속 가능한
[19] **Sustainable** development must be the basis for the development of every national economy in the 21st century.

□ **ob**tain [əbtéin]
ob(to ~쪽으로) + tain(hold)

동 획득하다
[20] Knowledge may be **obtained** through study.

---

11. 이 광석은 철과 금의 함유량이 높다.
12. 내용이 형식을 결정한다.
13. 작은 성공으로 만족하자.
14. 그는 실패를 받아들일 마음이 없다
15. 그는 조그마한 성공에 만족하고 있다.
16. 남극은 COVID-19가 없는 마지막 대륙이다.

17. 유럽 대륙의 클럽 축구가 드디어 돌아 왔다.
18. 인종 차별에 맞서 싸우는 18가지 방법이 있다.
19. 지속 가능한 발전은 21세기 모든 국가 경제발전의 기초가 되어야 한다.
20. 지식은 학습을 통해서 얻어진다.

☐ **entertain** [èntərtéin] enter(inter ~ 사이에) + tain(hold) → (사람들) 사이로 붙들어 함께하다, 즐겁게 하다	동 식사에 초대하다, 즐겁게 하다, 위로하다 ²¹ The movie will **entertain** people very much.	

☐ **entertain** [èntərtéin]
enter(inter ~ 사이에) + tain(hold)
→ (사람들) 사이로 붙들어 함께하다, 즐겁게 하다

동 식사에 초대하다, 즐겁게 하다, 위로하다
[21] The movie will **entertain** people very much.

☐ **entertainer** [èntərtéinər]
entertain(대접하다, 즐겁게 하다) + er(명접 –사람)

명 연예인
[22] The **entertainer** launches food delivery app.

☐ **entertainment** [èntərtéinmənt]
entertain(대접하다, 즐겁게 하다) + tion(명접)

명 대접, (식사에의) 초대, 연회, 주연, 위로, 연예
[23] One form of outdoor **entertainment** is gaining traction in the Northland.

☐ **captain** [kǽptin]
cap(head 머리) + tain(hold 가지고 있다)
→ 머리를 가지고 있는 → 대장

명 장(長), 지도자, 선장, 함장
[24] Michael was a team **captain**, a valued member of our community.

☐ **maintain** [meintéin]
main(hand 손) + tain(hold 가지고 있다) → 손에 가지고 있다
→ 지속하다

동 지속하다, 유지하다
[25] The right conditions are **maintained** to stimulate continued growth in the sector.

☐ **maintenance** [méintənəns]
maintain(지속하다) + ance(명접)

명 유지, 지속
[26] Quiet **maintenance** is necessary in a hospital.

☐ **detain** [ditéin]
de(away 떨어져) + tain(hold 붙들다)

동 붙들어 두다, 억류하다
[27] The police **detained** him as a suspect.

☐ **retain** [ritéin]
re(back) + tain(hold 붙들다) → 붙든 상태로 돌아가다
→ 보류하다, 유지하다

동 보류하다, 보유[유지]하다
[28] People who can **retain** a lot of information are often mistaken for geniuses, but really they just have very good memories.

☐ **retention** [riténʃən]

명 보유, 보존, 보류, 유지, 보유력, 기억력, 유치, 감금, 억류
[29] Discover everything you need to know about customer **retention** – what it is, how to measure it, why it's important, and how organizations can improve and foster it.

21. 그 영화는 사람들은 매우 즐겁게 할 것이다.
22. 그 연예인은 음식 배달 앱을 시작한다.
23. 야외 엔터테인먼트의 한 형태가 노스랜드에서 인기를 얻고 있다.
24. Michael은 팀 주장, 우리 커뮤니티의 소중한 일원이었다.
25. 그 부문의 지속적인 성장을 촉진하기 위해 올바른 조건이 유지된다.

26. 병원에서는 조용히 해야한다.
27. 경찰은 그를 용의자로 구금했다.
28. 많은 정보를 보유할 수 있는 사람들은 종종 천재로 오인하지만 실제로는 아주 좋은 기억력을 가지고 있을 뿐이다.
29. 고객 유지를 위해 알아야할 모든 것을 찾으시오.– 고객 유지가 무엇이고, 어떻게 측정하고, 왜 중요하고, 그리고 어떻게 조직들이 발전시키고 유지 시킬 수 있는가에 관한.

tor(s,t): **twist** 비틀다

이 단원에서 학습할 단어모음입니다. ☐☐☐에 각각 모르는 단어를 3회에 걸쳐 ☑(체크표시)해 보세요.
모르는 단어는 끝까지 학습하세요.

torture [tɔ́ːrtʃər]
tort(twist 비틀다) + ure(명접)

명 고문, 고뇌 통 고문하다

명 고문, 고뇌
[1] Waiting is just **torture** for me.

통 고문하다
[2] The report revealed that prisoners had been repeatedly **tortured**.

torment [tɔ́ːrment]
tort(twist 비틀다) + ment(명접)

명 고통, 고뇌 통 괴롭히다

명 고통, 고뇌
[3] After years of **torment**, she left her husband.

통 괴롭히다
[4] The doctor was **tormented** by nightmares about the accident.

tortuous [tɔ́ːrtʃuəs]
tort(twist 비틀다) + uous(형접)

형 (길·흐름 따위의) 구불구불한, 뒤틀린, 비꼬인, (말을) 에두르는
[5] They climbed a **tortuous** path up the mountain.

torch [tɔːrtʃ]
tor(twist 비틀다) + ch(붙이다) → 꼬아서 한 곳에 뭉치는 것 → 횃불, 횃불로 태우다

명 횃불, 빛이 되는 것
[6] The police had found the mask as well as a **torch**, a hat and pliers.

tornado [tɔːrnéidou]
바람이 뒤틀려서 발생한다는 뜻에서 유래

명 토네이도, 맹렬한 선풍, (갈채 따위의) 폭풍, 우레
[7] A **tornado** is a narrow, violently rotating column of air that extends from a thunderstorm to the ground.

torsion [tɔ́ːrʃən]
tors(twist 비틀다) + ion(명접)

명 비틂, 비틀림, 골절
[8] **Torsion** is a twisting effect on something such as a piece of metal or an organ of the body.

tortoise [tɔ́ːrtəs]
둘둘 말린 것 → 거북, 동작이 느린 사람(것)

명 (육상·민물 종류의) 거북
[9] Giant **tortoise** has been moved to an uninhabited island.

torpedo [tɔːrpíːdou]
tor(twist 비틀다) + ped(foot) → 발이 돌다, 회전하다 → 어뢰

명 어뢰(魚雷), 수뢰
[10] A modern **torpedo** is an underwater ranged weapon launched above or below the water surface.

---

1. 기다리는 것은 나에게 단지 고문이다.
2. 이 보고서는 수감자들이 반복적으로 고문을 당했다고 밝혔다.
3. 수년간의 고통 끝에 그녀는 남편을 떠났다.
4. 그 의사는 사고로 악몽에 시달렸다.
5. 그들은 산 위로 구불구불한 길을 올라갔다.
6. 경찰은 횃불, 모자, 집게들 분만 아니라 마스크를 발견했다.
7. 토네이도는 뇌우에서 지면까지 좁고 격렬하게 회전하는 공기 기둥이다.
8. 비틀림(골절)은 금속 조각이나 신체 기관과 같은 것에서 비틀림 결과다.
9. 거대한 거북은 무인도로 옮겨졌다.
10. 현대 어뢰는 수면 위 또는 아래에서 발사되는 수중 원거리 무기다.

☐ **torrent** [tɔ́ːrənt]
tor(twist 비틀다) + ent(명접) → 급류, 여울

명 급류, 여울, (질문의) 연발, (감정의) 분출
[11] A **torrent** is a heavy rain, or the flooding or wildly-running stream.

☐ **torrential** [tɔːrénʃəl]
torrent(급류) + ial(형접)

형 급류의, 격렬한, 급속한, 맹렬한
[12] **Torrential** rain pours down very rapidly and in great quantities.

☐ **contort** [kəntɔ́ːrt]
con(together 함께) + tort(twist 비틀다)
→ 완전히 비틀다, (의미를) 왜곡하다

통 뒤틀(리)다, 구부리다, (의미 등을) 왜곡하다
[13] Her face was **contorted** with rage.
[14] A grimace of pain **contorted** her face.

☐ **contortion** [kəntɔ́ːrʃən]
contort(구부리다, 왜곡하다) + tion(명접)

명 뒤틂, 왜곡
[15] His account of the incident was a complete **contortion** of fact.

☐ **extort** [ikstɔ́ːrt]
ex(out) + tort(twist 비틀다)→ 비틀어(억지로) 밖으로 가져오다
→ (돈을) 빼앗다, 강요하다

통 (돈 따위를) 억지로 빼앗다, 강탈하다
[16] The shopkeeper has been **extorting** money from the old lady for years.

☐ **distort** [distɔ́ːrt]
dis(away) + tort(twist 비틀다)
→ 비틀어 떼어내다→ (얼굴을) 찡그리다, 비틀다, 왜곡하다

통 (얼굴 따위를) 찡그리다, 비틀다, 왜곡하다
[17] The minister's account was badly **distorted** by the press.

☐ **distorted** [distɔ́ːrtid]
distort(찡그리다, 비틀다, 왜곡하다) + ed(형접)

형 일그러진
[18] He has a **distorted** sense of values.

☐ **distortion** [distɔ́ːrʃən]
distort(찡그리다, 비틀다, 왜곡하다) + ion(명접)

명 일그러뜨림, 왜곡된 상태, 왜곡
[19] A **distortion** is a change, twist, or exaggeration that makes something appear different from the way it really is.

☐ **retort** [ritɔ́ːrt]
re(back) + tort(twist 비틀다) → 다시 비틀다
→ (비난, 모욕에) 보복하다, 반박하다

통 보복하다, 반론하여 말하다, 반박하다 retortion 명 보복
[20] Others **retort** that strong central power is a dangerous thing in Russia.

---

11. 급류는 폭우 또는 홍수 또는 강하게 흐르는 개울이다.
12. 폭우는 매우 빠르게 대량으로 쏟아진다.
13. 그녀의 얼굴은 분노로 뒤틀렸다.
14. 고통의 찡그린 얼굴이 그녀의 얼굴을 뒤틀리게 하였다.
15. 사건에 대한 그의 설명은 사실의 완전한 왜곡이었다.
16. 그 가게 주인은 수년간 노파로부터 돈을 강탈하고 있었다.

17. 그 장관의 설명은 언론에 의해 심하게 왜곡되었다.
18. 그는 왜곡된 가치관을 가지고 있다.
19. 왜곡은 실제 모습과 다르게 보이도록 만드는 변화, 비틀기 또는 과장이다.
20. 다른 사람들은 강력한 중앙 권력이 러시아에서 위험한 것이라고 반박한다.

※ 아래에서 우리말은 영어로 영어는 우리말로 각각 뜻을 쓰시오.

1. 고통, 고뇌, 괴롭히다 _____
2. 구불구불한, 뒤틀린 _____
3. 횃불, 빛이 되는 것 _____
4. 비틂, 비틀림 _____
5. (육상·민물 종류의) 거북 _____
6. 어뢰(魚雷), 수뢰 _____
7. 급류, 여울, (질문의) 연발 _____
8. 급류의, 격렬한 _____
9. 뒤틀(리)다, 왜곡하다 _____
10. 뒤틂, 왜곡 _____
11. 억지로 빼앗다, 강탈하다 _____
12. 찡그리다, 왜곡하다 _____
13. 일그러뜨림, 왜곡 _____

14. retort _____
15. tenant _____
16. tenacity _____
17. tenacious _____
18. abstention _____
19. abstinence, –ency _____
20. attainment _____
21. content _____
22. continental _____
23. sustainable _____
24. maintenance _____
25. detain _____
26. retention _____

※ 다음 문장의 빈칸에 알맞은 단어를 보기에서 찾아 넣으시오. 필요 시 대문자, 수, 시제, 태 등 문법적 요소를 고려하여 쓰세요.(다만 본문 예문 학습을 유도하기 위하여 예문에서 사용한 단어를 정답으로 하였다.)

보기
torpedo, abstain, distortion, torrent, contortion, torture, content, contain, attainment, tenacious, abstention, tenacity, torment, distort, retort, torsion

27. Waiting is just _____ for me.

28. _____ determines form.

29. The rock _____ a high percentage of iron and gold.

30. Metaphors are much more _____ than facts.

31. A high _____ of voters was verified Sunday afternoon.

32. Hard work, determination, and _____ will take you good places.

33. The doctor was _____ by nightmares about the accident.

34. A _____ is a heavy rain, or the flooding or wildly-running stream.

35. His account of the incident was a complete _____ of fact.

36. The minister's account was badly _____ by the press.

37. Others _____ that strong central power is a dangerous thing in Russia.

38. _____ is a twisting effect on something such as a piece of metal or an organ of the body.

39. A modern _____ is an underwater ranged weapon launched above or below the water surface.

40. His scientific _____ have made his quite well-known in the field of micro biology.

41. We _____ from eating meat and drinking wine. In addition, we do not swim, bathe for pleasure, or launder our clothing.

42. A _____ is a change, twist, or exaggeration that makes something appear different from the way it really is.

Life isn't about waiting for the storm to pass. It's about learning to dance in the rain.

인생이란 폭풍이 지나가길 기다리는 것이 아니라 빗속에서 춤을 추는 것을 배우는 것이다.

by 비비안그린

참고 내용상 연결 부사

앞뒤 문맥에서 내용상 관계를 연결해준다. 보통 연결사 혹은 접속부사라고도 한다. 접속사가 아니다. 즉 접속사는 두 개의 절(주어+동사~)을 연결하는 반면에, 내용상 연결부사는 절(주어+동사~)과 절을 연결하는 역할을 하지않고 내용상 관계만을 표현한다.

구분	내용상 연결 부사	뜻
결론	therefore, thus, so, hence	그러므로
	finally, eventually, ultimately, accordingly, consequently, at last	결국, 마침내
	as a result, in the end, in the long run, in conclusion, in conclusion	결과적으로
예시	for example (= e.g.), for instance, as an illustration	예를 들어
강조	indeed, in fact, as a matter of fact	사실
	above all, in particular, first of all, most of all	무엇보다도
비교 or 유추	likewise, similarly, equally, in the same way	마찬가지로
요약	in summary, to sum up, in a nutshell, in conclusion, to conclude, in a word, in short, in brief, to be brief, in a few words, in all, in total	요약하면
동격	namely, or, in other words, that is(to say), so to speak, let us say, to put it another way	즉, 다시말해서
동시	meanwhile, in the meantime	한편으로는
	at the same time, simultaneously, concurrently	동시에
순서	first, in the first step, to start (begin) with	처음에
	second, third, subsequently, after that	중간
	last, lastly	마지막으로
나열	for one thing	한 가지 이유로는
	for another thing	또 다른 이유로는
부가 (내용추가)	besides, in addition, additionally, moreover, furthermore, what's more	더더군다나
반박 및 대조	however, still, yet, but	그러나
	nevertheless, nonetheless	그럼에도 불구하고
	instead	~대신에
	in contrast	대조적으로
	on the contrary	반면에
	on the other hand	또 다른 한편으로

☞ 주의) but, yet 등은 접속사로도 쓰인다.

Check in Reading

☞정답 184 page

□. 다음 글을 읽고 [   ]에 알맞은 연결부사를 찾아 쓰시오.

 문제 01

When the price of something fundamental drops greatly, the whole world can change. Consider light. Chances are you are reading this sentence under some kind of artificial light. [   ], you probably never thought about whether using artificial light for reading was worth it. Light is so cheap that you use it without thinking. But in the early 1800s, it would have cost you four hundred times what you are paying now for the same amount of light. At that price, you would notice the cost and would think twice before using artificial light to read a book. The drop in the price of light lit up the world. Not only did it turn night into day, but it allowed us to live and work in big buildings that natural light could not enter. Nearly nothing we have today would be possible if the cost of artificial light had not dropped to almost nothing.

therefore, for example, however, moreover, in other words, similarly

 문제 02

Almost all major sporting activities are played with a ball. The rules of the game always include rules about the type of ball that is allowed, starting with the size and weight of the ball. The ball must also have a certain stiffness. A ball might have the correct size and weight but if it is made as a hollow ball of steel it will be too stiff and if it is made from light foam rubber with a heavy center it will be too soft. [   ], along with stiffness, a ball needs to bounce properly. A solid rubber ball would be too bouncy for most sports, and a solid ball made of clay would not bounce at all.

therefore, however, instead, in other words, in fact, then, similarly

Check in Reading

☞ 정답 184 page

 문제 03

Sometimes, you feel the need to avoid something that will lead to success out of discomfort. Maybe you are avoiding extra work because you are tired. You are actively shutting out success because you want to avoid being uncomfortable. [   ], overcoming your instinct to avoid uncomfortable things at first is essential. Try doing new things outside of your comfort zone. Change is always uncomfortable, but it is key to doing things differently in order to find that magical formula for success.

> therefore, for example, however, instead, in other words, then, moreover

 문제 04

We have a tendency to interpret events selectively. If we want things to be "this way" or "that way" we can most certainly select, stack, or arrange evidence in a way that supports such a viewpoint. Selective perception is based on what seems to us to stand out. [   ], what seems to us to be standing out may very well be related to our goals, interests, expectations, past experiences, or current demands of the situation — "with a hammer in hand, everything looks like a nail." This quote highlights the phenomenon of selective perception. If we want to use a hammer, then the world around us may begin to look as though it is full of nails!

> therefore, moreover, however, instead, in other words, in fact, then

Check in Reading

☞정답 184 page

 문제 05

When people think about the development of cities, rarely do they consider the critical role of vertical transportation. (A) [   ], each day, more than 7 billion elevator journeys are taken in tall buildings all over the world. Efficient vertical transportation can expand our ability to build taller and taller skyscrapers. Antony Wood, a Professor of Architecture at the Illinois Institute of Technology, explains that advances in elevators over the past 20 years are probably the greatest advances we have seen in tall buildings.
(B) [   ], elevators in the Jeddah Tower in Jeddah, Saudi Arabia, under construction, will reach a height record of 660m.

> therefore, for example, however, instead, in fact, then, moreover

 문제 06

In a culture where there is a belief that you can have anything you truly want, there is no problem in choosing. Many cultures, (A) [   ], do not maintain this belief. (B) [   ], many people do not believe that life is about getting what you want. Life is about doing what you are supposed to do. The reason they have trouble making choices is they believe that what they may want is not related to what they are supposed to do. The weight of outside considerations is greater than their desires. When this is an issue in a group, we discuss what makes for good decisions. If a person can be unburdened from their cares and duties and, just for a moment, consider what appeals to them, they get the chance to sort out what is important to them.(C) [   ] they can consider and negotiate with their external pressures.

> therefore, for example, however, in other words, in fact, then, moreover

내용상 연결 부사

Check in Reading

☞ 정답 184 page

 문제 07

When it comes to the decision to get more exercise, you are setting goals that are similar to running a half marathon with very little training! You make a decision to buy a gym membership and decide to spend an hour at the gym every day. Well, you might stick to that for a day or two, but chances are you won't be able to continue to meet thatcommitment in the long term.

If,[   ], you make a commitment to go jogging for a few minutes a day or add a few sit-ups to your daily routine before bed, then you are far more likely to stick to your decision and to create a habit that offers you long term results. The key is to start small. Small habits lead to long-term success.

---

therefore, however, instead, in other words, in fact, then, moreover

---

 문제 08

An interesting phenomenon that arose from social media is the concept of social proof. It's easier for a person to accept new values or ideas when they see that others have already done so. If the person they see accepting the new idea happens to be a friend, then social proof has even more power by exerting peer pressure as well as relying on the trust that people put in the judgments of their close friends. [   ], a video about some issue may be controversial on its own but more credible if it got thousands of likes. If a friend recommends the video to you, in many cases, the credibility of the idea it presents will rise in direct proportion to the trust you place in the friend recommending the video. This is the power of social media and part of the reason why videos or "posts"can become "viral."

---

therefore, for example, however, instead, in other words, in fact, then

---

180

☞정답 184 page

 문제 09

In one survey, 61 percent of Americans said that they supported the government spending more on 'assistance to the poor'.

But when the same population was asked whether they supported spending more government money on 'welfare', only 21 percent were in favour.
(A) [   ], if you ask people about individual welfare programmes — such as giving financial help to people who have long-term illnesses and paying for school meals for families with low income — people are broadly in favour of them.

But if you ask about 'welfare' —which refers to those exact same programmes that you've just listed —they're against it. The word 'welfare' has negative connotations, perhaps because of the way many politicians and newspapers portray it.*

(B) [   ], the framing of a question can heavily influence the answer in many ways, which matters if your aim is to obtain a 'true measure' of what people think. And next time you hear a politician say 'surveys prove that the majority of the people agree with me', be very wary.

> therefore, for example, instead, in other words, in fact, then, moreover

☞정답 184 page

 문제 10

Victor applied for the position of office cleaner at a very big company. The manager interviewed him, then gave him a test: cleaning, stocking, and supplying designated facility areas. After observing what he was doing, the manager said, "You are hired. Give me your email address, and I'll send you some documents to fill out."

Victor replied, "I don't have a computer, nor an email." "I'm sorry," said the manager. And he added, "If you don't have an email, how do you intend to do this job? This job requires you to have an email address. I can't hire you."
Victor left with no hope at all. He didn't know what to do, with only 10 dollars in his pocket. He then decided to go to the supermarket and bought a 10 kg box of tomatoes.

He (A) [   ] sold the tomatoes in a door to door round. In two hours, he succeeded to double his capital. He repeated the operation three times and returned home with 60 dollars. Victor realized that he could survive by this way, and started to go every day earlier, and returned late.
(B) [   ], his money doubled or tripled each day. Shortly later, he bought a cart, then a truck, and then he had his own fleet of delivery vehicles.

Several years later, Victor's company became the biggest food company in his city. He started to plan his family's future, and decided to get a life insurance. He called an insurance broker. When the conversation was concluded, he asked him his email. Victor replied: "I don't have an email." The broker replied curiously, "You don't have an email, and yet have succeeded to build an empire. Do you imagine what you could have been if you had an email?"
He thought for a while, and replied, "An office cleaner!"

for example, however, thus, in other words, in fact, then, moreover

182

Check in Reading

☞정답 184 page

 문제 11

Paralysis by analysis is a state of overthinking and analyzing a particular problem, but you still end up not making a decision. One famous ancient fable of the fox and the cat explains this situation of paralysis by analysis in the simplest way. In the story, the fox and the cat discuss how many ways they have to escape their hunters. Cat quickly climbs a tree.

Fox,[   ], begins to analyze all the ways to escape that he knows. But unable to decide which one would be the best, he fails to act and gets caught by the dogs. This story perfectly illustrates the analysis paralysis phenomenon: the inability to act or decide due to overthinking about available alternatives. People experience that although they start with a good

intention to find a solution to a problem, they often analyze indefinitely about various factors that might lead to wrong decisions. They don't feel satisfied with the available information and think they still need more data to perfect their decision. Most often this situation of paralysis by analysis arises when somebody is afraid of making an erroneous decision that can lead to potential catastrophic consequences: it might impact their careers or their organizations' productivity. So that's why people are generally overcautious in making decisions that involve huge stakes.

therefore, as a result, for example, however, in fact, on the other hand

문제 12

Ransom Olds, the father of the Oldsmobile, could not produce his "horseless carriages" fast enough. In 1901 he had an idea to speed up the manufacturing process — instead of building one car at a time, he created the assembly line. The acceleration in production was unheard of—from an output of 425 automobiles in 1901 to an impressive 2,500 cars the following year. While other competitors were in awe of this incredible volume, Henry Ford dared to ask, "Can we do even better?" He was, (A) [   ], able to improve upon Olds's clever idea by introducing conveyor belts to the assembly line.

(B) [   ], Ford's production went through the roof. Instead of taking a day and a half to manufacture a Model T, as in the past, he was now able to spit them out at a rate of one car every ninety minutes. The moral of the story is that good progress is often the herald of great progress.

---

as a result, for example, however, in other words, in fact, then, moreover

---

정답(연결부사 Check in Reading)

01. Moreover 02. Similarly 03. Therefore 04. However 05. (A). In fact (B). For example
06. (A) however (B). In fact (C). Then 07. however 08. For example 09. (A). In other words,
(B). Therefore 10. (A) then (B). Thus 11. on the other hand 12. (A). in fact (B). As a result

△ 어휘 문제를 풀 때에도 영어의 기초는 생각하면서 풀자!!

1. 명사, 동사, 형용사, 부사 등 품사를 맞게 썼는가?
2. 주어가 3인칭 단수이고 현재를 나타낼 때는 동사원형에 -(e)s를 붙였는가?
3. 명사가 두 개 이상일 때는 -(e)s를 붙여 복수형으로 썼는가?
4. 명백한 과거 표현이 있을 때는 과거형 동사를 썼는가?
5. 수동을 나태낼 때는 동사의 p.p(과거분사)형을 썼는가?

△ 본문 예문 학습을 유도하기 위하여, 문장 문제 TEST에서
　정답은 예문에서 사용한 단어로 하였다.

각 Day별 TEST에서 문장 속 어휘 문제는 본문에 나온 예문을 문제화하였다.
따라서 정답은 다른 동의어들도 가능한 경우가 많다. 하지만 여기에서는 예문에서
사용한 단어 만을 정답으로 하였다.

1.privilege 2.delegate 3.graphic 4.calligraphy 5.calligrapher 6.paragraph 7.phonograph 8.photograph 9.pictograph 10.eject 11.ejection 12.inject 13.injection 14.반대하다, 물체, 목적, 대상 15.반대 16.투사, 발사, 투영, 영사, 계획 17.거절하다 18.거절, 기각, 부결 19.정복, 복종, 종속 20.법률의 21.유산, 유증 22.법률을 제정하다 23.입법, 법률제정, 법률 24.입법(상)의, 입법권이 있는, 입법부의 25.대표단, 대표 파견 26.주제, 과목, 피실험자, 국민, 지배받기 쉬운, 지배하다 27.멀리 있는 물체가 나에게 흐릿하게 보인다. 28.그 경찰관은 어둠 속에서 큰 물체를 끌고 있는 중이다. 29.그들의 목적은 그 물체를 철저히 조사하는 것이다. 30.그 게임의 목표는 가장 많은 점수를 득점하는 것이다. 31.그 이사회의 여러 회원들은 강력하게 제안된 합병에 반대했다. 32.어린 아이들은 유혹에 지배받는다. 33.스포츠는 거의 전 세계적인 주제이다. 34.그는 대학 1학년에 4개 과목을 공부했다. 35.그들은 한국인이 아니라 일본 국민들 임에 틀림없다. 36.그 독재자는 사람들의 마음을 지배하지 못했다. 37.Calligraphy 38.calligrapher 39.delegation 40.privileges 41.legal 42.legislation

해석

37.서예는 글씨와 관련된 예술이다. 38.그는 또한 다작의 작가이자 서예가였다. 39.한국 대표단이 방금 도착했다. 40.매니저들에게 어떠한 특권도 없다. 41.그 조직은 사람들에게 무료 법적 조언을 제공한다. 42.새 법률은 젊은 가족들에게 세금 우대 조치를 제안한다.

1.collection 2.collective 3.election 4.electorate 5.elegant 6.intellect 7.intellectual 8.intelligence 9.lecture 10.dialect 11.legendary 12.negligence 13.recollect 14.회상, 상기 15.우아, 고상, 기품 16.선발, 선택 17.선택(성)의, 선택력 있는 18.신기한, 새로운, 소설 19.신기함, 진기함, 새로운 것 20.신참자, 초심자, 초보자 21.쇄신하다, 혁신하다 22.혁신 23.초신성 24.새롭게 하기(=갱신), 부활 25.개조하다 26.수리, 혁신 27.dialect 28.lecturer 29.novel 30.renewals 31.elections 32.elegant 33.Elegance 34.renovates 35.renovation 36.legendary 37.negligence 38.recollection 39.selection 40.select 41.intelligence 42.novice

해석

27.제주도 방언은 매우 독특하다. 28.그 남자는 대학에서 심리학 강사다. 29.새로운 기술들이 새로운 문제들을 일으킨다. 30.그 임대차는 매년 갱신을 요구한다. 31.지방 정부 선거가 5월에 실시된 것이다. 32.천연 목재는 방을 우아하게 만든다. 33.우아함(Elegance)은 세련된 품위나 위엄있는 교양이다. 34.그는 오래된 집을 개조하여 이익을 내고 판다. 35. 이 같은 특성은 완전한 혁신의 요구이다. 36.베이브 루스는 전설적인 프로야구 선수였다. 37.부주의 때문이라면 어떤 사람이 책임 있는가를 누가 결정하는가? 38.그 사고에 대한 회상은 나의 것과는 완전히 다르다. 39.국민들은 후보자들에 대한 선택을 결정한다. 40.네 개의 상중에서 승자는 하나를 선택할 수 있었다. 41.인공 지능은 앞으로 몇 년 동안 전자 상거래에 가장 큰 영향을 미칠 기술이다. 42.초심자(a novice)는 일이나 활동을 배우기 시작한, 그래서 그것에 관해 거의 경험이나 기술이 없는 사람이다.

1.pathetic 2.patient 3.pathos 4.pathology 5.antipathy 6.antipathetic 7.apathy 8.compassion 9.empathy 10.sympathic 11.long 12.belong 13.linger 14.연장하다 15.연장, 연기 16.장수, 수명 17.경도 18.유사, 유추 19.인류학 20.고고학 21.생태학 22.민족학, 인종학 23.칭송, 찬사 24.지질학 25.상동 관계 26.생리학, 생리 기능 27.Logic 28.apology 29.analogy 30.eulogy 31.Ethnology 32.Pathology 33.Pathos 34.prolongation 35.linger 36.prologue 37.Longevity 38.Antipathy 39.analog 40.Ecology 41.patient 42.Homology

해석

27.논리학은 올바른 추론에 관한 연구다. 28.나는 네가 나에게 사과해야 한다고 생각한다. 29.유추는 두가지 것의 유사함을 보여주기 위하여 비교하는 것이다. 30.그 노래는 여행의 즐거움에 관한 찬사다. 31.민족학은 문화를 분석하는 인류학의 한 분야이다. 32.병리학은 병을 이해하는 것에 관한 학문이다. 33.비애감(pathos)은 수사학에서 가장 자주 사용되는 커뮤니케이션 기술이다. 34.직위는 2년 동안 보장되지만 연장이 가능하다. 35.우리는 배우들을 보기를 희망하면서 콘서트홀에서 얼마간 오래 머물렀다. 36.머리말(a prologue)은 독자들에게 구성(a plot)에 앞서는 추가적인 정보를 주기 위하여 사용된다. 37.'수명(Longevity)'은 인구 통계학에서 "기대 수명"의 동의어로 사용되기도 한다. 38.반감(antipathy)은 어떤 사물이나 어떤 사람에 대한 자발적 혹은 비자발적 혐오로, 동감(sympathy)의 반대말이다. 39.아나로그 연속의 예는 큰 바늘이 12시에 있고 작은 바늘이 2분에 있는 시계이다. 40.생태학은 유기체가 서로 그리고 그들의 물리적인 환경과 어떻게 상호작용하는가에 대한 연구다. 41.웃음은 실제로 환자의 생리를 변화시키고 효과적인 통증 관리를 제공한다. 42.생물학에서 상동관계(homology)는 공통의 진화론적 조상으로부터 오는 구조나 생리기능의 유사성이다.

1.pension 2.pendant 3.pendulum 4.pending 5.append 6.appendix 7.compulsion 8.compulsory 9.dispel 10.expel 11.expulsion 12.impel 13.impuls 14.충동, 자극, 원동력 15.추진시키는 것(사람), 발사 화약, 장약, (로켓 등의) 추진제 16.물리치다, 쫓아 버리다 17.내쫓는 힘이 있는, 구제력 있는, 구제약 18.(사람에게) 혐오감을 주는, 되물리치는, 구충제 19.의존하는 20.보상하다, 보충하다 21.보충, 보상 22.일시 중지시키다 23.일시적 중지 24.미결정, 불안 25.임박하다 26.절박한 27.repel 28.repellent 29.expulsion 30.compulsion 31.dispel 32.Impulsion 33.pulse 34.pending 35.ponder 36.append 37.appendix 38.dependence 39.compensate 40.impend 41.suspend 42.pendulum

해석

27.정부군은 반란군들을 추방하려고 노력했다. 28.촛불은 곤충들을 쫓는 효과가 있다. 29.불법 이민자들이 그 나라에서 추방에 직면해 있다. 30.충동(a compulsion)은 무엇인가 하고자하는 강한 욕망이다. 31.쫓아버리는 것(to dispel)은 너를 괴롭히고 위협하는 무엇인가를 제거하는 것이다. 32.충동은 우리의 창의성과 상상력을 자극하는 내면의 힘을 가지고 있다. 33.너의 맥박은 너의 몸을 통하여 흐른 피의 규칙적인 박동이다. 34.회의 안건에 대한 결정이 현재 미정이다. 35.네가 어떤 것에 대해 곰곰이 생각한다면 너는 그것에 관해 주의 깊게 생각한다. 36.이러한 확장은 광고주가 광고에 리드 양식을 추가하도록 허락한다. 37.추가 세부 사항은 부록1에 나와 있다. 38.그 회사는 해외시장에 대한 그것의 의존을 줄이고 있는 중이다. 39.그 회사는 노동자들의 수입 상실에 대하여 노동자들에게 보상할 것이다. 40.발전소 어떤 선박에도 화재가 임박하지 않았다. 41.그 도시는 폭설 때문에 버스 운행을 일시 중단시켰다. 42.진자(a pendulum)는 자유롭게 왔다 갔다 하도록 축으로부터 매달린 추이다.

정답

1.complex 2.complicate 3.complication 4.exploitation 5.employment 6.application 7.compliance, –cy 8.duplicate 9.explicate 10.explicable 11.explicit 12.implicate 13.implication 14.은연중의, 함축적인, 암시적인 15.당황하게 하다 16.복사하다 17.복사 18.복제품 19.단순, 간단함 20.옆의, 측면의, 바깥쪽의, 옆쪽, 측면부 21.평행한, 대응하는, 담보물 22.한쪽의, 한쪽만의, 일방적인 23.양측의, 쌍방의, 두 면이 있는 24.세 변이 있는, 3자 간의, 삼각형 25.4변(의) 26.다각적인, 다자 간의 27.implies 28.perplexes 29.lateral 30.trilateral 31.Collateral 32.bilateral 33.implicate 34.implication 35.complex 36.exploit 37.complex 38.implicit 39.exploit 40.explicit 41.employment 42.Exploitation

해석

27.침묵은 때때로 동의를 의미한다. 28.그의 기묘한 침묵이 나를 당혹하게 한다. 29.새는 측면의 안정을 위하여 그것의 날개를 편다. 30.우리는 3자 회담에 관한 아이디어를 제안했다. 31.대응하는 그리고 부차적인 의문들이 상세하게 추구될 수 없다. 32.두 당사자 사이의 토론은 쌍방향이라고 불린다. 33.그 규칙은 모든 형태의 차별과 연관되어 있다. 34.그들의 범죄 연루가 명백했다. 35.그들은 대형 아파트 복합건물에서 산다. 36.우리는 가능한 충분히 우리의 자원을 이용한다. 37.그들은 정교한 정체성과 관심사, 그리고 그들이 믿고 있는 대의를 가지고 있다. 38.그녀의 진단 관련 암시적인 의미는 Peggy가 심각하게 아프다는 것이다. 39.두 회사는 인터넷의 잠재력을 이용하기 위하여 힘을 합쳤다. 40.그의 시각적인 퍼포먼스가 약간 어린 시청자들에게는 노골적이었다는 것이다. 41.새로운 공장은 대략 수백명의 지역인들에게 고용을 제공할 것이다. 42.착취는 보호받는 사람들의 돈, 재산이나 혹은 다른 자산을 불법적으로 사용하는 것이다.

정답

1.disrupt 2.disruption 3.disruptive 4.erupt 5.eruption 6.eruptive 7.interrupt 8.interruption 9.depress 10.corruption 11.depression 12.pressing 13.compress 14.압축, 압착 15.표현 16.(도장을) 찍다, 깊은 인상을 주다 17.인상, 자국 18.억압하다 19.억압 20.누르다, 진압하다 21.억압 22.억압하다 23.진압 24.파열,파열하다 25.파산한, 부도난 26.파산 27.disrupt 28.disruptions 29.erupt 30.interrupt 31.corrupt 32.rupture 33.bankrupt 34.impression 35.repress 36.oppresses 37.bankrupt 38.corrupts 39.pressing 40.compress 41.corruption 42.interruption

해석

27.날씨가 우리 여행 계획을 망쳤다. 28.그 파업으로 심한 지장이 초래되었다.29.불안이 혁명으로 분출되었다.30.비는 우리의 야구 게임을 방해했다.31.사회 전체가 부패했다. 32.교섭은 결렬로 끝났다. 33.많은 은행과 공장들이 파산했다.34.그녀에 대한 그의 인상은 호의적이었다. 35.개인들은 그들의 느낌을 억압하는 경향이 있다. 36.정부는 정치 활동가를 억압한다. 37.그 회사는 고등법원에서 파산 선고를 받았다.38.인터넷에서의 폭력은 아이들의 마음을 병들게 한다. 39.대통령은 정부 공무원들의 부패를 일소해야 한다.40.그의 일을 완성하지 못한 것은 그들의 끊임없는 방해 때문이다. 41.그는 급한 일로 마을을 떠났다. 42.훌륭한 정부는 국민을 억압하지 않을 것이다.

정답

1.closet 2.disclosure 3.enclose 4.enclosure 5.preclude 6.exclusion 7.exclusive 8.conclude 9.conclusive 10.seclude 11.seclusion 12.seclusive 13.include 14.포함 15.포함하여 16.이름을 밝힌 17.두문자어 18.가명,익명 19.익명의 20.익명 21.반의어 22.이름의 시조 23.동음 이의어 24.환유 25.아호, 필명 26.동의어, 유의어 27.closet 28.disclosure 29.exclusive 30.conclusion 31.onymous 32.Anonym 33.precludes 34.exclusive 35.anonymity 36.Antonyms 37.synonymous 38.homonyms 39.pseudonymous 40.inclusion 41.pseudonym 42.synonym

해석

27.시트와 담요들이 홀 벽장에 있다. 28.우리는 그 사실 관련 모든 것을 밝힐 것을 요구했다. 29.이 방은 손님들의 배타적인 사용을 위한 것이다. 30.소설의 결론은 실망적이다. 31.잡지들의 기사는 보통 이름을 뜻하는 실명(onymous)이다. 32.Anonym(가명)은 익명(pseudonym)에 해당하는 덜 일반적인 단어이다. 33.그의 신체 장애는 그에게 운동 직업을 사전 배제한다. 34.그 신문은 지진에 관하여 특종을 실었다. 35.명사 익명(anonymity)은 '이름을 없는'을 뜻하는 그리스어로부터 나온다. 36.반의어(Antonym)은 정반대(혹은 거의 정반대)의미를 갖는 단어이다. 37.두 단어가 동의어(synonimous)라면, 그들은 똑같은 것을 의미한다. 38.'bow 인사'(허리까지 구부려 인사하는 것)과 'bow 활(무기)'는 또한 동음 이의어이다. 39.일곱 명의 작가들이 익명이고 그들 실명은 밝힐 수 없다. 40.이 책의 가치는 다양한 관점을 포함한 것에서 나온다. 41.필명(pseudonym)은 어떤 사람, 가끔 작가가 그들의 실명대신 사용하는 이름이다. 42.동의어(synonym)는 또 다른 단어나 구절과 똑같은 혹은 거의 같은 의미를 같는 말이다.

정답

1.compound 2.component 3.composite 4.compose 5.composition 6.decompose 7.decomposition 8.impose 9.imposing 10.deposit 11.deposition 12.expose 13.exposure 14.해설, 박람회, 전람회, 전시회 15.배치하다, 마음이 내키게 하다, …하는 경향이 있다 16.처분, 처리, 양도, 배치 17.성질, 경향, 처분, 배치 18.배치된, …할 마음이 있는 19.처분할 수 있는, 일회용 물품 20.반대하다 21.반대 22.상대하는, 반대하는, 적대하는 23.제의자, 제안자, 옹호자 24.신청, 제안 25.제안 26.상상, 추측, 가정, 가설 27.뻐꾸기는 알을 다른 새들의 둥지 안에 낳는다. 28.나는 오늘 아침 내 계좌에 500달러를 예금했다. 29.그 지역은 가스와 석탄 매장물을 가지고 있다. 30.왕의 파면은 왕의 폐위와 같은 것이다.31.퇴적인 바람, 물, 얼음에 의해 옮겨지는 퇴적물이 쌓이는 것이다. 32.간호사들이 수술 기구를 정확한 순서대로 정리했다. 33.그 시설은 유해 폐기물을 저장, 취급 또는 처분할 권한이 없다. 34.그녀의 유머 감각이 내가 그녀를 좋아하게 만들었다. 35.왕의 처분은 이제 결정해야 할 중대한 문제였다. 36.그 디자이너는 수줍은 성격이다. 37.법원은 모든 자산의 처분을 명령했다. 38.총 처분 사건 중 2,562건이 주요 사건이다. 39.하찮은 일에 화를 잘 내는 경향이 있다.

정답

1.convert 2.conversion 3.diversity 4.extrovert 5.introvert 6.invert 7.inverse 8.pervert 9.perverse 10.revert 11.reverse 12.subvert 13.traverse 14.다재다능한 15.시의 연, 시 16.(게임에서) ~ : ~ (~대 ~) 17.역경 18.적, 적의 19.현기, 어지러움, (정신적) 혼란 20.거꾸로도 또한 같음 21.광고 22.양향성 성격자 23.양향 성격 24.기념일, 기념일의 25. 논란, 논쟁 26.서로 이야기하다.정반대의, 역 27.inverts 28.pervert 29.revert 30.inverse 31.converse 32.converse 33.verse 34.version 35.versus 36.adverse 37.adversity 38.versatile 39.adversary 40.Vertigo 41.advertisements 42.ambiversion

해석

27.렌즈는 이미지를 거꾸로 한다. 28.어떤 것을 왜곡하는 것은 그것을 부패하게 하는 것이다. 29.마을 사람들은 불안한 관행으로 되돌아갈 것이다. 30.덧셈과 뺄셈은 역작용이다. 31.그녀는 모든 계층의 출신들의 사람들과 이야기하는 것을 좋아한다. 32.구매자(바이어)는 판매자(셀러)의 반대말이다. 33.시, 특히 리듬이 있는 시는 운문이라고 불린다. 34.이 디자인은 첫 번째 버전보다 더 낫다. 35.다음의 축구 게임은 한국 대 미국이다. 36.기후변화는 인간 건강에 부작용을 가질 것 같다. 37.전 세계는 유례없는 역경에 직면하였다. 38.선생님들은 다른 능력 수준을 가진 아이들을 대처하기 위하여 다재다능해야 한다. 39.적대적인 관계의 예는 항상 싸우는 커플이다. 40.현기증은 가끔 메스꺼움이 수반되는 빙빙도는 어지러움증이다. 41.네가 상상할 수 있는 것처럼 수많은 유형의 광고들이 있다. 42.Kimball Young은 양방향(ambiversion)을 내향적인 사람과 외향적인 사람의 특징을 모두 나타내는 사람으로 정의했다.

정답

1.intention 2.intentional 3.detente 4.intense 5.intensive 6.attentive 7.intensify 8.pretentious 9.superintend 10.tendency 11.intensity 12.intension 13.tension 14.참석하다, 주의를 기울이다, 시중들다 15.출석, 참석 16.수행하는, 출석한, 접객원 17.갈등, 논쟁, 주장 18.요구, 주장, 허세, 가식 19.허위, 구실, 핑계 20.논쟁을 초래하는 21.확대하다 22.연장, 확장, 구내전화 내선 23.정도, 넓이 24.광대한, 넓은 25.의향, 목적, 의지, 의도 26.감독자 27.intensity 28.intends 29.intention 30.extend 31.extensions 32.extent 33.intention 34.intentional 35.attend 36.Attendance 37.Pretense 38.superintend 39.superintendent 40.attentive 41.attendant 42.intension

해석

27.품질과 강도는 중요한 것들이다.28.그 회사는 대략 4,500개의 일자리를 줄일 계획이다. 29.나는 이 집을 팔고자 하는 어떤 의도도 없다. 30.그는 가능한 멀리 자를 폈다. 31.도구들은 사람 손의 확장이다. 32.그녀는 손해의 정도를 결정하려고 노력했다. 33.이 입법 의도는 경제를 부양시키는 것이다. 34.의도적인 것은 고의로 행해지는 것이다. 35.간호사들은 주로 환자를 간호했다. 36.강의 참석은 의무다. 37.허위(pretense)는 고의로 속이는 것이다. 38.그녀의 직업은 생산 과정을 감독하는 것이다. 39.학교 감독은 특정 지역에서 학교를 담당한다. 40.어려운 경기가 될 것이다. 우리는 준비에 세심한 주의가 필요하다. 41.비행기 승무원이 승객 169명의 긴급 대피 명령을 내렸다. 42.몸 동작은 메시지의 강도를 강화하는 데 좋은 방법이다.

정답

1.terrible 2.terrific 3.terrorism 4.terrify 5.terrifying 6.terrestrial 7.extraterrestrial 8.territory 9.territorial 10.extraterritorial 11.terrain 12.Mediterranean 13.subterranean 14.활기, 활력, 힘, 생기 15.원기 왕성한 16.생명의 17.생명력, 활력 18.활력을 북돋아 주다 19.명랑한 20.쾌활, 활발, 명랑 21.주연의, 신나는, 쾌활한 22.원기를 돋구다 23.격려, 고무 24.회복 25.살아남다 26.생존 27.revive 28.survival 29.vigorous 30.vital 31.vitalize 32.vitality 33.subterranean 34.terror 35.terrorists 36.terrifi 37.territorial 38.terrain 39.convivial 40.Terrestrial 41.Mediterranean 42.Extraterritorial

해석

27.그 의사들은 혼수 상태의 남자를 되살렸다. 28.소기업들이 생존을 위해 싸우는 중이다. 29.파키스탄은 활발한 행동 계획이 필요하다. 30.이런 문제들은 국가 방위에 중요하다. 31.온천에서의 치료가 노인에게 활력을 준다. 32.이 같은 변화들은 우리 민주주의에 새로운 생명력을 줄 것이다. 33.지하의 강이나 터널은 땅 아래에 있다. 34.우리는 테러와 싸울 전 지구적인 파트너십을 형성할 필요가 있다. 35.여러 명의 테러리스트들이 그들 자신의 폭탄으로 죽었다. 36.우리 수학 선생님들은 모든 아이들을 무섭게 한다. 37.사법권의 영역은 필수적으로 영토와 관련 있다. 38.그 차는 특히 거친 지형에서 잘 운전된다. 39.바비큐잉은 보다 편안하고 유쾌한 엔터테인먼트 방법 중 하나다. 40.'지구의(terrestrial)'땅 즉 지구 행성과 관련된 것을 언급한다. 41.지중해(The Mediterranean Sea)는 지중해에 의해 둘러싸인 대서양에 연결된 바다다. 42.치외법권적인(extraterritorial) 사법권은 그것의 정상적인 경계를 넘는 권위를 실행할 수 있는 정부의 합법적인 능력이다.

정답

1.inventive 2.inventory 3.intervention 4.prevention 5.revenue 6.volume 7.evolve 8.involve 9.involvement 10.revolve 11.revolutionary 12.revolt 13.revolver 14.장소, 개최지 15.가로수길, 큰 거리 16.모험을 좋아하는, 대담한 17.모험, 위험을 무릅쓰다 18.출현, 도래 19.피하다 20.모이다 21.대표자 회의, 회의 22.전통적인, 관습적인 23.편리, 편의 24.편리한 25.결과적인 26.재고목록, 물품목록 27.venue 28.advent 29.convenient 30.involvement 31.venture 32.volume 33.convenience 34.circumvent 35.Inventive 36.revolt 37.Prevention 38.revenue 39.venturous 40.Convention 41.Inventory 42.evolution

해석

27.재판 장소가 바뀌었다. 28.전쟁의 시작은 보다 큰 고난으로 이어졌다. 29.우리 새 집은 아이들 학교 가는데 매우 편리하다. 30.우리는 그의 개입 정도를 알지 못한다. 31.중국과 아르헨티나가 우주탐사를 위한 합작투자를 재개한다. 32.회록의 두 번 째 책이 금년 이후에 발행될 것이다. 33.많은 사람들은 그들의 청구서를 온라인으로 받는 편리함을 좋아한다. 34.그 회사는 세법을 피하려고 해외 계정을 개설했다. 35.창의적인 사람들은 그들의 상상력을 사용하는데 훌륭하다. 36.국민들은 외국의 지배에 반란을 일으켜 그들 자신의 정부를 세웠다. 37.예방이 암 대처를 위하여 가장 비용 절약적이고 장기적인 전략이다. 38.회계에서 소득은 사업체가 그것의 공식 활동으로부터 갖는 수입이다. 39.그의 모험적인 삶의 좌절과 장애물은 그를 성공과 성취의 탁월한 길로 이끌었다. 40.대회(convention)은 정당, 혹은 노동조합과 같은 보통의 관심사를 가진 그룹의 대형 공식 회의다. 41.물품 목록(inventory)은 사업체가 가까운 장래에 고객들에게 판매를 위하여 보유하고 있는 상품이나 물품이다. 42.생물학에서 진화는 여러 세대에 걸쳐 특징에 있어 변화이고 자연 선택 과정에 의존한다.

정답

1.value 2.valuation 3.valueless 4.invaluable 5.validate 6.validation 7.overvalue 8.invalid 9.validity 10.invalidity 11.avail 12.availability 13.ambivalence 14.동등한, 같은, 동등한 것 15.상쇄하다, 무효로 하다, 대책 16.가치를 떨어지게 하다 17.평가절하 18.우세한 19.널리 퍼진, 우세한 20.널리 퍼짐, 유행 21.지리, 지세 지리학 22.지리학의, 지리적인 23.지질학 24.지질학의 25.지열의 26.기하학 27.validate 28.validation 29.values 30.validity 31.avail 32.available 33.availability 34.evaluate 35.Geology 36.Geothermal 37.Geometric(Geometrical) 38.valuation 39.Evaluation 40.Geometry 41.Geography 42.Geologists

해석

27.법원은 그 계약의 타당성을 인정했다. 28.그는 이 결과를 그의 이론의 타당성으로 보았다. 29.그녀는 그녀가 그녀 가족과 보낸 시간을 소중하게 생각한다. 30.다른 연구원들은 시험 결과의 타당성에 의문을 제기한다. 31.이용하는 것(to avail)은 기회를 이용하는 것을 의미한다. 32.이 드레스를 더 큰 사이즈로 구할 수 있나요? 33.우리의 디지털 서비스의 유용성을 체크해 보세요. 34.시장 상황이 평가하기에 어렵다. 35.지리학은 고체 지구와 관련된 연구 분야들이다. 36.지열 에너지는 지표면에서 나오는 열이다. 37.기하학적 패턴과 모양은 표준 모양이나 선으로 구성되어진다. 38.가치 평가(valuation)는 개념적인 맥락에서 회사의 공정 가치를 결정하는 과정이다. 39.평가(evaluation)는 어떤 주제의 장점, 가치 그리고 중요성에 대한 체계적인 평가이다. 40.기하학은 사물의 크기, 모양, 위치각, 차원을 연구하는 분야다. 41.지리학은 땅, 특징, 서식 동물, 지구와 행성들의 현상 관련 연구에 전념하는 과학의 한 분야이다. 42.지질학자는 암석 및 암석과 관련된 자연 과정을 다루는 지구 전문가다.

정답

1.extract 2.ward 3.traction 4.attract 5.attraction 6.attractive 7.contraction 8.contractive 9.distracting 10.subtract 11.subtraction 12.extraction 13.retract 14.오므림, 철회, 수축력 15.추출(발췌)하다, 추상적인, 개요, 추상화 16.추상, 추상 개념, 추출 17.추상력 있는, 요약하는 18.계약, 계약을 맺다, 수축시키다 19.산만하게 하는 것, 기분전환, 오락 20.손상시키다 21.딴 데로 돌리다, 산만하게 하다 22.집사, 지배인, 스튜어드 23.관리자, 감독자, 감시인 24.옷장 25.수여하다, 상, 상금 26.인식 27.ward 28.wardrobe 29.rewards 30.contraction 31.attractive 32.awake 33.warns 34.warder 35.award 36.abstract 37.detract 38.distracting 39.contract 40.abstraction 41.Subtraction 42.abstract

해석

27.그 간호사는 암 병동에서 일한다. 28.그는 옷장에 그의 정장을 걸었다. 29.학교는 선행한 학생들에게 보상한다. 30.추위는 금속의 수축을 일으킨다. 31.그 선수는 항상 소녀들에게 매력적이었다. 32.그 임신한 아내는 그녀의 남편을 밤새 깨어 있게 하였다. 33.그 전단지는 아이들에게 흡연의 위험성에 관해 경고한다. 34.교도관은 죄수들을 관리 감독하는 교도소에서 일하는 사람이다. 35.그 회사는 금년 가장 전망 있는 브랜드를 위한 상을 받았다. 36.그는 실 생활에서 관찰로부터 구의 원리를 발췌해 냈다. 37.'손상시키는 것(to detract)'은 품질, 가치, 혹은 명성으로부터 일부를 훼손시키는 것이다. 38.휴대폰은 라디오보다 운전자에게 훨씬 더 주의를 산만하게 한다. 39.계약(contract)은 당사자들의 권리와 의무를 규정하는 법적으로 구속된 협정이다. 40.'추상(abstraction)'의 개념은 구체적인 특성이 부족하고 이상적인 성격인 개념이다. 41.뺄셈은 또 다른 한 수에서 한 수가 빼어지는 작용이다. 예를 들어 4에서 1을 빼면 3이다. 42.언론의 자유는 추상적인 개념이 아니다. 언론의 자유는 구체적인 목적을 - 진실 보도를 - 가지고 있다.

정답

1.moderate 2.medical 3.medicate 4.medication 5.meditate 6.meditation 7.mediate 8.mediation 9.mean 10.means 11.median 12.modest 13.medicine 14.음질, 음색, 어조, 논조 15.단조, 단조로움 16.단조로운, 단색의 17.억양을 붙여서 말하다 18.인토네이션, 억양 19.중간, 매개(물) 매체 20.매스컴, 매스미디어 21.중세의, 중세풍의 22.곡, 곡조, 멜로디, 조율하다 23.조율할 수 있는 24.조율, 파장 조정 25.보통, 평범 26.중급의 27.건강이 모든 것을 의미한다. 28.그는 세계에서 비열한 대통령이었다. 29.그는 돈과 관련 매우 인색하다. 30.5, 7, 12의 평균값은 8이다. 31.목적은 수단을 정당화하지 못한다. 32.tone 33.monotonous 34.tune 35.intonate 36.Intonation 37.medium 38.mediate 39.mediation 40.Monotone 41.Medicine 42.Mediaeval

해석

32.편지는 우호적인 어조로 씌어져 있었다. 33.강사의 단조로운 연설은 우리를 졸리게 했다. 34.그는 설거지를 하면서 곡을 흥얼거렸다. 35.아이들은 문장에서 억양을 붙여 말하는 법을 자연스럽게 배운다. 36.인토네이션(intonation)은 음성이 어떻게 말하고 올라가는지 설명한다. 37.사이버 보험은 온라인 매체 의존이 증가하면서 필수품이다. 38.Wilsond은 전쟁을 끝내기 위하여 강대국들 사이에서 조정하려고 시도했다. 39.네가 조정을 시작한다면 양 당사자는 누가 그 과정을 감독할 것인가를 동의해야만 한다. 40.모노톤은 변하지 않는 단일 톤을 가진 사운드(예 : 음악 또는 음성)를 나타낸다. 41.의학은 병에 대한 진단, 예후, 치료를 확립한 과학이자 진료다. 42.중세의 일들이라는 것은 유럽 역사에서 AD 500년에서 대략 AD 1,500년 기간을 언급하거나 그 시기로 거슬러 올라간다.

정답

1.mob 2.mobility 3.mobilize 4.momentary 5.momentous 6.motivate 7.motivation 8.movement 9.commove 10.commotion 11.demote 12.demotion 13.emotional 14.기관차 15.승진, 승격, 진급16.비망록, 메모, 각서 17.전기, 실록, 언행록, 추억의 기록18.정신력, 지력, 지성19.기념비, 기념물 20.기념 건조물의, 기념되는 21.충고, 훈계, 경고 22.기념하다 23.훈계하다 24.주석서, 논평, 비평, 해설, (pl.)회고록 25.소환하다, 호출하다 26.동기, 자극 27.mental 28.moment 29.momentary 30.momentous 31.demotion 32.emotional 33.remote 34.commotion 35.motivate 36.mentality 37.monument 38.monumental 39.summon 40.admonish 41.movement 42.commemorate

해석

27.재미있는 정신적인 이미지가 그가 크게 웃도록 했다. 28.그 이슈들은 선거구 유권자들에게 전혀 중요하지 않다. 29.그는 순간적인 의식의 상실을 경험했다. 30.상원은 오늘 건강 관리에 관한 중대한 토론을 시작한다. 31.패배는 프리미어리그로부터 강등을 의미한다. 32.육체적이고 감정적인 끌림은 사랑의 두 개의 주요 원천이다. 33.나의 농장은 꽤 멀리 떨어져 있고 교통이 잘 연결되지 않는다. 34.그가 도착했다는 소식은 상당한 동요를 일으켰다. 35.작업장에서 노동자를 동기 부여할 많은 방법들이 있다. 36.나는 동물을 해치는 사람들의 정신을 이해할 수 없다. 37.그 피라미드는 피라미드를 건설한 사람들의 기술에 살아있는 기념물이다. 38.9월 16일, 그녀는 Doris C에 대한 기념비적인 신작을 공개할 예정이다. 39.대통령은 자문관들의 긴급 회의를 소환했다. 40.나의 내과의사는 항상 내가 건강한 음식들을 먹도록 훈계하곤 한다. 41.사고 후 오랫동안 그는 그의 다리를 전혀 움직이지 못했다. 42.그 조각상은 국가 독립의 100번째 기일을 기리기 위하여 설치되었다.

1.script 2.scripture 3.ascribe 4.ascription 5.circumscribe 6.perspiration 7.inscribe 8.inscription 9.overprescribe 10.aspiration 11.prescription 12.subscription 13.transcribe 14.베낀 것, 사본, 등본 15.땀을 흘리다 16.기술적인, 묘사적인, 설명적인 17.땀의, 땀을 흘리는 18.정신의, 정신적인 19.열망하다 20.규정하다, 지시하다, 처방하다 21.공모하다 22.끝나다, 만기가 되다 23.고무시키다 24.고무 25.열쉬다 26.갈겨쓰기, 갈겨쓰다, 낙서하다 27.expiration 28.inspire 29.scribble 30.script 31.Scripture 32.ascribes 33.ascription 34.inscribe 35.inscriptions 36.expire 37.perspire 38.manuscript 39.subscription 40.aspirations 41.transcript 42.respiratory

해석

27.이 약의 유통 기한을 아니? 28.나는 이번 성공이 네가 더 큰 노력을 하도록 고무했으면 하는 희망이다. 29.환자들은 그 의사가 갈겨 쓴 것을 거의 이해할 수 없었다. 30.브루스 로빈슨은 킬링필드에 대한 대본을 썼다. 31.경전은 특정 종교에서 성스런 것으로 간주되는 글을 말한다. 32.그 보도는 아이들에게서 천식이 많이 발생하는 것은 환경 오염 탓으로 돌린다. 33.애니미즘(animism)은 모든 생물에 영적인 생명이 있다는 생각에서 기인한다. 34.조각가는 비석에 군인들의 이름을 새겨 넣었다. 35.그 묘지석에 새겨진 글은 닳아 사라졌다. 36.두 회사간 계약은 금년 말에 만기될 예정이다. 37.몸의 열을 식히기 위해 우리는 더 많은 땀을 흘린다. 38.게재되지 않은 원고를 15 – 25 페이지 길이로 제출해 주세요. 39.나의 부모님은 지역 필하모니 오케스트라에 예약을 했다. 40.노조 지도자들은 그들 회원들의 희망과 열망을 위해 싸우고 있는 중이었다. 41.기록들에 대한 사본은 네가 신청 과정의 일부로서 제출하는 것이 필요한 자료다. 42.인간의 호흡계는 산소를 들여 마시고 이산화탄소를 배출하는데 책임있는 일련의 기관들이다.

1.resentment 2.committed 3.emission 4.sensory 5.sensuous 6.sentimental 7.sensible 8.insensible 9.sensitive 10.resent 11.committment 12.concent 13.consensus 14.범하다, 위임하다, 약속하다, (감옥 등에) 보내다 15.임무, 위원회, 수수료, 위탁하다, 위임장을 주다 16.냄새, 향기 17.의식이 없는, 무감각의 18.감각, 느낌, 선풍적 감각 19.분개한, 성마른, 성 잘내는 20.감성, 정서, 정감 21.감각, 지각, 감성성 22.선풍적 인기의 23.동의하다,찬성, 승인 24.동의하는, 만장일치의 25.의견을 달리하다, 반대 26.인정, 입장, 입학 27.emits 28.scent 29.sensory 30.sensitive 31.mission 32.admission 33.commit 34.consent 35.sensuous 36.emissions 37.commitment 38.commission 39.sentimental 40.Resentment 41.assent 42.sensational

해석

27.지구는 자연 방사선을 내뿜는다. 28.사람들은 장미 냄새를 좋아한다. 29.눈과 귀는 감각 기관이다. 30.그녀는 몸무게 관련 매우 민감하다. 31.우리 임무는 그 아이를 안전한 집에서 찾는 것이다. 32.그녀의 침묵은 죄의 인정으로 받아들여졌다. 33.대통령은 아프리카에 한국 군대를 보내서는 안된다. 34.그녀의 아버지는 마지 못해 그 결혼에 동의했다. 35.그녀의 꽃 정원은 완전히 미적인 환경이다. 36.그 규정들은 해로운 배출물 감소를 요구한다. 37.정부는 평화 과정에 대한 임무를 재확인했다. 38.그들은 청소년범죄 문제를 조사할 위원회를 구성했다. 39.그것은 싼 반지지만 나에게 굉장한 감정적인 가치를 가지고 있다. 40.원한은 항상 당신을 화나게 하고 쓰리게 만들 수 있다. 41.정보에 입각한 의견을 가진 대부분의 사람들은 열정적으로 이에 동의할 것이다. 42.몇몇의 더 선정적인 신문들은 그 스캔들을 많이 보도하고 있다.

1.specific 2.specimen 3.species 4.spectacle 6.spectator 7.spectrum 8.speculate 9.inspective 10.introspective 11.perspective 12.prospect 13.prospective 14.존경, 경의, 존중, 면 15.존경할 만한, 훌륭한 16.각각의, 각기의, 각자의 17.회고, 회상, 회고하다 18.해산시키다, 해고하다 19.허가하는, 허용된 20.전제, 토지, 집과 대지 21.제출하다, 복종하다 22.복종, 항복, 순종, 유순 23.숙고, 투기 24.모습, 측면, 모양, 태도 25.~에도 불구하고, 무례, 멸시 26.검사, 조사, 검토 27.transmit 28.prospects 29.suspect 30.permit 31.transmission 32.permission 33.Submit 34.dismiss 35.Dismissal 36.intermit 37.Intermission 38.transmissions 39.specimens 40.species 41.Speculation 42.Speculation

해석

27.세균은 병을 전염시킨다. 28.그의 작가로서 전망은 훌륭하다. 29.경찰은 그 용의자의 사진을 공개했다. 30.이 방에서는 금연이다. 31.우리는 초고속 데이터 전송에 의존한다. 32.선생님은 나에게 집에 일찍 가라고 허가해 주셨다. 33.1월 31일까지 너의 신청서를 제출하세요. 34.그는 나를 만난지 5분 안에 나를 바보로 무시하였다. 35.해고는 너의 고용주가 너의 고용을 끝낼 때이다. 36.어떻게 너의 연구들을 멈출 것인지 즉 과정을 중단할 것인지 찾아봐. 37.휴식 시간(Intermission)은 중단 즉 학습으로부터 휴식을 취하는 것이다. 38.우리는 오늘 오후 전송 방해에 대하여 사과한다. 39.그들은 분석을 위해 혈액과 소변 표본을 가져갔다. 40.종은 가끔 자연상태에서 실제적이고 잠재적으로 교배하는 개체들의 그룹으로서 정의된다. 41.숙고(Speculation)는 완전하게 연구나 조사 없이 의견이나 이론을 형성하는 행위이다. 42.투기(Speculation)는 가까운 미래에 더 가치가 있을 것이라는 희망으로 자산을 구매하는 것이다.

1.torment 2.tortuous 3.torch 4.torsion 5.tortoise 6.torpedo 7.torrent 8.torrential 9.contort 10.contortion 11.extort 12.distort 13.distortion 14.보복하다, 반박하다 15.임차인, 소작인, 점유자 16.고집, 끈기, 불굴, 집요 17.고집이 센, 참을성이 강한 18.절제, 기권 19.절제하다 20.도달, 기능 (보통 pl.) 재능 21.만족(하는, 을 주다), (보통 pl.) 목차 22.대륙의, 대륙성의 23.지속 가능한 24.유지, 지속 25.붙들어 두다, 억류하다 26.보유, 기억력, 유치, 감금 27.torture 28.Content 29.contains 30.tenacious 31.abstention 32.tenacity 33.tormented 34.torrent 35.contortion 36.distorted 37.retort 38.Torsion 39.torpedo 40.attainments 41.abstain 42.distortion

해석

27.기다리는 것은 단지 고문이다. 28.내용이 형식을 결정한다. 29.이 광석은 철과 금의 함유량이 높다. 30.은유는 사실보다 훨씬 더 지속적이다. 31.일요일 오후 유권자들의 높은 기권이 확인되었다. 32.노력, 결단력, 끈기가 너를 훌륭한 위치에 있도록 할 것이다. 33.그 의사는 사고로 악몽에 시달렸다. 34.급류는 폭우 또는 홍수 또는 강하게 흐르는 개울이다. 35.사건에 대한 그의 설명은 사실의 완전한 왜곡이었다. 36.그 장관의 설명은 언론에 의해 심하게 왜곡되었다. 37.다른 사람들은 강력한 중앙권력이 러시아에서 위험한 것이라고 반박한다. 38.비틀림은 금속 조각이나 신체 기관과 같은 것에 비틀림 효과다. 39.현대 어뢰는 수면 위 또는 아래에서 발사되는 수중 원거리 무기다. 40.그의 과학적 성취는 미생물학 분야에서 그녀를 꽤 유명하게 만들었다. 41.우리는 고기를 먹고 와인을 마시는 것을 삼가한다. 또한 수영을 하거나 목욕을 즐기거나 목욕을 하지 않는다. 42.왜곡은 실제 모습과 다르게 보이도록 만드는 변화, 비틀기 또는 과장이다.

색인 (INDEX)

A

abrupt 64
abruptly 64
abstain 168
abstention 168
abstinence 168
abstract 120
abstraction 120
abstractive 120
acronym 72
admission 156
admit 156
admonish 141
advent 105
adventure 105
adversary 83
adverse 83
adversity 83
advert 84
advertise 84
advertisement 84
advertiser 84
allonym 72
ambivalence 115
ambiversion 84
ambivert 84
analog 38
analogy 38
anniversary 84
anonym 72
anonymity 72
anonymous 72
anthropology 38
antipathetic 43
antipathy 43
antonym 72
apathetic 44
apathy 44
apology 38
appeal 50
append 47
appendix 47
application 55
apply 55
archaeology 38
ascribe 147
ascription 147
aspect 162
aspiration 144
aspire 144
assent 153
astrology 38
attain 168
attainment 168
attend 90

attendance 90
attendant 90
attention 90
attentive 90
attract 120
attraction 120
attractive 120
avail 114
availability 114
available 114
avenue 105
awake 125
awakeness 125
award 124
aware 125

B

bacteriology 38
bankrupt 64
bankruptcy 64
belong 41
bilateral 58
biology 39

C

calligrapher 22
calligraphy 22
captain 170
circumscribe 148
circumscription 148
circumvent 105
close 68
closet 68
collateral 58
collect 30
collection 30
collective 30
commemorate 141
comment 141
commentary 141
commission 157
commit 156
commitment 156
committed 157
committee 157
commotion 137
commove 137
compassion 44
compel 50
compensate 48
compensation 48
complex 54
compliance 55
complicate 54
complication 54

comply 55
component 76
compose 77
composite 76
composition 77
compound 76
compress 61
compression 61
compulsion 50
compulsory 50
conclude 69
conclusion 69
conclusive 69
consensus 154
consent 154
consentient 154
conspiracy 145
conspire 145
contain 169
contend 91
content 169
contention 91
contentious 91
continent 169
continental 169
contort 173
contortion 173
contract 121
contraction 121
contractive 121
controversial 85
controversy 85
controvert 85
convene 106
convenience 106
convenient 106
convention 106
conventional 106
conversation 85
converse 85
conversion 85
convert 85
convertible 85
convivial 102
corrupt 64
countervail 115

D

decompose 77
decomposition 77
delegate 27
delegation 27
demote 138
demotion 138
depend 47

dependence 47
dependent 47
deposit 78
deposition 78
depress 61
depression 61
describe 148
description 148
descriptive 148
despite 163
detain 170
detente 92
detract 121
devaluation 115
devalue 115
dialect 31
disclose 68
disclosure 68
dismiss 159
dismissal 159
dispel 50
disposable 79
disposal 78
dispose 78
disposed 79
disposition 79
disrupt 65
disruption 65
disruptive 65
dissent 154
distort 173
distorted 173
distortion 173
distract 121
distracting 121
distraction 121
diverse 86
diversify 86
diversity 86
divert 86
duplicate 55

E

ecology 39
eject 24
ejection 24
elect 30
election 30
electorate 30
elegance 30
elegant 30
emission 157
emit 157
emotion 138

저자 손 창연 선생님 강의 수강 후기들!!

-홈페이지 등에 실명으로 올린 내용들이만 이니셜 처리 합니다.

[강남권 최 우수학생들 수강후기들]

논리와 암기가 잘 조화된 학습법 by K,K,W(스탠포드 졸업생)

스탠포드 대학 3학년 재학 중인 학생입니다.

제가 손창연 선생님께 문법을 배운것이 중학교 때였는데, 그때까지만 해도 Writing이 많이 부족하고 영어 내신 시험에서도 까다로운 문법 문제를 꼭 한두개씩 틀려오곤 했습니다. 그러다 어느 날 영문학을 전공하신 아버지께서 서점에서 책을 사 가지고 오시며, 당신이 본 문법책 중에 제일 논리적으로 정리가 잘 되어있으니 꼭 한 번 보라고 말씀하셨습니다. 그 책이 바로 〈뼈에 사무치는 영어문법〉이었습니다.

그렇게 하여 손창연쌤 논리영어에 등록을 하게 되었는데, 다녀 본 문법 학원들 중에서 가장 만족했습니다. 무조건 외우는 문법이 아니라 논리와 암기가 잘 조화된 학습 방법 덕에 문법 체계가 확실히 잡히게 되었습니다. 중요한 내용을 반복적으로 강조하고 큰 그림을 잘 그려주셔서 그 때 배운 문법과 예문들이 아직도 머리속에 떠오릅니다.

그렇게 하고 나니 대원외고에 진학해서도 영어 학원을 따로 다니지 않아도 내신이 항상 잘 나왔고, 스탠포드에 와서도 에세이를 쓸 때 문법적 오류는 거의 내지 않습니다. 선생님이 하라는 대로 잘 따라하고 책에 있는 예문들을 열심히 외워서 영어 문법을 한 번 제대로 다져 놓으면 그 이후로는 정말 편한 것 같습니다. 손창연 쌤은 마음도 정말 따뜻하셔서 학생 개개인을 잘 챙겨주시고 신경 써 주십니다.

학생들에게 정말 추천하는 학원이에요!

seeenglish.com

저자 손 창연 선생님 강의 수강 후기들!!

중학 내신 만점 대비
영문법 쏙쏙·영어 쏙쏙

저자 손 창연 선생님 강의 수강 후기들!!

[강남권 최 우수학생들 수강후기들]

영문법, 원리를 알면 재미있고 매력적!! by J,S,Y

≪몇 번을 유명한 학원에서 강의를 들어도 한 달만 지나면 까맣게 잊어버리는 부분. 영어에는 자신이 있는 사람들도 무척이나 힘들어하는 부분. 바로, 영문법이다.

영문법은 영어 글쓰기, 독해, 내신 뿐만아니라 영어의 모든 방면에 스며 들어 있다. 그러나, 나는 문법의 중요성을 느끼지 못한 채 욕심에 토플을 했었다. 그러나, 영어 실력은 예전과 달라진게 그리 크지 않았고, 문법에 대한 지식은 점점 잊혀져 갔다.

이때, 엄마께서 하루 서점에 가서서 "뼈에 사무치는 영어 문법"을 집어 드시며, 이 책을 한 번 집에서 읽어 보라고 하셨다. 이로써 손창연 논리 영어 학원에 다니게 되었다.

손창연 선생님의 장점은 크게 두 가지가 있다.

첫째, 문법이 단순 암기 과목이라는 틀을 한국 최초로 깨신 분이다. 보통 다른 학원선생님들은 시제나 형식 등 소단원을 하나하나씩 가르쳐주시는 편이다. 그러나, 이렇게 배우는 것은 각각의 부분에서는 효과가 있을 수 있겠지만, 전체틀 속의 각각의 역할을 가르쳐주시는 손창연 선생님의 수업을 따라갈 수 없다. 선생님의 수업을 듣고 나면, 수업 내용이 체계적으로 머릿속에 정리되고 잊혀지지 않는다.

둘째, 암기가 필요한 부분에서는, 선생님께서 직접 고민하셔서 얻어낸 암기법을 손수 물려주신다. 많은 학생들은 암기를 회피하려 하고, 단순 암기는 장기기억이 아닌 단기기억으로 무의미해 질 뿐이다. 그러나, 선생님께서는 인상깊은 암기법을 가르쳐 주셔서 암기를 재미있고, 오래가게 만들어 주신다. 예를 들어, 2형식이 될 수 있는 동사중 '~되다'라는 분야의 동사를 '고개코로 포탄이 비오듯이 떨어져 왔구려 호호!' 하고 알려주시기도 하셨다.

문법이 단순 암기이며 절대 완주할 수 없다고 생각하는 여러분들께. 문법은 깊이 팔수록, 그 원리를 알수록, 재미있고 매력있는 과목입니다. 그 점을 느낄 수 있게 해주는 길잡이 역할을 손창연 선생님께 부탁하세요~≫

[강남권 최 우수학생들 수강후기들]

[고등영어 내신시험에도 잘 활용되는 수업 -S,M,C]

중 1말 때 4~5개월 다니고 미국 갔다 와서 작년 말부터 다시 다니기 시작하여 1년 쯤 가까이 손창연 논리 영어 재원 중인 학생입니다. 저는 문법적인 기초가 아예 없었고 또 그런 상태로 대치동에 와서 많이 불안해했습니다. 성적이 이를 보여주듯 잘 나오지 않았고요. 저는 이판사판이라는 마음으로 여러 영어 학원을 수소문하다 손창연 논리 영어에 오게 되었습니다. 그렇게 1년 가까이 문법과 어휘 등을 집중적으로 배웠습니다.

지금은 중동고에서 내신 2등급까지 나오게 되었습니다. 사실 중간고사에서는 어려운 문제는 거의 다 맞았는데 너무 많이 연습했던 문법문제를 어이없이 실수하였고 기말에는 오히려 쉬운 내용파악에서 실수하여서 아깝게 몇 명 차이로 2등급이 되어 아쉽기는 합니다. 내신기간에는 선생님께서 교과서 2개과, 기출모의고사 8~10개 지문, TED 2개과 등 내신범위를 꼼꼼하게 준비해주었습니다.

손창연 논리 영어에서는 손창연 선생님께서 직접 강의하시는데, 보통 학원에서 배우기 힘든 디테일적인 문법 요소까지 세세하게 가르쳐 주시는 부분이 많은 도움이 되었습니다. 특히 이해하기 힘든 어렵게 풀이된 문법 용어들을 이해하기 쉽게 설명해 주시는 점이 굉장한 메리트로 작용했습니다. 또한 영어에서 가장 기본이 되는 voca도 어원에 따라 그림으로 익히고 여러 가지 단어 뜻을 가진 다의어의 경우, 단어 뜻이 나오는 원리를 스토리텔링식으로 가르쳐 주시는데, 이렇게 단어를 무조건 외우지 않고 이치를 이해하면서 배우니 독해에서 잊어버려 잘 모르는 단어를 만나도 연계해서 어떻게든 다시 기억해낼 수 있게 되었습니다.

[항상 원리에 입각하여 이해하도록 하는 수업 -K,J,W]

손창연 선생님 수강생입니다. 처음 손창연 선생님에 대한 이야기를 들었을 때, 문법에 약한 저로서는 좋은 기회가 되겠다는 생각이 들었습니다. 저는 어법에 대한 감이 좋은 편이라서 문법적 오류를 곧잘 찾아내곤 했지만, 항상 그 이유를 설명하지 못해서 답답했습니다. 그러나 손창연 선생님의 수업을 듣고, 그 이유들을 알아갈 수 있었습니다. 대부분의 문법이론들을 단순 암기하도록 하는 다른 수업들과는 다르게, 손창연 선생님은 항상 원리에 입각하여 이해하도록 하는 수업을 진행해주셨습니다. 덕분에 항상 감으로 맞췄던 문제들을 설명할 수 있게 되었고. 제 답에 확신을 가질 수 있게 되었습니다. 만약 자신이 감으로 풀지만 정확히 설명할 수 없거나, 단순암기식의 문법공부가 싫다면 손창연 선생님의 수업을 들어보는 것을 추천합니다.

memo

memo